Pierre Stutz

Der Stimme des Herzens folgen

Das Buch

»Fürchte dich nicht
auf deine Herzensstimme zu hören
die dich zu dir selber führt
zum Erahnen des göttlichen Atems in allem.«

Dieser Jahresbegleiter von Pierre Stutz enthält spirituelle Gedanken für jeden Tag des Jahres, die uns dabei helfen, auch im Alltäglichen das Wunderbare zu entdecken und nicht länger fremdbestimmt, sondern aus der eigenen Mitte heraus zu leben. Sie geben wegweisende Impulse für ein tieferes und glücklicheres Leben und ermutigen uns, nicht aus den Augen zu verlieren, was wirklich wichtig ist: »Dem, was ich zutiefst spüre«, eine größere Bedeutung zu geben, wieder mehr auf die Stimme des eigenen Herzens zu hören.

Der Autor

Pierre Stutz wurde 1953 in Hägglingen/Schweiz geboren und lebt heute in Lausanne. Der bekannte Theologe und spirituelle Begleiter ist Mitbegründer des offenen Klosters Abbaye de Fontaine-André bei Neuchâtel/Schweiz und zeichnet sich durch eine rege Kurs- und Vortragstätigkeit im ganzen deutschsprachigen Raum aus. Er ist Autor zahlreicher Bücher zur bewussten Lebenspraxis (mit über 1 Million verkaufter Exemplare).
www.pierrestutz.ch

PIERRE STUTZ

Der Stimme des Herzens folgen

JAHRESLESEBUCH

HERDER

FREIBURG · BASEL · WIEN

HERDER spektrum Band 6720

Besuchen Sie den Autor auf seiner Internetseite
www.pierrestutz.ch

Meinen Geschwistern Paul, Erna und
Ursula in Dankbarkeit gewidmet,
sowie Christian, Frieda, Harald, Lisbeth,
Silvia und Stefan in herzlicher Verbundenheit

MIX
Papier aus verantwortungsvollen Quellen
FSC® C083411

Titel der Originalausgabe:
Der Stimme des Herzens folgen. Jahreslesebuch

www.herder.de

Umschlaggestaltung: Verlag Herder
Umschlagmotiv: © Peter Lilja / getty images
Herstellung: CPI books GmbH, Leck
Printed in Germany

ISBN 978-3-451-06720-4

INHALT

ZUR EINSTIMMUNG

Viele Jahre lang habe ich zu wenig auf die Stimme meines Herzens gehört. Denn in meiner christlichen Sozialisation habe ich gelernt, auf die Stimme der anderen zu hören, besonders auf jene, die die Härte des Lebens erfahren. Dieses solidarische Mitfühlen gehört weiterhin zu meinem Leben. Seit meiner Entdeckung der christlichen Mystik habe ich es jedoch ergänzt mit der Gabe, auf die innere Herzensstimme zu horchen. So taucht dieses Motiv in meinen über vierzig Büchern wie ein roter Faden auf. Es ist nicht aus einer Stärke heraus entstanden, sondern aus einer inneren Notwendigkeit: der Notwendigkeit, auch gut mit sich selbst zu sein, der Notwendigkeit, mich nicht leben zu lassen durch Erwartungen und Sachzwänge von außen, der Notwendigkeit, mein inneres Feuer zu entdecken, meinen ureigenen Weg, der Notwendigkeit, Kraft zu schöpfen, um mich mit engagierter Gelassenheit für eine gerechtere Welt ein- und aussetzen zu können, der Notwendigkeit, Lebensfreude mit anderen zu genießen und zu kultivieren.

In diesem Jahreslesebuch habe ich eine Fülle von Texten gesammelt, die inspirieren möchten zu einer bewussten Lebenspraxis, zu einem spirituell-lebendigen Weg. Existenzielle Themen, wie das achtsame Ein- und Ausatmen, tauchen in den Texten von Monat zu Monat bewusst immer wieder auf. Es genügt nicht zu wissen, dass tiefes Atmen mich verwandelt, sondern es braucht die tägliche Vertiefung dieser Erfahrung. Diese Lebensweisheit findet sich schon beim Mystiker Ignatius von Loyola (1491–1556), wenn er schreibt: »Nicht das Vielwissen sättigt und befriedigt die Seele, sondern das Verspüren und Verkosten der Dinge von innen her.« Und sie findet sich heute bei Marianne Gronemeyer, Professorin für Erziehungswissenschaften in Mainz, die ermutigt, »der Kraft des Wiederkehrenden«

mehr Raum zu geben – einer Grundhaltung, die sich in meinen Texten verdichtet hat. Sie verstehen sich als Weg-Gedanken auf einem inneren Weg, der nicht gerade und statisch, sondern dynamisch, prozessorientiert und spiralenförmig wieder-holende Gedanken vom Kopf zum Herzen hin vertieft.

Das Herz ist Symbol des inneren Menschen, der die Tiefendimension in all seinen Lebensvollzügen erkennt. Dabei wird mein Verstand nicht verdrängt, wie dies Kurt Tucholsky ironisch in seiner Religionskritik ausdrückte: »Kopf ab zum Gebet«, sondern von der Intelligenz des Herzens gesprochen. Schon im alten Israel ist das Herz nicht primär der Sitz der Gefühle oder der Liebe, sondern vor allem der Sitz der Vernunft und des Verstandes. So bittet Salomo um ein »hörendes Herz« (1 Könige 3,9), und der Prophet Jeremia sagt, dass die Worte Gottes dem Menschen ins Herz geschrieben sind (31,32), was zu einem partnerschaftlichen Unterwegssein führt.

Die Mystik, die meine Spiritualität wesentlich prägt, ist keine Schwärmerei, sondern eine engagierte Lebens- und Denkform, wie wir sie zum Beispiel in den ergreifenden Tagebüchern der Jüdin Etty Hillesum unter dem Titel »Das denkende Herz« finden. Eine selbstbewusste Spiritualität entdeckt die Weisheit des Herzens, die uns ganzheitlich Mensch werden lässt, mit Leib-Geist-Seele. Neuere Untersuchungen der Neurokardiologie veranlassen Ärzte, das Herz als »fünftes Gehirn« zu betrachten. Sie wissen, dass neben der Muskulatur und dem Bindegewebe zwischen 60 und 65 Prozent aller Herzzellen Neuronen sind. Enge Nervenverbindungen zwischen dem Herzen und dem emotionalen Teil des Gehirns fördern eine intensive Interaktion.

Diese dialogische Lebenseinstellung zeigt sich in meinen vielen Briefen, die ich auch für dieses Buch gesammelt habe. Es sind Briefe an biblische Menschen, an Filmfiguren und an Menschen, denen ich im Alltag begegne. Der Stimme meines Herzens folgen führt mich zur Sehnsucht, verwurzelt zu sein und zusammen mit anderen den Aufbruch zu einer zärtlicheren Gerechtigkeit zu wagen. Auch wer die biblischen Personen nicht kennt oder die aktuellen Filme, die ich spirituell vertiefe, nicht gesehen hat, findet darin zentrale Lebensfragen, die in aller Einfachheit und Tiefe aufzeigen möchten, was wir zum wahren Glück brauchen.

Ich bedanke mich bei Marcel Laux, der mir bei der Auswahl der Texte geholfen hat, und bei Ludger Hohn-Morisch vom Verlag Herder für die ermutigenden Anregungen. Besonders danke ich all jenen Menschen, die mich Tag für Tag bestärken, auf den Herzschlag zu horchen. weil er uns alle an das kostbare Geschenk des Lebens erinnert. Ich freue mich sehr, dass mein Jahreslesebuch als Taschenbuchausgabe erscheint. Unsere Welt braucht mehr denn je beherzte Menschen, die mitten im Alltag innehalten, um Kraft zu schöpfen für ein zärtliches und gerechteres Miteinander.

Lausanne, 6.September 2014 — Pierre Stutz

JANUAR

Neuanfang

Gesegnet sei dein Dasein

Gesegnet sei dein Weg
Monat für Monat
mit all seinen klaren Spuren
und all seinen Verunsicherungen

Gesegnet seien deine Schritte
Woche für Woche
mit all ihrer Lebenskraft
und all ihrer Zerbrechlichkeit

Gesegnet sei dein Mitsein
Tag für Tag
in all deinen Lebensvollzügen
und all deinen Begegnungen

Gesegnet sei dein Dasein
Stunde für Stunde
in all deinem engagierten Wirken
und im lebensnotwendigen Innehalten

Gesegnet sei dein Jahr
in jedem Augenblick

Die Kraft der Rituale

»Kann es etwas Schlimmeres geben, als dass wir uns in unserem eigenen Haus nicht zurechtfinden? Wie können wir hoffen, in anderen Häusern Ruhe zu finden, wenn wir sie im eigenen nicht zu finden vermögen?«, fragt die Mystikerin Teresa von Avila in ihrer Schrift von der »Inneren Burg«.

Das ist ein Gedanke, der mich vor einigen Jahren erschüttert hat. Zu lange habe ich draußen gesucht, was ich nur in mir selber finde. Wie jeder Mensch brauche ich Freundinnen und Freunde, Anerkennung und Verwurzelung. Doch nur ich selber – dies ist eine schmerzliche und zugleich befreiende Erkenntnis – kann mir Heimat in mir schenken. Es ist dies eine Beheimatung, die – so habe ich es erfahren – letztlich Gott allein ermöglichen kann. Gott ist in *allen* Dingen! Seit ich der Spur dieser Erkenntnis folge, habe ich die Kraft der Rituale in meinem Leben, in meinem Alltag neu entdeckt.

Was ist ein Ritual? »Es ist das, was einen Tag vom anderen unterscheidet, eine Stunde von den andern Stunden«, lässt Antoine de Saint-Exupéry den Fuchs zum kleinen Prinzen sagen. Darum »muss es feste Bräuche geben« – ein Aufruf, der in unserer hektischen Welt, die zum Shoppingcenter der unendlichen Möglichkeiten geworden ist, aktueller denn je ist. Vereinsamung und Sinnverlust nehmen zu: Einfache spirituelle Übungen können eine Hilfe sein, im Alltäglichen das Wunderbare zu entdecken – und sie helfen, nicht länger fremdbestimmt zu leben, *gelebt zu werden*, sondern mehr *aus der eigenen Mitte heraus zu leben.*

I, 9f

Zu mir selber stehen

Gerade dastehen zu können fällt uns gar nicht so leicht. Gerne lehnen wir uns an, setzen uns hin, knicken ein Bein ein – wir stehen nicht mit beiden Beinen gerade auf dem Boden: Oft tun wir uns schwer, zu uns selbst zu stehen. In Diskussionen und Meinungsverschiedenheiten ringen wir um einen eigenen Standpunkt. Selbstwert, Ehrlichkeit und Standhaftigkeit sind für mich wichtige spirituelle Grundwerte.

In vielen Erzählungen der Bibel treffe ich immer wieder auf menschliche Grunderfahrungen. So lese ich im Neuen Testament, wie Jesus Menschen Mut macht, zu sich selber, zu ihren Gaben und Grenzen zu stehen. Er fordert sie auf, sich in die Mitte zu stellen. Dabei werden Menschen nicht nur äußerlich, sondern auch innerlich aufgerichtet. Erst so wird ein aufrechter Gang im vollen Sinne dieses Wortes möglich. Innerlich aufgerichtet, stehen wir mit mehr Rückgrat für unser Leben, das Leben aller Menschen und der ganzen Schöpfung ein. Wir stehen, mit Zivilcourage, auf für das Bedrohte. Wir dürfen es tun in dem Grundvertrauen, dass wir zu uns stehen können, weil Gott vor all unserer Leistung zu uns steht. I, 13f

In Zeiten des Neuanfangs der Verwandlung trauen

In Zeiten des Neuanfangs
in denen die Sehnsucht nach Verwandlung wächst
und die Angst vor der Ungewissheit
mich täglich einholt
gehe ich auf die Suche
nach einem Symbol
das mich offen-sichtlich erinnert
an die bleibende Kraft Gottes in allem

In Zeiten des Neuanfangs
in denen mich in den Träumen
alte lebensbehindernde Muster
des Zweifelns und des Zögerns einholen
vertraue ich auf DICH Lebensatem
der erlöst von Allmachtsfantasien
und zu neuen Vertrauensschritten bewegt

In Zeiten des Neuanfangs
in denen ich mich überfordert fühle
durch die vielen neuen Eindrücke
schaffe ich mir am Arbeitsplatz
eine Nische mit einem Vertrauenszeichen
das mich erinnert
wie der rote Hoffnungsfaden
sich auch durch mein Leben zieht

XI, 78

Von der Kraft des Neuanfangs

Für mich ist die Kraft des Neuanfangs von zentraler Bedeutung. Als spiritueller Begleiter ermutige ich, den Worten des Therapeuten aus Nazareth zu trauen, der uns erinnert, dass wir in allen Lebenssituationen immer wieder wie Kinder neu und klein anfangen können (vgl. Markus 10,13–16). In dieser kraftvollen Lebensweisheit entdecke ich ein dynamisches Menschen- und Gottesbild. So muss das erste Wort am Anfang der Bibel – »bereschit« – nicht mit »am Anfang«, sondern vom Hebräischen her mit »im Anfang« übersetzt werden. Dieser kleine Unterschied ist entscheidend, weil er bedeutet, dass Gott nicht ein für allemal die Schöpfung erschaffen hat, sondern weiterhin mit uns schöpferisch ist. Am Anfang jeden Tages können wir dieses Urgeschenk allen Lebens feiern und zugleich mitgestalten.

Die verstorbene Theologin Dorothee Sölle, der ich freundschaftlich begegnet bin und viel verdanke, hebt in ihrem letzten Buch »Mystik des Todes« diese grundlegende Lebens- und Glaubenseinstellung nochmals kraftvoll hervor: »*Gott braucht auch uns, unseren Schutz, unseren Trost, unsere Wärme. Wir brauchen es, gebraucht zu werden. Einseitige Beziehungen, in der die eine Person immer die gebende, die andere immer die nur nehmende ist, sind moralisch unerträglich und führen zu neurotischen Verzerrungen. Darum ist das Bild parentaler Liebe für Gottes Beziehungen zu uns nicht ausreichend. Wir müssen Freundinnen und Freunde Gottes werden.*«

Diese tiefe Hoffnung lässt mich auch am Anfang dieses Jahres leidenschaftlich im Leben stehen, weil ich an das Gute in jedem Menschen glaube. Denn im Anfang war nicht die Ursünde, sondern der Ursegen, der uns durch die Schöpfung in einer faszinierenden Schönheit entgegenkommt. Diese göttliche Segenskraft ist jedem von uns »im Anfang« unseres Lebens in die Herzensmitte gelegt worden, damit wir nicht auf unsere Mängel fixiert bleiben, sondern auf unser unerschöpfliches Wachstumspotential vertrauen, das es ein Leben lang zu entfalten gilt.

Königskinder sein

Unsere Sehnsucht weitertragen
in all unsere Begegnungen
die erzählen vom Geheimnis der Menschwerdung

Unsere Sehnsucht weitertragen
in all unsere Aktivitäten
die die Menschenfreundlichkeit Gottes
aufscheinen lassen

Unsere Sehnsucht weitertragen
im Raum-schaffen
für die königliche Würde eines jeden Menschen

Unsere Sehnsucht weitertragen
im Pflegen eines schöpfungszentrierten Rhythmus'
um Erde und Himmel miteinander zu verbinden

XIV, 136

Unterwegs sein

Der Kraft des Neuanfangs trauen
unbelastet dem Neuen entgegengehen
weil ich nicht vor mir selber fortspringen muss
sondern sein darf mit meiner Geschichte

Die Kraft des Neuanfangs auskosten
schweigend unterwegs sein
ausgelassene Lebensfreude wecken
die mit Leib und Seele gefeiert wird

Der Kraft des Neuanfangs Gewicht geben
belastende Erfahrungen in Beziehungen
nicht mehr länger nachtragen
sondern jedem Menschen
Verwandlung zugestehen

XIV, 121

Druck abgeben – Selbstwert entwickeln

Je mehr ich gefordert bin, umso mehr brauche ich eine gute, gesunde Distanz zu den Ereignissen. Es gehört zur Tragik unserer westlichen Kultur, dass wir uns zu wenig Zeit nehmen, um Kraft zu schöpfen. Gerade in den Momenten unseres Lebens, in denen wir es besonders nötig haben, entziehen wir uns noch mehr die Möglichkeiten des Auftankens.

Je mehr ich an meine körperlich-geistig-seelischen Grenzen komme, Panik mich einholt, umso mehr brauche ich die Kraft des Innehaltens, des Augenschließens, des tiefen Aufatmens. Nicht um hinter meinen Entfaltungsmöglichkeiten zu leben, sondern um vermehrt an meine Ressourcen (darin steckt das franz. Wort »Source« = Quelle) der Kreativität, des Mitfühlens, der Entschiedenheit zu gelangen.

Ich nenne dies einen mystischen Weg der engagierten Gelassenheit. Denn der Ursprung des Wortes Mystik stammt vom griechischen Verb »myein«, was »die Augen schließen« bedeutet, um nach innen zu schauen. Nicht um mich zu verschließen oder gar abzutrennen von den anderen, den Anforderungen. Im Gegenteil, um den tieferen Zusammenhang mit allem neu zu entdecken. Es bedeutet, auch bei zunehmendem Druck nicht noch mehr allein vom Willen her zu leben, sondern der Intuition, der inneren Stimme zu vertrauen. Bei zunehmenden Sachzwängen und Belastungen verstärkt sich bei vielen die Gewissheit, jetzt sicher keine Zeit der Muße mehr zu haben. Die Gefahr ist groß, sich dadurch noch mehr in den Ereignissen zu verlieren und gelebt zu werden. Darum weisen Mystikerinnen und Mystiker der verschiedenen Religionen auf einen anderen Weg hin. Sie ermutigen, sich in Zeiten hoher Belastungen erst recht Oasen der Stille, des Rückzugs zu schaffen, damit ich daran wachsen und reifen kann und nicht zerbreche. XI, 15

In Zeiten hoher Belastung Momente des Innehaltens fördern

In Zeiten hoher Belastung
in denen ich mich überfordert fühle
und meine Arbeitsmotivation sinkt
weil der Druck der Sachzwänge
von Tag zu Tag zunimmt
da suche ich vermehrt
den Zugang zu meinen Kraftquellen
im Einüben bewussten Ein- und Ausatmens

In Zeiten hoher Belastung
nehme ich mir stündlich Zeit
Achtsamkeit zu entfalten
auf all das was mir gut tut und
was ich brauche zum Leben

In Zeiten hoher Belastung
in denen ich den Kontakt zu mir verliere
und mich dann wie abgeschnitten fühle
von den anderen und meiner Mitwelt
weil ich zu sehr Lösungen von außen her suche
und zu wenig den Mut habe
in mich hineinzuschauen
um mich er-lösen zu lassen
vom Irrtum alles selber tun zu müssen
da gebe ich im bewussten Bodenkontakt
Druck ab

XI, 13f

Lebensbehindernde Muster entdecken

»Was hindert dich, eine Entscheidung zu treffen?«, ist eine Frage, die ich mir und vielen Menschen stelle, die mehr aus der Lebenstiefe, aus dem Sein ihr Leben, ihren Berufsalltag gestalten möchten. Ich gehe davon aus, dass wir lebensbehindernde Gedanken, Motive, Mechanismen mit uns schleppen und uns schwer tun, sie aufzugeben. Obwohl es uns viel Energie kostet, diese lebensfeindlichen Muster Tag für Tag mit uns zu tragen, erscheint uns dies einfacher zu sein, als uns von diesen vertrauten Gedanken zu lösen. Denn sich entscheiden bedeutet, der Kraft eines Neuanfangs zu vertrauen. Appelle und Ratschläge helfen da nicht weiter. Wir brauchen die Achtsamkeit, die lähmenden Behinderungen in uns anzunehmen, denn nur so können sie verwandelt werden. Menschen, die sich schwer tun, sich zu entscheiden, sind oft von der Angst des Loslassens geprägt. Erst wenn diese Angst ernst genommen wird und eine Ausdrucksform erhält, kann sie sich auflösen. – Darum beginnt der Weg zu mehr Gelassenheit in Entscheidungsfragen beim Auflisten von lebenslähmenden und lebensfördernden Gedanken:

Was hindert mich, eine Entscheidung zu treffen? – Ich nehme dazu ein großes Blatt oder ein Heft und schreibe all die Ängste und Unsicherheiten auf. Nach einer gewissen Zeit versuche ich, die verschiedenen Ängste zu gruppieren, um Zusammenhänge zu entdecken.

Welche lebensbehindernden Sätze prägen mein Leben? – Wenn möglich, erinnere ich mich an Personen, die sie mir mitgegeben haben. Dabei suche ich nicht zu weit, denn die Hartnäckigkeit solcher Lebensmuster ist unglaublich. Meine Entscheidungskraft entfaltet sich durch das Bewusstwerden so genannter banaler, lächerlicher Erfahrungen.

Welche lebensfördernden Worte haben mir geholfen und helfen mir noch, entschiedener im Leben zu stehen? Wie gebe ich ihnen mehr Gehör, Beachtung, Gewicht? XI, 64f

Meine Wachstumschance sehen

Den schwachen Seiten
meines Lebens nicht ausweichen
sie bewusst vor meinen Augen halten
um sie Gott zu überlassen

Nullpunkte in meinem Leben
nicht überspielen und verdrängen
sondern als Wachstumschance sehen
Zeiten des Neuanfangs

In meinen Schwächen die Stärken entdecken
in meinen Stärken die Schwächen
hineinwachsen ins Urvertrauen
vor allem Tun angenommen zu sein

Schlüsselerlebnisse meines Lebens

Mit einem Neuanfang ist oft ein neuer Schlüssel gegeben, der mir Zugang verschafft zu neuen Orten. Darin liegt eine große Symbolkraft, die mir helfen kann, Gelassenheit in dieser Abschieds- und Begrüßungszeit meines Lebens zu finden. Denn ein spiritueller Mensch nimmt wahr, was ist, und geht von dem aus, was ihm nahe ist. So kann der Schlüssel, den ich nun mit mir trage und morgens, den Tag hindurch und abends gebrauche, die Spur aufzeigen, wie ich mit neuen, ungewohnten Situationen und Anforderungen umgehen kann. Wenn ich den Schlüssel wirklich in die Hand nehme und dabei im tiefen Ein- und Ausatmen innehalte, kann mich dies in Verbindung bringen mit Schlüsselerlebnissen in meiner Geschichte: mit Aha-Erlebnissen, in denen ich mich getragen fühlte, mir etwas Wichtiges aufging, mich verstanden fühlte. Ich nenne dies mystische Erfahrungen: Momente des Lebens, in denen Raum und Zeit wie aufgehoben erscheinen, und ich erahne, dass Wesentliches im Leben nie allein durch meine Leistung, durch Erfolg erfahrbar wird, sondern gerade im Angerührtsein und Staunen dem Leben in seiner Faszination und Widersprüchlichkeit gegenüber.

Wenn ich mich verloren fühle in meiner neuen Umgebung und mich schwer tue, dem Sprachspiel der anderen zu folgen, wenn neue Beziehungen sich nicht so leicht ergeben, kann mir der Schlüssel eine entlastende Hilfe sein, mich zu öffnen für all das Bestärkende, das ich in meinem Leben erfahren habe. – Engagierte Gelassenheit lebt von dem, was wir zu oft als selbstverständlich anschauen: den Schlüssel, den ich immer vor dem Öffnen und Schließen eines Raumes als Einladung sehe, mich zu erinnern an all das unscheinbar Wunderbare, das mich so werden ließ, wie ich heute bin. Den Schlüssel, der mich bestärkt, mich zu lassen und nicht zu sehr unter Druck zu setzen in der Erwartung, schon in den ersten Wochen alles Neue verstanden zu haben. So finde ich einen gelassenen Schlüssel des Vertrauens zu den Menschen.

XI, 88f

Ankommen

Ankommen
Abstand gewinnen
erahnen
wie mein Wert
aus meinem Sein entspringt
Unsicherheit vor dieser Leere
trotzdem vertrauend
dass sich das ganz Kleine
in mir entfalten kann
damit sich die Urabsicht Gottes
auch in mir freilegen kann
Ankommen
da sein
mitsein
Ruhe finden
weil ich längst von Dir
gefunden bin

V, 39

Hoffnungsvolle Schritte

Hoffnungsvolle Schritte
wünsche ich dir
in diesem Jahr
getragen von der Achtsamkeit
die Gottes Segen erfahren lässt

Vertrauensvolle Begegnungen
wünsche ich dir
heilende Momente des Aufatmens
die Gottes Segen spüren lassen

Glückliche Stunden
wünsche ich dir
die auch dem Unglücklichsein
in deinem Leben Platz lassen
damit du echter Mensch wirst
durch Gottes Segen
in all deinen Beziehungen

XIV, 122

Von der Kraft der Leere

Michael, der einige Monate mit uns gelebt und gearbeitet hat, schenkt mir zum Abschied eine Tonband-Kassette. Auf der Begleitkarte schreibt er mir: »Eine Kassette für dich ... Sie enthält, da du sie zum ersten Mal in den Händen hältst, nur ein einziges Lied, und sie wird auch nie vollständig sein, solange wir uns kennen ... Ich möchte darum nicht, dass du den leeren Teil überspielst ...«

Ich bin nicht nur berührt von dieser Geste, sondern auch tief beeindruckt, wie originell ein junger Mensch die Lebensweisheit der Leere ausdrückt. Damit unsere Beziehung zu uns selbst, zu anderen Menschen, zur Mitwelt und in alledem zu Gott lebendig bleibt, braucht es die Kraft der Leere. Martin Buber spricht vom »Zwischenraum«, der erforderlich ist für echte Begegnung.

Darum ist die Leere für Mystikerinnen und Mystiker eine lebensnotwendige Grundhaltung, um die Tiefendimension des Lebens erfahren und feiern zu können. Wir brauchen Leer-Räume, um nicht gelebt zu werden, sondern voll Hoffnung und Widerstandskraft uns dem Leben in seiner ganzen Faszination und Widersprüchlichkeit stellen zu können. Wir brauchen Schweige-Räume, um Distanz zu schaffen zu den Ereignissen: die Augen schließen, um klarer zu sehen.

Seit ich die Mystik als Lebenshilfe entdeckt habe, stehen in meinem Zimmer und in den Begleitungsgesprächsräumen leere Schalen. Sie erinnern mich daran, dass die Fülle des Lebens, die Fülle Gottes mich nur bewohnen kann, wenn ich dafür Raum schaffe. Sie lassen mich die unlösbaren Fragen und die himmelschreiende Not der Menschen aushalten, um darin zu erahnen, dass nur durch die Leere Neues entstehen kann.

Verwurzelt der Mensch

Verwurzelt der Mensch
der wagt zu seiner Meinung zu stehen
der sich wehrt
auch für die Rechte der kleinen Leute

Verwurzelt der Mensch
der darauf vertraut
dass es wohl auf ihn ankommt
aber letztlich nicht von ihm abhängt

Er wird sein wie ein Baum
am Wasser verwurzelt
auch wenn um ihn die Dürre sich ausbreitet
so bringt er Früchte

Wenn die Kritik und die Zweifel kommen
wird er sich besinnen
auf den Fluss des Urvertrauens
der auch durch ihn fließt
er wird nicht alleine gegen den Strom schwimmen
und die göttliche Quelle
immer neu in sich entdecken
Nach Psalm 1,3

IV, 7

Dem Leben zuliebe Nein sagen

In meiner spirituellen Begleitung von Menschen erfahre ich immer wieder, wie sich auf einmal bei ganz verschiedenen Personen ein gemeinsames Thema abzeichnet. So kam in letzter Zeit vermehrt die Schwierigkeit vom Neinsagen zur Sprache. Es ist seit Jahren auch mein Thema, ein gutes Gleichgewicht zu finden zwischen dem Ja und dem Nein in meinem Leben. Dabei ist mir wichtig geworden, positive, lebensbejahende Aussagen zu finden. Das Wort »Abgrenzung« war für mich sehr negativ belastet, weil ich mich so schwer damit tat. Um darin nicht stecken zu bleiben, brauche ich eine neue Ausrichtung. Ich finde sie, indem ich in der Lebensschule Jesu, im Meditieren seines Daseins die Erfahrungen beachte, in denen er Grenzen für das Leben gesetzt hat. Auch er sagt Ja zum Leben, indem er sich zurückzieht aus der Verantwortung für seine Lebensaufgabe. Er enttäuscht Menschen, weil sie sich täuschen in ihren Allmachtsfantasien. Seine tiefste Liebe zum Leben zeigt sich auch in seiner Ohnmacht und seinem Mitleiden.

Damit ich mehr vertrauen kann, meine Würde und mein Angenommensein auch in meiner Begrenztheit zu erfahren, brauche ich im konkreten Alltag eine Erinnerungshilfe. So liegt seit vielen Monaten auf meinem Pult, neben meinem Telefon eine wunderschöne Karte, auf die ich geschrieben habe: »Aus Liebe zum Leben und aus Verantwortung für mein Wohl und das Wohl der Gemeinschaft sage ich auch NEIN.« – Mit diesem Symbol will ich die Seite in mir stärken und entfalten, die noch unterentwickelt ist. Darum brauche ich diese offen-sichtliche Ermutigung, Grenzen für mehr Lebensqualität zu setzen.

Zum Leben ermächtigt

Sich nicht blenden lassen von Menschen
die besondere Macht haben
einander ermächtigen
die geschenkte Lebenskraft zu entfalten

Sich selber nicht verlieren
in der Begegnung mit Autoritäten
Wünsche und Sehnsüchte
nicht mehr auf andere projizieren

Ich selbst werden
so wie ich von Anfang gemeint bin
Menschwerdung
wenn mein Dunkel erhellt und angenommen wird
und ich mich nicht mit anderen vergleiche
sondern mein Leben in die Hand nehme
erahnend dass es längst
in der Hand Gottes ist

Gottes Handeln heißt
ICH BIN DA
aus diesem Zuspruch immer wieder neu
einfach da sein

In der Selbstfindung verbunden sein mit der ganzen Welt

»Ich sehne mich danach, mehr mich selber zu finden. Liegt darin aber nicht die Gefahr, dass ich immer mehr um mich selber kreise und mich meiner Verantwortung für die Welt entziehe?«

Ja, in unserem wachsenden Bedürfnis nach mehr Selbstfindung, Rückzug und Stille können wir die Verbundenheit mit dem Ganzen aus den Augen verlieren. Wenn in mir das Gefühl hochkommt, diesen Abend, diesen Tag, diese Woche nur ganz allein für mich zu haben, kann dies nach einer hektischen Zeit jedoch sehr verständlich sein. Ich ermutige gerade dazu, vermehrt Oasen des Rückzugs im Alltag zu suchen. Doch bei Mystikerinnen und Mystikern wie Hildegard von Bingen, Meister Eckhart, Teresa von Avila, Madeleine Delbrêl habe ich gelernt, dass es bei dieser inneren Einkehr nicht um ein Sich-Verschließen vor den anderen und vor den brennenden Fragen unserer Zeit geht. »Je mehr ich im Einklang mit mir selber und mit Gott lebe, umso mehr werde ich spüren, dass ich ein Teil des Ganzen bin.«

Also ganz im Gegenteil: Augen schließen, tiefes Durchatmen und Meditieren ermöglichen mir, durch die zeitweise Distanz zur Welt eine tiefere Nähe und Verbundenheit mit den Dingen zu finden. Madeleine Debrêl, eine Mystikerin des 20. Jahrhunderts, die als Sozialarbeiterin in einem Vorort von Paris wirkte, ermutigt, das Gebet als Aktion und die Aktion als Gebet zu betrachten: »Wer Gott umarmt, findet in seinen Armen das Gewicht der Welt.« Mystische Menschen laden dazu ein, dass wir uns selbst mehr annehmen mit all unseren geschenkten Gaben und unseren Grenzen, weil wir nur durch diese Selbstfindung auch Gott finden.

Dies verweist mich immer auch auf eine tiefere Verbundenheit mit allen Menschen, mit den Tieren, Pflanzen, Mineralien, mit der ganzen Schöpfung, dem ganzen Kosmos. Ich bin nie ein Einzelner. Je mehr ich im Einklang mit mir selbst und mit Gott lebe, umso mehr werde ich spüren, dass ich Teil eines großen Ganzen bin.

Erwecke uns

Wahnsinniger Krieg in unserer Nähe
gefolterte Kinder
bedrückende Bilder von Hungernden

Warum verbirgst
Du Gott
Dein Gesicht und vergisst unsere Not

Erwecke uns aus dem Schlaf der Oberflächlichkeit
lass uns nicht kraftlos liegen
unfähig aufzustehen für Frieden und Gerechtigkeit
nimm uns die Angst
nicht alleine bestehen zu können
stärke unser Vertrauen auf die Macht der Ohnmächtigen
Nach Psalm 44,25

Trinke als Erster aus dem eigenen Brunnen

»Fang damit an, dass du über dich selbst nachdenkst, damit du dich nicht selbstvergessen nach anderem ausstreckst. Was nützt es dir, wenn du die ganze Welt gewinnst und einzig dich verlierst? Keiner ist weise, der nicht über sich selbst Bescheid weiß. Ein Weiser muss zunächst in Weisheit sich selbst kennen und als erster aus dem eigenen Brunnen Wasser trinken«, schrieb Bernhard von Clairvaux (1090–1153).

Der Anfang eines neuen Jahres ist für mich die Einladung, mir über meine Lebensaufgabe, meine Berufung in dieser Welt Gedanken zu machen. Der Text Bernhards von Clairvaux hilft mir bei meiner Standortbestimmung. Für ihn ist die Selbsterkenntnis die Grundlage dafür, beziehungsfähiger zu werden, sich zu engagieren in dieser Welt und um Gottes Zuwendung in allen Lebensvollzügen zu erahnen.

In einem Interview mit einem Studentenpfarrer lese ich, dass es in der Nachfolge Jesu schließlich nicht um Selbstwerdung gehe, sondern um Selbstlosigkeit. Diese Trennung kann ich nicht mehr nachvollziehen, seit ich eine mystische Spiritualität entdeckt habe. Selbsterkenntnis ist für den berühmten Dichtermönch aus Clairvaux kein Sonntagsspaziergang, sondern eine anspruchsvolle Lebensaufgabe, um sich nicht zu verlieren in den vielen Aktivitäten und um auch mit durchkreuzten Lebensplänen umgehen zu können. Darum lädt uns das Kirchenjahr am Anfang eines Jahres bis zu Maria Lichtmess (2. Februar) ein, das weihnachtliche Geheimnis der Menschwerdung in der eigenen Menschwerdung zu vertiefen. Die Gottesgeburt erneuert sich in allen, die bereit sind, sich selbst besser kennenzulernen, einen befreienden Umgang mit ihren Stärken und Schwächen zum Wohle der Gemeinschaft zu finden. Die Kraft dazu muss nicht allein aus mir selbst kommen, sondern im alltäglichen Schöpfen aus dem göttlichen Brunnen in mir kann ich mich entfalten und mich einsetzen für eine menschlichere Welt.

Befreiende Selbsterkenntnis

Erkenne dich selbst
finde den Zugang zu deinem inneren Brunnen
damit du nicht auf deine Mängel fixiert bleibst
sondern deine Entfaltungsmöglichkeiten entdeckst

Erkenne dich selbst
wage den Weg in deine eigene Tiefe
wo du erahnst was wesentlich ist im Leben
damit du Grenzen setzen kannst
zum Wohl der Gemeinschaft

Erkenne dich selbst
suche einen wohlwollenden Umgang mit dir
damit du in deinen Schwächen
jene Stärken erkennst
die dich befreiter im Leben stehen lassen

Erkenne dich selbst
lerne auszudrücken was du brauchst
um dich lösen zu können von dir selbst
im Erahnen wie du aufgehoben bist
in einem größeren Ganzen

Erkenne dich selbst
schaffe Distanz zu den Ereignissen
erfahre im tiefen Ein- und Ausatmen
den alles verbindenden Atem Gottes

Trau deinen Träumen

Selbsterkenntnis ist ein großes Wort, kein Zustand, sondern ein dynamischer Prozess, ein Geben und Nehmen, ein Finden und Verlieren, ein Ankommen und Aufbrechen. Die Tür zur Selbsterkenntnis ist für mich das Gebet, jene menschliche Grundübung der Aufmerksamkeit, der Wahrnehmung, um in allem Gottes Gegenwart zu erahnen. Das Gebet ist für mich nicht das Bemühen, Gott zu erreichen, sondern das Aufatmen, dass ich schon in ihm bin, lebe und mich bewege. Darum helfen mir auf meinem Weg der Selbst- und Gotteserkenntnis auch meine Träume weiter. Es gibt viele Träume, an die ich mich nicht mehr erinnere, weil ich sie nicht sofort aufgeschrieben habe. Es gibt viele Träume, die ich nicht verstehe. Es gibt schreckliche Träume, die mich voller Schwere erwachen lassen, und dann fehlt mir die Kraft, sie anzuschauen. Und es gibt kraftvolle Traummotive, die ich nie mehr vergesse und die mir helfen, mich besser zu verstehen. Am Anfang des letzten Jahres hatte ich innerhalb von zwei Wochen dreimal folgenden Traum.

Ich stand im Park vor einem großen, eindrucksvollen Gebäude; einmal war es eine große Kirche, einmal ein imposantes Schloss, einmal ein siebenstöckiges Gymnasium. Voller Bewunderung stand ich in der Mitte des Parks, als völlig unerwartet ein schreckliches Erdbeben das Gebäude zum Einsturz brachte und nichts mehr als ein riesiger Schutthaufen vor mir lag. In allen drei Träumen war ich umzingelt von Angst, von Schrecken. Diese Verunsicherung wandelte sich, als ich mich selber anschaute und zu meinem großen Erstaunen sah: aufrecht zwischen Erde und Himmel, heil, ohne Verwundungen.

Seit diesen Träumen vertraue ich noch mehr dem inneren heiligen Ort in mir, wo niemand Zutritt hat und ich unverletzbar bin – eine Glaubenszusage, die jedem zugesprochen ist. Aus diesen Träumen lerne ich, dass mir Umbruchsituationen und Veränderungen im Leben nicht erspart bleiben, um immer mehr so werden zu können, wie Gott mich von Anfang an gemeint hat.

Aufmerksam werden

Vor über zwanzig Jahren habe ich meinen ersten Kommunikationskurs besucht und erlebt, dass es für eine gute Kommunikation wichtig ist, »Ich-Botschaften« zu geben. Einsichtig war mir auch, dass verschlüsselte Botschaften jede Kommunikation erschweren und es notwendig ist, meine Wünsche, Bedürfnisse anzumelden: Anstelle von »man könnte doch das Fenster schließen« tritt nun das klare Wort: »Mir ist kalt; wen stört es, wenn ich das Fenster schließe?« Theoretisch war mir nun alles klar, doch zu Hause holten mich die alten Gewohnheiten schnell wieder ein. Was tun? Entweder ich sprach überhaupt nicht mehr, bis ich alles perfekt im Griff hatte!?!

Genau hier beginnt für mich ein spiritueller Weg, indem ich nicht in der »Entweder-Oder-Perspektive« bleibe, sondern auf das »Sowohl-als-auch« vertraue. Ich kann mich trotz neuer Einsichten nicht einfach so ändern und auch andere nicht mit Rat-Schlägen ummodeln. Doch ich kann meine Aufmerksamkeit auf einen bestimmten Aspekt lenken und neue Verhaltensweisen üben. Dazu brauche ich einen langen Atem der Hoffnung, eine Perspektive mit Tiefgang. Ich finde sie zum Beispiel – wie schon gesagt – in den Worten Bernhards von Clairvaux, »als Erster aus dem eigenen Brunnen zu trinken«. Dieses Urbild konkretisiert sich für mich darin, »ich« zu sagen. Natürlich werde ich nicht glücklich, wenn ich beim »Ich« stecken bleibe. Unsere ganze Existenz ist auf ein »Du« angelegt. Martin Buber sagt zu Recht: »Am Anfang ist die Beziehung ... Der Mensch wird am Du zum Ich ... Gott ist das ewige Du.« Dieses Beziehungsgeschehen ereignet sich, wenn ich darauf achte, mich selber wahrzunehmen, um mich nicht in Erwartungen und Ansprüchen anderer zu verlieren. Unsere Welt braucht mehr denn je Frauen und Männer, die sich einbringen und auch wieder zurücknehmen. So geschieht Toleranz, die sich nicht in Beliebigkeit verliert, sondern im Ringen um Gemeinsamkeiten Verschiedenheiten akzeptiert.

Mein Licht leuchten lassen

Mein Licht
nicht mehr länger verstecken
es leuchten lassen
wie es die Kinder tun

Mein Licht
in die Mitte stellen
zu meinen Gaben stehen
darin meine Lebensaufgabe erkennen

Mein Licht
hinscheinen lassen
in dunkle Situationen von Verzweiflung
und Ungerechtigkeit

Mein Licht
erkennen in den gesegneten Kerzen
die zum Symbol werden
für weltweite Verbundenheit der Menschen

Mein Licht
ist nicht mein Licht
sondern Ausdruck
des göttlichen Lichtes

Die Aktualität des Ewigen

»Zwei Augen hat die Seele:
eins schauet in die Zeit,
das andere richtet sich hin in die Ewigkeit.«
Angelus Silesius (1624–1677)

Ein Neuanfang lädt mich zur Standortbestimmung ein: Wie schaue ich mein Leben an? Wie stehe ich in Beziehung zu anderen Menschen, zu Tieren und Pflanzen, zur Schöpfung, zum Kosmos? Erahne ich die göttliche Kraft in all meinen Lebensvollzügen?

Die vielen geistreichen Sinnsprüche des Mystikers Angelus Silesius, die er in seinem »Cherubinischen Wandersmann« aufgeschrieben hat, sind mir dabei eine kraftvolle Begleitung. Sie öffnen meinen Blick für die konkrete Gegenwart, für die Kraft des Augenblicks, für das Staunen und das Entsetzen. Sie ermutigen mich, mit großem Mitgefühl und mit täglicher Achtsamkeit in unsere Zeit zu schauen, um mit offenen Augen all das Wunderbare und all die schrecklichen Ungerechtigkeiten zu sehen. Mystische Menschen entscheiden sich immer wieder für einen Neuanfang, in dem sich die göttliche Kraft der Verwandlung ereignet. Diese Kraft wird genährt, wenn ich die Fenster zur Ewigkeit offen halte. So weitet sich mein Blick, und ich erkenne, dass seit Jahrhunderten Frauen und Männer sich für eine zärtliche Gerechtigkeit einsetzen. Auf diesem Versöhnungsweg werden die brennenden Fragen ernst genommen und angegangen, weil solches Engagement in den ewigen Lebensworten des Glaubens, der Hoffnung und der Liebe verwurzelt ist. Die Mystikerin Simone Weil (1909–1943) bringt es auf den Punkt: »Man muss sich mit Ewigen beschäftigen, um aktuell zu sein.«

Kraft des Augen-Blicks

Salzburg – ich spaziere nach einem Vortrag durch die Wiesen. Ein Mädchen kommt mir mit dem Fahrrad entgegen, zeigt himmelwärts und fragt mich: »*Hörst du die Musik?*« Erstaunt schaue ich mir den blauen Himmel an und erwidere: »*Ich höre nur ein Flugzeug?!*« Das Mädchen lässt sich durch meine Skepsis nicht beirren und antwortet: »*Der Himmel ist die Musik!*« Im selben Moment erinnere ich mich an die Worte des amerikanischen Mystikers Thomas Merton, der sich um 1960 für den Frieden in Vietnam engagiert hat: »*Ich will mich also aufmachen, weil der Himmel mein Gebet ist, die Vögel mein Gebet sind, der Wind in den Bäumen mein Gebet ist.*«

Kinder und Jugendliche sind mir schon oft zu spirituellen Lehrmeister(inne)n geworden. Sie zeigen mir, dass sich das Authentische, das Wesentliche unaufhaltsam durch die Jahrhunderte erneuert. Dazu braucht es die Offenheit, der Kraft des Augen-Blicks, der Kraft der Leere zu trauen. Wir brauchen Leer-Räume, um uns voll Hoffnung und Widerstandskraft dem Leben in seiner ganzen Faszination und Widersprüchlichkeit stellen zu können. Wir brauchen Schweige-Räume, um Distanz zu schaffen zu den Ereignissen: die Augen schließen, um klarer zu sehen.

Bei Lao Tse entdecke ich Worte, die mir zeigen, wie verbindend, zeitlos und aktuell die mystische Tradition ist:

»Man macht Fenster und Türen für das Haus,
doch erst durch ihr Nichts in den Öffnungen
erhält das Haus seinen Sinn.
Somit entsteht der Gewinn nicht durch das, was ist,
sondern erst durch das, was nicht da ist.«

Sinnlicher Weg

»Unsere Sinnlichkeit gründet in der Natur, in Mitgefühl und in Gnade. In unserer Sinnlichkeit wohnt Gott. Gott ist das Mittel, durch das unser Wesen und unsere Sinnlichkeit zusammengehalten werden, um niemals getrennt zu sein«, schrieb Juliana von Norwich (1342–1416).

Was mich heute wieder alles erwartet! Schon beim Erwachen kommt mir das Programm des ganzen Tages und der kommenden Wochen entgegen. Der erste Impuls scheint absolut und unwiderruflich: Ja keine Zeit verlieren, voller Einsatz ist gefragt, Durchhalten ohne Unterbrechung bis zum Abend. Ich werde es schon schaffen!

In diesen Gedanken verdichtet sich das Lebensprogramm des Einzelkämpfers/der Einzelkämpferin, die alles geben muss, um zu genügen. Wird es je einmal genügen? Sicher nicht! Darum brauche ich das tägliche Hineinwachsen in eine andere Lebenswirklichkeit. Ich nenne sie die mystische Lebensgestaltung, weil mich Mystikerinnen und Mystiker bestärken, mich in den Ansprüchen des Lebens nicht zu verlieren. So erinnern mich die Worte der englischen Mystikerin Juliana von Norwich, die in der Grafschaft Norfolk als Klausnerin lebte, jeden Tag neu das Geschenk meiner Sinne wahrzunehmen, weil sich darin Gott ereignet als Urgrund allen Lebens. Diese Innerlichkeit trennt mich nicht von meiner Verantwortung, sondern führt mich zum Mitgefühl mit aller Kreatur. Mein Widerstand, mich heute nicht zu verausgaben, sondern erst recht durch mein achtsames Schmecken des Lebens, des Sehens und Hörens, Tastens und Riechens den tieferen Sinn zu erkennen: durch meine Sinne zum Sinn.

Juliana von Norwich erahnte das Wohnen Gottes in unserer Sinnlichkeit. Dass sie diese Wirklichkeit nach einer schweren Pestzeit betonte, verstärken meine Compassion und meinen Lebensauftrag, mitten in anstrengenden Zeiten tief durchzuatmen.

Heilende Nächte

Hoffnungsvolle Nächte
wünsche ich dir
in denen du dein Leben
als dynamischen Prozess annehmen kannst:
voll und leer
sich einbringen und sich zurücknehmen

Heilende Nächte
wünsche ich dir
in denen du wie Nikodemus
aussprechen kannst
was du zutiefst ersehnst und bist

Vertrauensvolle Nächte
wünsche ich dir
in denen du durch die Nachtsonne erfährst
wie deine Lebensgratwanderung erleuchtet wird
und deine Schritte weiten Raum erhalten
Nach Psalm 18,29.37

Lesend in der Lebensschule

»Bei wem bist du in die Lebensschule gegangen?« Diese Frage, die mir immer wieder gestellt wird, erinnert mich an viele Menschen, deren Lebensweg ich kreuzte, aber auch an Menschen, denen ich beim Lesen ihrer Schriften begegnet bin und die so für mich zu Botinnen und Boten des Lebens wurden.

In den letzten Wochen stieß ich zufällig auf die Tagebücher einer knapp dreißigjährigen, holländischen Jüdin, die sie in den Jahren 1941–1943 verfasste. Selten berührte, beeindruckte und bewegte mich ein Buch so tief. In Etty Hillesum begegnete mir eine Frau, die das Leben mit all seiner Faszination und Widersprüchlichkeit liebte. Ich lernte einen Menschen kennen, der versuchte, er selbst zu werden, um sich dadurch noch mehr für das Leben zu engagieren. Das Tagebuch dieser jungen Frau wurde mir zum Lebensbuch. Immer wieder blättere ich darin und lese und meditiere ihre Worte.

Inmitten einer Zeit, in der ihrem Volk himmelschreiendes Unrecht angetan wurde, schreibt sie Worte, die ich bewundere. »*Der Himmel ist in mir ebenso weit gespannt wie über mir. Ich glaube an Gott, und ich glaube an die Menschen; das wage ich ohne falsche Scham zu sagen.*«

Spiritualität im Alltag erlebe ich, wenn ich solche kraftvollen Worte nicht nur lese, sondern sie abschreibe und mir ab und zu laut vorlese. Dadurch spüre ich, dass ich eingebunden bin in einen großen Kreis von Menschen guten Willens, die seit Jahrhunderten das Leben wählen. Wenn ich Zeitung lese, wenn ich Trauer und Wut in mir spüre, etwa über die unglaublichen Ereignisse in Osttimor, im Sudan oder im Irak, dann gehe ich zu Etty in ihre Lebensschule und höre, wie sie zu mir spricht: »*Ich bin schon tausend Tode in tausend Konzentrationslagern gestorben … Und dennoch komme ich immer wieder zu demselben Schluss: Das Leben ist schön. Und ich glaube an Gott. Und ich will mittendrin in alledem sein, was die Menschen ›Gräueltaten‹ nennen und dann noch sagen: Das Leben ist schön. Jede einzelne Minute.*«

Gottes Wegbegleitung

Gesegnet seist du
in deinen Schritten der Achtsamkeit
die dich immer mehr dich selbst werden lassen

Gesegnet seist du
in deiner Aufmerksamkeit
aus deiner Mitte heraus
mitzugestalten an einer zärtlicheren Welt

Gesegnet seist du
im Verbinden von Erde und Himmel
in dem du in dir selber
das Helle und Dunkle verbindest

Gesegnet seist du
im Weitertragen der Sehnsucht
die dich jeden Tag
den Geschenkcharakter des Lebens erfahren lässt

Gesegnet seist du
im Sorgetragen für dein Leben
um vermehrt auch für andere aufstehen zu können
darin erfährst du Gottes Wegbegleitung
jeden Augenblick deines Daseins

XIV, 140f

(*Aus-*)Gelassenheit

Kind sein dürfen

»Wenn ihr nicht werdet wie die Kinder, findet ihr keinen Zugang zu Gottes neuer Welt«, sagt der Liebhaber des Lebens, Jesus von Nazareth. Darin entdecke ich die tiefe Lebensweisheit, ein Leben lang Kind sein zu dürfen, ein Leben lang jeden Tag neu anfangen, ein Leben lang wachsen und reifen zu können, bis zur letzten Stunde meines Lebens in mir zu entfalten, was noch brach liegt. Im Unterwegssein mit Kindern können wir diese spirituelle Grundhaltung täglich erneuern.

»Staunen ist die erste mystische Grundhaltung«, sagt Dorothee Sölle. Darum können Kinder unsere spirituellen Lehrmeister sein. Durch sie können wir das Staunen, das Offensein, das Lachen und Weinen, das Aussprechen von Bedürfnissen, das In-Beziehung-Sein mit der Schöpfung lernen.

Mystikerinnen und Mystiker sprechen von der Geburt Gottes im Menschen; sie geschieht auch, wenn wir die Menschenrechte fördern, Widerstand leisten gegen Kinderarbeit, eine kinderfreundliche Welt mitgestalten. I, 61f

Staunen

Staunen lernen
als mystische Grundhaltung
der Kraft des Augen-Blicks trauen

Mich sammeln
mit ganzer Kraft
mit ganzem Sein
mit ganzem Verstand
mit ganzem Herz

Innehalten
wahrnehmen was ist
wunderbare Kreativität entdecken
die in uns angelegt ist
und noch mehr entfaltet werden möchte

Im aktiven Nichtstun
wachsen lassen
was in mir Frucht bringen will
einfach staunen
wie im Loslassen
Einlass in die tiefe Verbundenheit
mit allem erfahrbar wird

Engagierte Gelassenheit

Gelassenheit hat nichts zu tun mit Oberflächlichkeit oder »Coolsein«. »Lassen« kann ich nur das, was ich zuerst getan, gehabt oder wahrgenommen habe. Ein gelassener Mensch spürt zum Beispiel seinen Ärger, denn der hat seinen Grund – und er kann ihn dann auch wieder lassen.

Jesus ist für mich jemand, bei dem ich diese engagierte Gelassenheit erlebe. Jesus verliert sich nicht in den brennenden Fragen, sondern schafft zuerst Distanz, um Kraft zu schöpfen. Oft stürzen wir uns in Situationen, in denen wir besonders gefordert sind, und in die Aufgaben hinein – mit der Gefahr, uns darin immer mehr zu verlieren. Dabei kann es dazu kommen, dass wir immer mehr »gelebt werden« – und zu wenig im Einklang mit uns, mit den anderen, mit der Schöpfung leben.

In Zeiten der Verunsicherung, der Entscheidung, der Belastung, der Trauer brauchen wir Räume, in denen wir aufatmen. Eigentlich sind diese Räume schon da, doch wir nutzen sie zu wenig. Dabei kann ich mir ganz sicher sein: Mein Tun, mein Einstehen für Gerechtigkeit in dieser Welt bewirken mehr, wenn ich mich zuerst einmal sammle und in Berührung komme mit der göttlichen Quelle in mir.

Ohne eine gewisse Distanz zu den Ereignissen des Lebens ist dies kaum möglich. Dabei wende ich mich nicht ab von der Not, sondern schaffe zuerst einen Raum des Innehaltens, um dann kraftvoller, überzeugender aufzutreten. Engagierte Gelassenheit ist in unserem Atem angelegt: Ein- und Ausatmen verweisen uns auf das Zupacken und Loslassen. Beides braucht es, damit Leben gelingen kann.

II, 107f

Spielerisch sein

Spielen
ist eine ernste Sache
ganze Konzentration ist gefragt

Kinder
zeigen uns wie im Spiel
das ganze Leben verarbeitet wird

Spiel und Arbeit
Arbeit und Spiel

Clown sein
ist eine anstrengende Aufgabe
sich selber im Spiegel entdecken
Konturen hervorheben
tiefer Blick hinter die Dinge

Spiel und Aufgabe
Aufgabe und Spiel

Werde du selbst
spiele

Lieber Jeschuah aus Nazareth

Heute wage ich es, Dir zu schreiben. Wie Du weißt, verweile ich gerne bei einem Evangeliumswort und meditiere es über eine längere Zeit. Im Johannesevangelium habe ich entdeckt, wie ab und zu erwähnt wird, dass Du zu einem Fest gehst. Weil ich davon ausgehe, dass ich bei Dir besonders spüre, wie Gott ist und wie wir Menschen miteinander umgehen können, schreibe ich Dir nun.

Ich bin auf der Suche nach einem lachenden Gott. Gestern beim Eucharistiefeiern entstand beim Schlusslied eine fröhliche Stimmung, die mich ganz spontan beten ließ: »Dein lachender Segen, Gott, begleite uns auf unseren Wegen und in unseren Begegnungen.«

Wenn ich Deine Gleichnisse vom Anbrechen von Gottes neuer Welt lese, tut es mir gut, dass Du am meisten das Bild vom Essen und Trinken liebst. Im Hineinfühlen in Dein Mitsein am Tisch kommt mir Dein fröhliches Gesicht entgegen. Obwohl Du die brennenden Fragen von uns Menschen hautnah an Dich herankommen ließest, glaube ich fest, dass Du das Lachen nicht verloren hattest. Wie ist Dir das gelungen? Mit dieser Frage will ich Deine Worte und das, was andere von Dir aufgeschrieben haben, neu hören und mir zu Herzen nehmen. – Alles, was von Dir berichtet wird, möchte ich nun unter dem Aspekt des Lachens lesen, hören, meditieren. Ich will mir weder von Dir, von Gott, von anderen, auch nicht von mir ein festes Bild machen. In Deiner Lebensschule hab ich gelernt, dass Leben und Glauben Wachstumsprozesse sind.

Dich bei vielen Festen zu wissen ermutigt mich, auch über mich selber zu lachen. Daraus kann die Kraft entstehen, Ohnmacht in Hoffnung zu verwandeln. Wir brauchen heute mehr Solidaritätsfeste. Feste, bei denen wir zutiefst erfahren, dass multikulturelle Begegnungen uns beschenken und Lebensfreude erfahren lassen. Dein erfrischender Geist wird uns dazu anstiften. An dieser Hoffnung will ich Dich, Jeschuah, Anteil nehmen lassen, weil ich sie Dir verdanke.

Inspiriert von Johannes 2,1; 5,1

Mit Schlagzeug und Gitarre

Wie oft hast Du mich schon
zum Leben bestärkt

Unzählige Male
lassen mich Dich loben

Im Aufgehen in der Musik
erahnen
wie ich einst
ganz in Dir leben werden

Alle sollen Dich loben
im Tanz mit Pauke und Harfe
Schlagzeug und Gitarre
Klarinette und Geige
Nach Psalm 149,3

IV, 157

Innere Freiheit finden

Die hohe Kunst engagierter Gelassenheit besteht darin, in all meinem Sein, meinen Bedürfnissen, meinen Beziehungen, meinen Ängsten, meinen Hoffnungen, meinen Zweifeln, meinem Glauben eine innere Freiheit zu entfalten. Innere Freiheit, die nicht mit Oberflächlichkeit, mit Teilnahmslosigkeit, mit Unbekümmertheit zu verwechseln ist. Innere Freiheit allen Dingen und Ereignissen gegenüber, weil sie immer Gnade sind und nie zu machen. Es bedeutet, das Paradox unserer Existenz anzunehmen, wesentlich schon in Gott zu sein – und doch Geschöpf zu bleiben, wie dies die Mystikerin Juliana von Norwich treffend beschreibt: »*Ich sah keinen Unterschied zwischen Gott und unserem Wesen, sondern gleichsam alles in Gott. Und doch ist Gott Gott, und unser Wesen ist eine Kreatur in Gott.*«

Darum können wir die Erfahrung des »Schon-in-Gott-Seins« kultivieren, auskosten und sie zugleich – hier zeigt sich die paradoxe Situation – wieder loslassen. Das meint innere Freiheit: Menschen, die wir lieben, loslassen, damit wir nicht abhängig werden, obwohl wir sie brauchen – im Essen und Trinken die Gaben der Schöpfung genießen und doch ein gutes Maß finden, damit es uns mit Leib und Seele wirklich gut tut – im Gestalten der Sexualität Lebenslust feiern, ihre schöpferische Kraft erahnen und in verantwortungsvoller Anerkennung die Beziehung in allen Dimensionen, in Arbeit und Freizeit, in Konflikten und Versöhnung pflegen.

Die innere Freiheit wird so zur Richtschnur, um in guter Nähe und Distanz echte Gelassenheit zu wagen. XI, 148f

Geschenkcharakter des Lebens

In der Kette der Ereignisse
meines Lebens erahnen
wie das Wesentliche
weder mach- noch kaufbar ist
sondern immer Geschenk

In der Kette meiner Anstrengungen
die immer wieder zu meinem Leben gehören
erkennen wie tiefste Erfüllung
sich unerwartet ereignet

Das Kostbare des Menschseins
mir schenken lassen
im alltäglichen Staunen
über die vielen wunderbaren Momente
des Miteinanders

Entdecke dein Lachen

Rabbi Barucha von Huza pflegte des öfteren den Markt in Lapet zu besuchen. Eines Tages erschien ihm dort der Prophet Elija, und Rabbi Barucha fragte ihn: »Gibt es jemanden unter den Leuten hier, die in die zukünftige Welt eingehen werden?« – »Es gibt keinen«, antwortete Elija. – Später erschienen zwei Männer auf dem Markt, und Elija sagte zu dem Rabbi: »Diese beiden werden in die zukünftige Welt eingehen.« Rabbi Barucha fragte die Neuankömmlinge: »Was ist euer Beruf?« Sie antworteten: »Wir sind Clowns. Wenn wir einen Traurigen sehen, bringen wir ihn zum Lachen. Wenn wir Streitende sehen, versuchen wir, Frieden zu stiften.«

Diese wunderbare Geschichte aus dem jüdischen Talmud erinnert mich an die heilende Kraft des Lachens. Es gilt, den lachenden Segen Gottes zu entdecken in unseren Beziehungen, in unserem Alltag. Es gilt, den lachenden Jesus zu finden, der zur Lebensfreude begeistert. Denn nur so können wir auch miteinander weinen und Konflikte fair austragen.

Die bevorstehende Faschingszeit lädt uns ein, die spirituelle Kraft des Lachens, des Humors, der Heiterkeit, des Lächelns zu kultivieren. In der Lebensschule Jesu kann ich ein solidarisches Miteinander entdecken. Dies geschieht nicht nur im Engagement, im Mitleiden, sondern in der ansteckenden Kraft lachenden Zusammenseins. Nicht zufällig spricht Jesus in seinen Gleichnissen, die von Gottes neuer Welt erzählen, am meisten vom Essen und Trinken.

Er spricht nicht nur davon, sondern lässt sich gerne einladen zum Genießen der Schöpfungsgaben. Wenn ich mich in diese Evangelientexte hineinfühle, sie meditiere, dann sehe ich einen lachenden Jesus vor mir, der Gemeinschaft stiftet. – Ich habe drei Sommer lang in Jerusalem gelebt und orientalische Gastfreundschaft erfahren. Herzhaftes Lachen war immer dabei, manchmal sogar mit Tränen. Der Apostel Paulus bringt es in seiner Umschreibung eines Glaubensweges auf den Punkt: »*Lacht mit den Lachenden und weint mit den Weinenden*« (Römer 12,15).

Clown sein

Nach einem anstrengenden Tag bin ich bei einer befreundeten Familie zum Abendessen eingeladen. Martin, der Papa, spielt auf seiner Gitarre Songs der Beatles. Die zwei Jahre alte Sarah Valérie stellt einen drehbaren Stuhl in die Mitte der Stube und bewegt sich mit ihm in atemberaubendem Kreisen. Ihr tanzendes Kreisen braucht ihre ganze Konzentration, was uns alle herzhaft lachen lässt. Diese kleine Person ganz bei sich in Ernsthaftigkeit und Leichtigkeit: eine Clownin. Ich krümme mich vor Lachen. Alle Anstrengungen des Tages sind wie weggeblasen, zweckfreies Zusammensein nährt meine Seele.

Ein mystischer Moment? Sicher. Ich umschreibe mystische Erfahrungen als jene Augenblicke, in denen Raum und Zeit wie aufgehoben sind. Wir brauchen die Leichtigkeit des Seins, zweckfreies Dasein, um den Sinn des Lebens zu erfahren. Meister Eckhart sagt darum zu Recht: »Die entscheidende Frage im Leben ist nicht: was tun, sondern wer wir sind.«

Fasnet – Fasching, Karneval – macht uns Mut, Clown Gottes zu sein. Clown Gottes sein lässt mich das Paradox unserer Existenz und eines spirituellen Weges erkennen. Im Wissen, dass ich einmalig und wichtig bin, nehme ich mich nicht so endlos wichtig! Der Clown lädt ein zum Authentischsein, zum Stolpern, zur Leichtigkeit, zum Scheitern, zur Kreativität. Der Clown Gottes erkennt in seinem Lachen, seinen Späßen, seiner Heiterkeit das Lachen Gottes, die Zusage der biblischen Schöpfungserzählung: Es ist sehr gut so! Daraus wächst die befreiende Kraft, spielerisch im Leben zu stehen, wie dies Johannes Galli, der Clown aus Freiburg i. Br., tiefsinnig sagt: »In jedem Menschen lebt ein Clown, der die natürlichen Impulse hütet. Da die Wahrheit unsagbar ist, spielt sich der Clown hinein.«

Gottes Lachen

Stimm
dem Leben zu
bringe Gott ins Spiel
jeden Tag neu

Lächle
dem Leben zu
dem wundervollen Spiel
in Schöpfung und Kosmos

Lache
dem Leben zu
erkenne deine schöpferische Einmaligkeit
damit du dich nicht so wichtig nehmen musst

Klatsche
dem Leben zu
erkenne die Gute Nachricht
lass dich auf Gottes Lachen ein
es befreit zur Solidarität

Die Kraft des Humors entdecken

»Für die Liebe braucht man Mut –
Lachen hilft.«
Roberto Benigni

Dem italienischen Komiker und Regisseur Roberto Benigni ist mit seinem zutiefst menschlichen Film »Das Leben ist schön« eine unglaubliche Gratwanderung gelungen. Dieser Film hat mich sehr bestärkt, die Tiefendimension des Humors zu verinnerlichen. Über sich selber lachen zu können kann so wohltuend sein. In einer angespannten Situation humorvolle Worte finden, die nicht spitz und verletzend sind, ist eine Kunst, die wir üben sollten.

Die Überwindung von Vereinsamung und Entsolidarisierung sehe ich im verantwortungsvollen Umgang mit unserer Lebenslust. Auch das Genießen, das nicht auf Kosten anderer geschieht, bleibt eine Lebensaufgabe. Ich behaupte immer mehr, dass wir das richtige Genießen verlernt haben. Konsumieren heißt noch nicht genießen! Ich glaube an die schöpferische Kraft in jedem Menschen, die ermöglicht, aus ungesunden Abhängigkeiten auszubrechen. V, 129

Festfreude

In der Familie, im Freundeskreis und auch in der Stadt entsteht durch das Spielen von Instrumenten eine verbindende Atmosphäre. Wichtig ist dabei nicht das fehlerlose Spiel, sondern der Mut, sich einzubringen, damit Grenzen aufgelöst und Mauern des Misstrauens durchbrochen werden:

Mitten in der Stadt
am Boden sitzen
geerdet sein
der Musikgruppe zuhören

Herzhaft lachen können
Blickkontakte genießen
staunen
wie Jung und Alt
stehen bleiben
sich hineinholen lassen
in den Zauber der spielerischen Kraft
die Humor und Kreativität entstehen lässt

Sich einbeziehen lassen
Menschen verschiedener Kulturen
geben einander die Hand
Grenzen werden aufgelöst
weil wir mit Dir
Mauern überspringen
Nach Psalm 18,30

V, 124

Verabredung mit dem Leben

Beim Freundeskreistreffen in der Abbaye de Fontaine-André (CH) begegne ich vielen Menschen, die ich schon lange nicht mehr gesehen habe. Es tut mir gut, durch diese Begegnungen zu sehen, wie vieles in all den Jahren wachsen und reifen konnte. Ganz unerwartet entdecke ich Schwester Senta im Kreis der Menschen. Vor über 25 Jahren haben wir miteinander studiert. In der Zeit danach sind wir uns ab und zu begegnet, doch dann schon lange nicht mehr. Welch eine Überraschung, wir gehen aufeinander zu und umarmen uns herzlich. Kostbare Augen-Blicke, die mir in wenigen Sekunden viele gemeinsame Erinnerungen nahe bringen: herzhaftes Lachen, intensive Gespräche, gemeinsames Beten und Lernen, Teilen von Freud und Leid. Die Umarmung ist so unkompliziert, so spontan, so voller Lebensfreude, dass Schwester Senta ihren Klosterschleier verliert. Nicht nur unsere Katze scheint sich darüber zu freuen, sondern auch all die anderen rund herum genießen diese ungeplante Verabredung mit dem Leben. Die Zeit steht still. Mehr noch, sie lässt mich einen Moment meinen, dass wir erst gerade unser Studium abgeschlossen hätten und immer noch sehr jung seien.

Aus diesen Gedankenspielereien holt mich Senta beim Aufheben ihres Schleiers mit einem schelmischen Lachen heraus: »Ich bin nun schon siebzig Jahre alt!« Kein Grund, sich nicht 70 Jahre jung zu fühlen!

Mein Leben vertiefen

Dankend will ich
mein Leben vertiefen in Dir
Deine Spur in meiner Geschichte entdecken

Wie Du mich im Umherirren
zur Oase geführt hast
mit vielen stimme ich ein und danke Dir
für Dein wunderbares Tun an den Menschen

Du schenkst in Symbolen und Ritualen
der Seele Raum zur Entfaltung
Du führst hinaus aus Dunkelheit und Verzweiflung
darum danken wir Dir
für Dein wunderbares Tun an den Menschen

Du lässt niemanden fallen
ermutigst den Weg in die Tiefe zu gehen
um das Leben mit Schatten und Licht anzunehmen
darum danken wir Dir
für Dein wunderbares Tun an den Menschen
Nach Psalm 107,8

IV, 115

Wer bin ich?

Im letzten Herbst leitete ich erstmals im Haus Benedikt in Würzburg Besinnungstage. Von den über vierzig Teilnehmenden kannte ich höchstens 4 Personen. Für mich war vieles neu wie auch für die Kursteilnehmer. Beim Abendessen fragt mich meine Tischnachbarin: »Kennen Sie Pierre Stutz? Wissen Sie, was alles auf uns zukommt?« In meiner schmunzelnden Sprachlosigkeit fliegen mir erste unausgesprochene Antwortversuche zu: »Nicht so gut!«, oder »Manchmal kenne ich ihn ein wenig!« Die anderen am Tische kommen mir zuvor und klären meine Nachbarin auf. Sie errötet leicht, wie peinlich!

Peinlich war es mir nicht, zu gerne hätte ich unerkannt unser Gespräch weitergeführt und vielleicht einiges über mich erfahren! In den folgenden Tagen, die wir miteinander im Schweigen verbringen, geht mir diese Lebensfrage nach. Kenne ich mich? Wer bin ich? Woher komme ich, wohin gehe ich? Intensive Tage ereignen sich, die ich in Verbindung bringe mit Worten von Meister Eckhart: »Die entscheidende Frage im Leben heißt: Wer bin ich?«

In die Hände klatschen

Dein Heil wird bekannt
im Heilungsprozess
den Menschen wagen
im Hinabsteigen in die eigenen Abgründe
im Integrieren der eigenen Schattenseiten
bist Du sinnstiftend da

Dein gerechtes Wirken wird sichtbar
in allen Friedensinitiativen
im Unterschriftensammeln
im Schwimmen gegen den Strom

Klatschen wir in die Hände
voll Dankbarkeit über all das Gute
das täglich geschieht
bewegt durch Dich
Nach Psalm 98,2.8

IV, 106

In einem Zuge

Nach einer intensiven Lesereise setze ich mich in den vordersten Wagen des Zuges, der von München nach Zürich fährt. Beim Kontrollieren der Fahrkarte sagt mir der Zugführer: »Sie haben diesen Wagen ganz für sich allein, niemand anders ist da!« Ganz erstaunt schaue ich um mich herum. Es ist wirklich so. Ich genieße diese Ruhe und schlafe kurz danach ein. Irgendwann höre ich die Stimme einer Frau, die mich mit folgenden Worten aus dem Schlaf weckt:

»Ich lebe mein Leben in wachsenden Ringen,
die sich über die Dinge ziehen.
Ich werde den letzten vielleicht nicht vollbringen,
aber versuchen will ich ihn.«

Kalt läuft es mir den Rücken hinunter: Wo bin ich? Träume ich? Spinne ich? – Nach einigen zögernden Momenten richte ich mich auf und entdecke eine junge Frau im Waggon. Sie muss irgendwann zugestiegen sein, ohne dass ich es bemerkt habe. Sie sitzt da und liest halblaut Gedichte von Rainer Maria Rilke aus seinem »Stundenbuch«. Sie ist ganz bei sich und lässt sich auch durch meinen staunenden Blick nicht beirren. Sie liest sich (und nun auch mir) Gedichte vor. Wie im Film komme ich mir vor. Ein Lächeln begleitet mich auf dieser spannenden Reise. Die Zeit geht vorbei in einem Zuge!

Spielend im Leben stehen

Dastehen
mich einspielen in die Rolle
bei der Pantomime in der Kirche

Einstehen
mit meiner ganzen Lebenskraft
die uralte Worte neu aufleben lässt

Gerade stehen
für die Vielfältigkeit des Lebens
die mich toleranter werden lässt

Hinstehen
für das Fördern Grenzen überschreitender Kulturen
die unseren Lebenshorizont erweitert

Spielerisch
im Leben stehen
gesegnet sein
jeden Tag neu

Staunendes Verweilen

Lange schaue ich unserer Katze Mira zu. Sie führt ihre drei jungen Kätzchen in die Kunst des Lebens ein. Stunden des Glücks sind mir geschenkt.

Mit größter Sorgfalt nimmt sie eines nach dem anderen in die Nähe eines Baumes. Eine Lektion im Klettern ist angesagt. Mich beeindruckt, wie Mira ihren Jungen ein Gefühl der Sicherheit und Geborgenheit vermittelt und wie sie ihnen sehr schnell eine große Selbstständigkeit zumutet.

In diesen für die Jungen anstrengenden Momenten kommt das Spielerische nicht zu kurz und die Zärtlichkeit auch nicht. Dabei kann ich für mich abschauen, mit Entschiedenheit und Leichtigkeit im Leben zu stehen. – Einmal mehr sind die Katzen mein Gebet!

VII, 16

Mich vergessen

Da sein
Raum und Zeit sind wie aufgehoben
Momente des Glücks
bewohnen mich ganz

Mich vergessen
in der Hingabe an das Leben
Minuten des Glücks
erfüllen mich zutiefst

Miteinander eintauchen
in die Kraft der Ewigkeit
Stunden des Glücks
verbinden mich mit allem Sein

VII, 30

Zur Lebendigkeit gerufen

Sich mit Leib und Seele freuen an seinen Fähigkeiten, sie genießen, sie weiterschenken, damit auch andere zur eigenen Lebendigkeit angestiftet werden, – das hat nichts mit Egoismus zu tun. Darum sagt der frühchristliche Theologe Irenäus von Lyon zu Recht: »Gottes Ehre ist der lebendige Mensch.«

Egoisten sind gefangen in sich selber. Aus Angst, zu kurz zu kommen, drehen sie sich um sich selbst und blockieren so ihr tiefstes Lebensglück. Ganz anders der spirituelle, lebendige Mensch. Er entdeckt in sich immer neue kreative Seiten, die er zum Wohl der ganzen Gemeinschaft entfaltet. VIII, 16

Mich gehen lassen

Mich gehen lassen
meine Gefühle ausdrücken
mich hineinbegeben in den Fluss des Lebens
der Leichtigkeit des Werdens eine Chance geben

Mich gehen lassen
meine künstlerischen Seiten entfalten
aufblühen in meiner Kreativität
die auch anderen zur befreienden Wohltat wird

Mich gehen lassen
meiner Intuition trauen
meine gelungenen und widersprüchlichen Erfahrungen
in einem größeren Ganzen sehen

VIII, 26

Vertrauen in die Zukunft

Beim Geburtstagsfest meines Schwagers Othmar lade ich seinen Enkel zum Spielen ein. Der fünfjährige Siro lässt mich mit wenigen Worten sprachlos werden: »Ich bin zum Helfen da!«

Er packt zu, wo er kann und erneuert dadurch meinen Zukunftstraum: Es wird immer Menschen geben, die zur Mithilfe bereit sind, die aufleben im Engagement.

Niemand ist zu klein, um die uralte Geschichte der Achtsamkeit durch sein Leben weiterzuschreiben. Wir brauchen solche Hoffnungsgeschichten, wie dies die jüdische Dichterin Rose Ausländer eindrücklich beschreibt: »Ich träume mich satt an Geschichten und Geheimnissen.« X, 28

An der Quelle verwurzelt

Ein Leben lang dich abmühen
mit gutem Willen
jeden Morgen dich neu anstrengen
es allen recht zu machen ...

Ein Leben lang
dich durch Leistung definieren
um den Erwartungen
der anderen gerecht zu werden ...

Es gibt eine andere Möglichkeit –
die mystische Lebensgestaltung:
Das Wesentliche ist schon da
du bist in der Quelle verwurzelt
du brauchst dich nicht zu beweisen
weil dein Wert aus deinem Sein entspringt

Aus dieser inneren Freiheit
schöpferisch
kämpferisch
leidenschaftlich sein

XV, 90

Die Lebenskunst der Ziegen

Mit entschiedenen Schritten wollte ich zurück zum Arbeitsplatz. Doch die jungen Ziegen halten mich auf. Sie sprühen vor Lebensfreude: Aus dem Stand springen sie in die Luft, erweitern ihren Lebensraum.

Zweckfreies Dasein, »ohne Warum«, wie Meister Eckhart es ausdrückt. Ich verliere mein Zeitgefühl, eine ausgelassene Freude erfüllt mich. Unser Alltag wäre weniger bestimmt durch Resignation und Frustration, wenn wir mehr Luftsprünge wagten! Wer verbietet sie uns eigentlich?

IX, 16

Einmalig sein

Einmalig sein
meinen Platz finden
meinen Standpunkt einnehmen

Original sein
nicht Kopie
mir Jahr um Jahr Zeit geben
zum Wachsen

Monat für Monat dranbleiben
der Krone meines Reifens trauen
auch wenn sie vorerst
nicht sichtbar ist

Tag für Tag
ich selbst werden
meine Kraft nicht unterdrücken
über mich selber hinauswachsen

XV, 42

Zeit der Ausgelassenheit

Viele Bräuche rund um die Austreibung des Winters und die Faschingszeit laden ein, das Lachen, den Humor, die Ausgelassenheit auszuleben. Unser Sein strebt nach Licht, nach Wärme und Geborgenheit, nach Zuwendung und Verwandlung, nach Solidarität und Leichtigkeit. Herzhaft lachen können hat große heilende Wirkung. Sie befreit vom Anspruch, perfekt zu sein. Sie lässt uns zum Clown werden, der sich auch in die Härte des Lebens hineinspielt, weil er Fehler machen darf und sogar über sich selber lachen kann. Mich krümmen vor Lachen richtet mich paradoxerweise innerlich auf, lässt mich das Leben genießen. Miteinander ausgelassen sein ist auch eine Form des Loslassens, wenn wir beim Feiern einander zulachen. Da kann eine Maske im Fasching eine Hilfe sein, um mich in andere Rollen und Seiten von mir hineinzuwagen.

Lachen und weinen sind ganz nah beieinander. Je mehr meine Tränen fließen können und ich mich in meiner Bedürftigkeit annehme, umso mehr bewohnt mich die belebende Kraft des Humors. Da wachsen Visionen und Kreativität, wenn auf einmal Erstarrtes auftaut und Menschen sich beim gemeinsamen Lachen im Fasching begegnen. – Auch in harten Zeiten erlebter Ungerechtigkeit kann das Lachen eine Widerstandskraft sein, die Menschen ihre Würde behalten lässt. Göttliches gebiert sich in dieser Ausgelassenheit, weil wir unser Ich vergessen und voll in unserem Element sind. Lachende hoffen in aller Hoffnungslosigkeit, verweisen auf den kommenden Frühling. So bete ich täglich ein Gebet, das 1970 beim Konzil der Jugend in Taizé entstand: »*Ich glaube an den Frühling einer Kirche, die über keine Machtmittel mehr verfügt.*«

In dieses Vertrauen suche ich hineinzuwachsen, weil an so viel Erstarrtem in den Kirchen festgehalten wird. Frühlingstage werden kommen, in denen Frauen und Männer ermächtigt sind, priesterliche Menschen zu sein. Menschen, die Erde und Himmel verbinden!

XVI, 141

Lächle deinem Tag zu

Lass dich heute nicht verkrampfen
vertrau dem Fluss des Lebens
der dich verbindet
mit all den engagierten Menschen
die mit Entschiedenheit und Humor
mitten im Alltag stehen

Lass dich nicht leben heute
vertraue deiner Verwurzelung
die dich daran erinnert
wie seit Jahrhunderten
Frauen und Männer
aus der Kraft der Tiefe leben

Lächle deinem Tag zu
nicht einmal für allemal
sondern immer wieder
beim Verweilen im Augenblick

MÄRZ

Übergang

Die Fastenzeit erneuern

»Die fabelhafte Welt der Amélie« heißt der Glücksfall eines französischen Films von Jean-Pierre Jeunet, der im Frühjahr 2001 über 6 Millionen Menschen ins Kino lockte.

Die 22-jährige Amelie Poulain findet in ihrer Wohnung einen verborgenen Schatz: Spielzeuge, Fotos und unscheinbare Alltagsgegenstände, die ein Junge vor Jahrzehnten versteckt hat. Diese Entdeckung lässt Amélie heraustreten aus ihrer geschlossenen Welt. Sie macht sich auf die Suche nach dem mittlerweile 60-jährigen Besitzer. Sie findet ihn und beobachtet aus Distanz, wie er durch seine Kindheitserinnerungen zutiefst gerührt und beglückt ist. Von diesem Moment an beschließt Amélie, andere Menschen glücklich zu machen ...

In diesem leichtfüßig-charmanten Film entdecke ich zentrale Lebensmotive, die wir alljährlich in der Fasten- und Osterzeit erneuern und verinnerlichen. Amélie ist durch eine schwierige Kindheit in sich selber gefangen, sie begegnet im Wohnblock und am Arbeitsplatz als Kellnerin in einem Café im Montmartre-Viertel in Paris vielen Menschen, die durch das Leben verbittert und resigniert sind. Sie nimmt diese Realität einfühlsam ernst, doch ist sie nicht mehr bereit, darin gefangen zu bleiben.

Voller Kreativität und Humor begibt sie sich auf eine Entdeckungsreise, um im ganz Alltäglichen, Widersprüchlichen das Kostbare, Wunderbare zu finden und zu entfalten. Amélie entwickelt eine Aufmerksamkeit für das Verwandlungspotential, das in jedem Menschen lebt. Sie entscheidet sich, auszubrechen aus der Gefangenschaft der Ohnmacht und der Apathie. Sie macht sich auf die Suche nach dem Wesentlichen im Leben, indem sie ihre verborgenen Fähigkeiten, das, was zutiefst in ihrem Wesen angelegt ist, nicht mehr länger für sich behält, sondern in Solidarität mit anderen zur Entfaltung bringt. III, 3f

Sich nicht abfinden mit Ohnmacht

»Das eigentliche Exil Israels war, dass sie sich daran gewöhnten, es zu ertragen«, sagt eine rabbinische Weisheit. Damit wird eine Lebenserfahrung angesprochen, die sich nicht nur in der Geschichte Israels – zum Beispiel im babylonischen Exil – festmachen lässt, sondern die zu jedem Prozess der Menschwerdung gehört. Das Schlimmste, was wir uns selber und anderen antun können, ist das Sich-Abfinden mit einer auswegslosen Situation. – Die vierzigtägige Fastenzeit vor Ostern will in uns die Hoffnungs- und Widerstandskraft fördern, dass es eine andere Möglichkeit gibt als Fremdbestimmung. Der Auszug aus Ägypten, der Aufbruch aus der Sklaverei, aus gut eingespielten, lebensbehindernden Mustern kann sich immer wieder in unseren persönlichen wie in gesellschaftlichen Situation aktualisieren. Darum lädt die Fastenzeit zur Besinnung ein, zu einem einfachen Lebensstil, zur Konzentration der Kräfte, um dem Wesentlichen im Leben Freiraum zu schaffen. Das bedeutet, ganz bewusst die Opferrolle zu verlassen und sein Leben in die Hand zu nehmen. Dies sagt sich so einfach! Die vierzig Tage stehen als Ausdruck beharrlicher Geduld. Denn das Verwandelnlassen von lähmenden Gewohnheiten geschieht nicht an einem einzigen Tag. Der Auszug aus dem Exil führt durch die Wüste, durch Zeiten der Verunsicherung, der Zweifel, der Durststrecken. Zugleich wird uns verheißen, Oasen zu finden, Orte mit Verbündeten, mit Menschen, die sich nicht mit der Oberflächlichkeit in Beziehungen und Arbeitssituationen abfinden, sondern das Wesentliche in neuen Formen des Miteinanders suchen.

III, 4f

Geschichtsbewusstsein

Jeden Tag
verbindest Du Dich mit allen Menschen guten Willens
die sich daran erinnern
wie Du immer schon die Gebeugten aufgerichtet hast
wie Du allzeit gegenwärtig bist
in der Heilsgeschichte der Menschen
wie Du Dich heilend-befreiend
der Unheilsgeschichte entgegensetzt
im nie endenden Kampf für Frieden in Gerechtigkeit

Alle
die Dich suchen
sollen sich von Herzen freuen
mit Mirjam
die tanzend auszog aus der Unterdrückung
mit Micha
der aufruft
Schwerter zu Pflugscharen umzuwandeln

Bis heute bewegst Du
Freundin Geist
heilvoll unsere Geschichte
Nach Psalm 105,3

IV, 113

Nicht gelebt werden

Unsere Welt braucht Frauen und Männer, die nicht mehr länger bereit sind, sich durch äußere Ereignisse, Erwartungen, Sachzwänge und Ansprüche leben zu lassen. Die Fastenzeit will zur Langsamkeit bewegen, damit wir nicht dauernd nur re-agieren, sondern vermehrt agieren aus unserer Mitte, aus Gott heraus. In dieser Grundhaltung kann ich üben, schwierige Situationen in meinem Leben nicht einfach über mich ergehen zu lassen, sondern mich zu fragen, was für eine Wachstumschance sich darin zeigt. Dazu braucht es den mystischen Blick nach innen, um durch die Distanz zur Tagesordnung einen anderen Zugang zu meinem Alltag zu gewinnen.

Die Besinnung auf das Wesentliche im Leben geschieht nicht aus lebensverneinenden Motiven heraus. Ganz im Gegenteil: Aus Liebe zum Leben sind wir aufgerufen, Grenzen für mehr Menschlichkeit und Gerechtigkeit zu setzen. Glücklich werden wir nicht, wenn wir noch mehr *haben*, sondern wenn wir miteinander mehr *sein* können und die Kraft des Teilens erfahren.

Die entwicklungspolitischen Sensibilisierungsaktionen, zu denen »Miseror«, »Fastenopfer/Brot für die Welt« oder »Familienfasttentag« in der Fastenzeit aufrufen, durchbrechen die lähmende Einsicht, dass wir eh nichts tun können und eh nicht wissen, wohin das Geld fließt. In ganz konkreten Projekten, die wir auswählen und für die wir uns engagieren, vergegenwärtigt sich die religiöse Sicht der Welt, dass ich nie Einzelner bin, sondern immer Teil eines Ganzen.

III, 5f

Wesentlich werden

Wesentlich werden
Tag für Tag klarer erkennen
was zutiefst in meinem Wesen
angelegt ist

Wesentlich werden
mich neu ausrichten
auf mein inneres Feuer
das meine persönliche Entfaltung fördert
und mein Engagement für Gerechtigkeit nährt

Wesentlich werden
im wohlwollenden Blick
der ausziehen lässt aus innerem Gefangensein
und mit anderen neuer Beziehungsfähigkeit entgegengeht

Wesentlich werden
die Kraft der Fastenzeit verinnerlichen
im Widerstand gelebt zu werden
im Aufstand für heilende Gastfreundschaft

III, 11

In seinem Herzen das Gewicht Gottes aufnehmen

24 000 Kerzen stehen vor mir auf dem Bundesplatz in Bern. Mit vielen anderen stehe ich vor diesen Lichtern, die uns erinnern wollen an die täglichen Opfer der Armut weltweit, gemäß der UNO-Welternährungsorganisation FAO. 24 000 Kinder, Frauen, Männer, die sterben, weil Menschen nicht offen dafür sind, die Güter dieser Erde gerecht zu verteilen.

24 000: eine unglaubliche, unfassbare Zahl. Ich bin der »Kath. Missionsgesellschaft Bethlehem« in CH-6405 Immensee und all den anderen mittragenden Organisatoren so dankbar, dass durch die brennenden Kerzen diese schmerzliche Wirklichkeit sichtbar geworden ist, sichtbar im Schmerz, in der Empörung und in der Hoffnung.

Mitten in der Hauptstadt, mitten im Abendverkauf steht am 31. Januar 2002, am Tag, an dem das Weltwirtschaftsforum WEF in New York eröffnet wird, ein großer Kreis von schweigenden Menschen um die 24 000 Kerzen. Tief berührt stehe ich da und schweige. Ich sehe sterbende Kinder, Frauen und Männer vor meinen inneren Augen. Ich spüre Trauer, Wut – und tiefe Dankbarkeit für diesen Kreis solidarisch empfindender Menschen, die diese Lichter hüten, die das Schweigen aushalten, die der Schweizer Regierung Optionen überreichen, wie etwa die, die Mittel für die Entwicklungszusammenarbeit von gegenwärtig 0,35 Prozent auf den UNO-Richtsatz von 0,7 Prozent zu erhöhen. Tief berührt steh ich da, verwurzelt in der uralten Tradition prophetischer Frauen und Männer, die ihre Stimme für all die Sprachlosen der Welt erhoben haben. Bewegt steh ich da, verwurzelt in der mystischen Tradition von Frauen und Männern, die eingestanden sind für die Leidenden, weil sie erahnt haben, dass Christus in ihnen aufersteht. – Beredetes Schweigen. In mir höre ich die Worte der Sozialarbeiterin und Mystikerin Madeleine Delbrêl († 1964), die sich mit ihren Gefährtinnen in einem Vorort von Paris für Gerechtigkeit einsetzte. Sie sagt uns auch heute: »Wir finden, dass Gebet eine Aktion ist und Aktion ein Gebet.«

Pietà

Genug ist nicht genug
Pietà:
Ausdruck himmelschreiender Not

Genug der 250 Millionen Kinder
die durch Kinderarbeit versklavt werden

Genug der geschlagenen Frauen
die sich nicht wehren können

Genug der Männer
die sich mit Gewehren und Granaten
zum Krieg missbrauchen lassen

Genug der Ausbeutung von Mutter Erde
unserer Lebensgrundlage

Pietà
steht auf
mitten in diesem Leid
das angeklagt werden muss

Genug des Jammerns und Klagens
unüberhörbar anklagen
Kreuz und Auferstehung
miteinander vergegenwärtigen

Voller Macht im Leben stehen

»Macht« war für mich jahrzehntelang ein negativ besetztes Wort. Bis ich im Meditieren längst bekannter Evangelientexte auf einmal wahrnahm, dass Jesus mit Vollmacht, mit voller Macht lehrte und wirkte. Seitdem versuche ich, einen differenzierten Zugang zur Macht zu finden. Das braucht Zeit, wie jeder Verwandlungsweg. Macht muss nicht mit Dominanz und Machtmissbrauch identisch sein. Die Gefahr dazu besteht, weil sich in allem, was Menschen zum Wachsen und Reifen an Gaben und Fähigkeiten zur Verfügung steht, eine Ambivalenz zeigt. Diese Ambivalenz nicht zu überspielen oder zu verdrängen gehört zur Wahrhaftigkeit, zum befreienden Miteinander, gerade im Umgang mit Macht.

Niemand kann leben ohne die ihm geschenkte Lebensmacht und Lebenskraft, vom Schöpfer zur Entfaltung anvertraut. Darum beinhaltet ein spiritueller Umgang mit Macht das Freilegen, die Transparenz dieser Kraft. Gut gemeinte, vor allem kirchliche Aussagen, dass wir *keine* Macht haben, sondern allein zum Dienen da sind, erschweren leider einen befreienden Umgang mit Macht. Der österlicher Weg, der inspiriert ist von der Lebenspraxis Jesu, ermutigt hingegen, aufzustehen und zur eigenen Lebensmacht zu stehen. Natürlich immer in der Grundhaltung, dass alle Talente, die Menschen anvertraut sind, geteilt werden möchten. Nur geteilte Macht dient der Gemeinschaft, der Solidarität, dem wahren Glücklichsein. Teilen kann ich aber nur, was ich in mir zutiefst angenommen habe. Indem ich während der Fastenzeit ein besonderes Augenmerk auf meinen Umgang mit Macht richte, kann ich den Kreuz- und Auferstehungsweg Jesu in meinem Leben erneuern.

Ohne Macht kann ich nicht leben. Wie gehe ich um mit meiner Macht? Was liegt wirklich in meiner Macht? Was tut mir gut im Entfalten meiner Lebensmacht? Wo spüre ich darin die Ambivalenz? Wo begegne ich den Schattenseiten, meine Macht zu leben? Wie transparent und mit-teilsam ist die Macht in meinen Beziehungen?

Kirche als Ort der Solidarität

Kirche als Ort
wo Menschen liebevoll vernetzt leben
wo sie sich treffen
um tiefste Verbundenheit
in Hoffnung und Schmerz zu feiern

Kirche als Ort
wo sich Menschen ihrer
lebensbehindernden Verstrickungen
bewusst werden
Ausschau halten
nach Verbündeten
offen und verletzlich bleiben

Kirche als Ort
wo Mensch und Schöpfung
mir Rückhalt geben
wo der Altar zur Kraftquelle wird
weil sich da vergegenwärtigt
was wir zutiefst ersehnen:

Trotz allem Gefangensein in sich selber
ereignet sich Wandlung
und befreit zur Mitmenschlichkeit

Selbstfindung – Selbsthingabe

Die Theologin Dorothee Sölle nennt Jesus den glücklichsten Menschen, der je gelebt hat. Er hat dahin gefunden, *ich* zu sagen. In der Tat kann ich bei ihm sehen, wie er mit dem Willen Gottes umging. Auch er musste ringen, um zu entdecken, was Gott mit ihm vorhatte. Darum nahm er sich oft die Zeit, sich zurückzuziehen in die Stille und Einsamkeit. Vor großen Entscheidungen betete er lange. Sein Beten war sicher ein intensives Suchen nach dem Willen Gottes und nach seiner ihm zugedachten Aufgabe. Für Jesus war nicht von Anfang an alles klar. Sonst hätte er nicht sogar im Garten Getsemani, vor seiner Gefangennahme, und noch am Kreuz um seine Auf-Gabe für alle Menschen gerungen. Das Ringen im Garten, das wir bei Matthäus (26,36–46), Markus (14,32–42) und Lukas (22,40–46) widergespiegelt finden, liest sich wie ein Kommentar zur Bitte »Dein Wille geschehe«. Nirgends geht es da um ein vorbehaltloses Erdulden. Wir sehen da keinen passiven, sondern einen sehr aktiven Menschen. Dies alles zeigt mir, dass nur ein Mensch, der er selbst geworden ist, auch selbst-los sein kann. Selbstfindung und Selbstaufgabe in Freiheit gehören innigst zusammen; das ist der geheimnisvolle Sinn unseres Lebens. Sinn, den ich entdecke, wenn ich nicht allein um mich selber kreise, sondern meine Gaben für ein größeres Ganzes, für den Traum Gottes von einer solidarischen Menschenwelt einsetze. Das ist die faszinierende Botschaft der Evangelien, die die Kirchen jahrhundertelang verschwiegen haben: Gott will Menschen, die – verwurzelt in ihm – zu mehr Identität, Klarheit und Selbstbewusstsein finden, ich-starke Menschen, die ihr Leben nicht nur nach den Erwartungen der Umwelt ausrichten, sondern nach dem ureigensten Weg, der im Innersten angelegt ist.

Umdenken

Zu Dir schreie ich
wende Dich nicht schweigend von mir ab

Ich ertrage es nicht mehr
wie wir weiterhin jene Völker ausbeuten
die voll von Deiner Lebensfreude sind

Mich erschüttert die Spirale der Gewalt
die in unseren Städten zunimmt
ich traue mich nicht mehr
abends alleine unterwegs zu sein
mich erschreckt wie viele mit ihren Autos
weiterhin unsere Luft verschmutzen

Wende ihr Tun auf sie selber zurück
lass nicht zu
dass diese Todesmächte uns weiterhin
ein geglücktes Leben vorgaukeln
stifte uns an zum Umdenken hier und jetzt
Nach Psalm 28,1.4

IV, 36

Barmherzig sein

Das Wort »barmherzig« stammt aus dem Althochdeutschen und bedeutet: »wer ein Herz für die Armen hat«. Diese Bedeutung finde ich auch in biblischen Texten. Die Rede vom barmherzigen Gott entdecke ich vor allem in den Psalmen. Kommt da doch alles, was in unserem Leben erfahrbar ist, zur Sprache: Sehnsucht, Wut, Dank, Hoffnung, Enttäuschung, Aggression, Vertrauen, Lob, Feindbilder, Versöhnung. In all diesen Gefühlsregungen wird Gott als langmütig und barmherzig erfahren, weil all das im Leben Platz haben darf. Gott liebt den Menschen trotz und in all seiner Widersprüchlichkeit und Inkonsequenz. Er möchte aber unser angelerntes, gedankenlos fortgesetztes Verhalten aufbrechen, nur dann angenommen, anerkannt zu sein, wenn wir unsere Schwächen überspielen, unser wahres Gesicht und Inneres verbergen. Bei ihm hat alles Versagen Platz. – Es ist diese befreiende Geborgenheit, die mich verbindet mit allen Menschen. Ich brauche keine Feindbilder und Sündenböcke mehr. So kann ich zu meinen Schwächen und Schattenseiten stehen und sehen, dass auch in mir ein potentieller Mörder, Süchtiger, Ausbeuter schlummert. Alles, was an Brutalität und Perversion auf dieser Welt existiert, gibt es auch ansatzhaft in mir. – Das »Selig die Barmherzigen, denn sie werden Erbarmen finden« der Bergpredigt beinhaltet genau diese Dimension. Dies heißt nicht, dass ich nur schlecht oder erbärmlich, sondern verletzlich und unvollkommen bin und es auch sein darf. Das Wort vom barmherzigen Gott will mich befreien vom unerbittlichen Leistungskampf, es bringen zu müssen. – Durch Jesus ist glaubhaft sichtbar geworden, dass Gott uns die Würde unseres Lebens schenkt: Trotz aller Fehler bleiben wir Abbild Gottes, Rebe an seinem Weinstock. Jesus predigte nicht die Schuld, sondern sprach Vergebung zu, damit Menschen sie selbst werden, himmlischen Ursprungs. Ein Prozess, der ohne Schuld nicht möglich ist: Nur wenn ich meine Schattenseiten annehme, kann ich mir und anderen Veränderung zugestehen, wenn ich versuche, jedem wohlgesinnt zu sein.

Dem Leiden nicht ausweichen

Dem Leiden nicht mehr ausweichen
Ohnmacht spüren
Tränen fließen lassen
Empörung ausdrücken

Meine durchkreuzten Hoffnungen
und die himmelschreiende Ungerechtigkeit
in Verbindung bringen mit dem
Kreuz- und Auferstehungsweg Jesu
um intensives Leben zu erfahren

Gewaltfrei Widerstand leisten
mein Möglichstes tun
um das Leiden zu verhindern
zugleich verinnerlichen
dass es keine Liebe ohne Leiden gibt

Die Angst vor der Leere verwandeln
und hinabsteigen in die eigenen Abgründe
heilendes Aufgerichtetwerden
mir schenken lassen

III, 22

Unsicherheiten aushalten – Identität wachsen lassen

Zeiten der Verunsicherung bergen eine große Chance in sich. Da regt sich etwas, was uns neu ist, unvertraut, was wir an uns noch gar nicht so kennen. Da spüren wir in ganz verschiedenen Situationen und Begegnungen, dass Überzeugungen und Verhaltensweisen, die uns bisher Halt gegeben haben, nicht mehr tragen. Zunächst überspielen wir diese Unsicherheit, weil wir fürchten, unsere Glaubwürdigkeit, unsere Identität ein Stück zu verlieren. Wenn ich die Angst kenne, kann ich sie ernst nehmen. Zugleich versuche ich, Verunsicherungen als Boten meiner Seele zu verstehen, die mich auffordern, Seiten in mir zu erlösen, die zu sehr in meinem Kopf und zu wenig in meinem ganzen Sein integriert sind. Denn die Seele ist nach C. G. Jung »das Lebendige im Menschen, das aus sich selbst Lebende und Lebenverursachende«.

Dieser lebendige Kern in uns setzt alles daran, uns authentischer werden zu lassen. Wenn wir die innere Wirklichkeit nicht ernst nehmen, entstehen Alarmsignale wie die Rebellion unseres Körpers oder der Schrei unserer Psyche, uns zu Wendezeiten bewegen zu lassen, um mehr aus dem inneren Feuer heraus das Leben zu gestalten.

Ich kenne keine Biografie eines großen Meisters, einer wegweisenden Mystikerin, einer faszinierenden Künstlerin, eines glaubwürdigen Politikers, der echte Autorität ausstrahlt, die nicht auch Verunsicherungen, Krisen, Unterbrechungen aufweist. Krisen, damit wir mehr und mehr wir selbst werden. »Heilig werden heißt, ich selbst werden«, sagt der Mystiker Thomas Merton. Diese Lebensweisheit finde ich auch im Leben Papst Johannes' XXIII., der 1959 das II. Vatikanische Konzil einberufen hat, um die Offenheit in der katholischen Tradition zu fördern. Er ermutigt: »Ich muss nicht die kümmerliche Reproduktion eines noch so vollendeten Typs sein. Ich muss mich so heiligen, wie es mein Wesen, mein Charakter, meine verschiedenen Lebensbedingungen verlangen. Gott braucht keine Kopien, sondern Originale.« XI, 34f

Krise zu neuem Leben

Durchbruch –
endlich gewagt mich anzuvertrauen
meine Schattenseiten anzuschauen
meine Verletzungen behutsam zu berühren
meine Wut auszudrücken

Endlich erahnen wie
Du
mich durch diese Krise
zu neuer Lebenskraft begleitest

Bei Dir ist die Quelle des Lebens
Nach Psalm 36,10

IV, 44

Das innere Kind in mir umarmen

Wenn Jesus vom Himmel im Alltag redet, dann stellt er ein Kind in die Mitte und umarmt es. Er tut dies erst recht, als ihm Widerstand begegnet und die Jünger ihn davon abhalten wollen. Werden wie ein Kind bedeutet für mich: jeden Tag neu anfangen können. Auch im Alter darf ich noch klein anfangen, um mich mit unerkannten, ungewohnten Seiten in mir vertraut zu machen. Indem ich im Innehalten, im Stehen oder Sitzen und im bewussten Ein- und Ausatmen eine Hand auf meinen Bauch und die andere auf meine Brust lege, drücke ich aus, wie ich mit meinen Polaritäten in mir umgehen will. Nur wenn ich sie wohlwollend annehme, kann ich sie gestalten, integrieren, sich verwandeln lassen. Im Annehmen meiner Schwächen liegen meine Stärke und meine Größe. Dies gilt ebenfalls für die Entfaltungen von Fähigkeiten in mir, die zu lange klein gehalten wurden. Auch meine Schattenseiten haben ihre Lichtseite, die es zu entdecken gilt. Das Bild des inneren Kindes hilft mir, behutsam und bestimmt in mir das Reifen zu fördern. V, 77

Danke, Jesus (1)

... für Deine Perspektiven, die Du mir im Umgang mit Erfolg und Scheitern eröffnest. In Deiner Lebensschule kann ich jeden Tag neu lernen, wie Du Dich mit Deiner ganzen Lebensmacht engagierst, damit der Traum Gottes von einem mitfühlenden Zusammensein sich verwirklichen kann, und wie Du zugleich der Ohnmacht nicht ausweichst. Bevor Du Frauen und Männer zusammenführst, begibst Du Dich in die Stille der Wüste. Da wirst Du konfrontiert mit jener entfremdenden Lebenseinstellung, die maß- und grenzenlos ist und immer nur gewinnen will, auch auf Kosten der Kleinen und Entrechteten, – eine einseitige Lebenshaltung, die uns innerlich »zerreißt«, was auf griechisch »dia-bolisch« heißt. Mit aller Entschiedenheit wählst Du das echte Leben, das immer werden und sterben, gewinnen und verlieren beinhaltet. Du respektierst die Menschen in ihrer Einmaligkeit und verweist sie auf ihre einzigartige Würde. Durch deine innere Freiheit gewinnst Du viele, die sich nach einem partnerschaftlichen Umgang miteinander sehnen. Miteinander brecht ihr auf, um die Menschen zu trösten, zu heilen und zu ermächtigen im Einsatz für eine gerechtere Welt. Dabei klammerst Du Dich nicht an den Erfolg, sondern erinnerst alle an ihre göttliche Mitte, indem Du ihnen zusprichst: »Dein Glaube hat dir geholfen.« Diese Lebensweisheit des Loslassens verdichtet sich in Deinen eindrücklichen Worten: »*Wer sein Leben retten will, wird es verlieren; wer aber sein Leben um meinetwillen verliert, wird es gewinnen*« (Matthäus 16,25). So ermutigst Du alle, die ihnen geschenkten Gaben dankbar zu genießen und zum Wohl der Gemeinschaft einzusetzen. So entsteht intensives Leben in Beziehung, das auch noch einen Sinn im Sterben erahnt, wie Du dies aus Deiner Verbundenheit mit der Schöpfung entfaltest: »*Wenn das Weizenkorn nicht in die Erde fällt und stirbt, bleibt es allein; wenn es aber stirbt, bringt es reiche Frucht*« (Johannes 12,24). Darum sind für Dich durchkreuzte Lebenspläne und Hoffnungen nicht das Ende, sondern die Chance eines Neuanfangs.

Danke, Jesus (2)

Der Schmerz, die Empörung, die Wut bleiben uns auf Deinem Kreuz- und Auferstehungsweg nicht erspart, aber Du deutest eine Spur an, wie wir im Integrieren von Leid und Sterben eine neue Lebensqualität gewinnen können. Du machst Mut, alles Menschenmögliche zu tun, um Leiden zu verhindern, und zugleich zu verinnerlichen, dass es keine Liebe ohne Mit-leiden gibt. Damit Du Dich selber in dieser Gratwanderung nicht verlierst, entziehst Du Dich immer wieder den Ansprüchen und Erwartungen der anderen. Du wagst regelmäßig den Rückzug ins betende Schweigen, um im Einklang mit Dir selbst und dem Lebensatem Gottes zu sein.

Zu gerne wüsste ich von Dir, wie es Dir dabei ergangen ist. Was ging in Dir vor, als Du in Treue zu Deinem Weg sogar mit Deinen besten Freunden und Freundinnen harte Konflikte hattest, um die Perspektive der Liebe nicht aus den Augen zu verlieren? Was spürtest Du, als Dich Deine Weggefährtinnen und -gefährten vor dem Schmerz schonen wollten? Wie ist in Dir die Überzeugung gewachsen, dass es lebensfördernd ist, für die Ideale der Gerechtigkeit und Versöhnung sein Leben zu verlieren? Ist es Deine gottbegabte Intuition, die dein Urvertrauen stärkte, im Verlieren alles gewinnen zu können?

Ich stelle mir vor, dass Du Dich dabei manchmal sehr einsam gefühlt hast und Dein Ringen dich viel Kraft gekostet hat. Dabei hast Du Dich – Gott sei Dank – nicht in der Opferrolle verloren, sondern bist aus innerer Überzeugung Schritt für Schritt in Deinen ureigenen Weg hineingewachsen. In Deinem Schrei am Galgen der Hoffnungslosigkeit ringst Du mit dem Leben, indem Du betest mit einem Vers aus Psalm 22: *»Mein Gott, mein Gott, wozu hast Du mich verlassen?«* Dein leidenschaftlicher Weg nährt mein Vertrauen, im Leben und im Sterben die Angst vor dem Verlieren sich verwandeln zu lassen, um Wesentliches zu erfahren: die bedingungslos-zärtliche Zuwendung Gottes.

Danke, Jesus, für Deine Wegbegleitung – Pierre

Zeichen der Ohnmächtigen

»Als Gott dem Menschen ins Angesicht schaute,
gefiel er Ihm sehr gut.
Gott hat alle Dinge
der Welt so eingerichtet,
dass eins auf das andere Rücksicht nehme.«
Hildegard von Bingen (1098–1179)

Am 22. Januar 2003 nahm ich mit 1000 Menschen an einer Demonstration vor dem Schweizer Bundeshaus in Bern teil. Die »Kath. Missionsgesellschaft Bethlehem« in CH-6405 Immensee hatte zusammen mit anderen Organisationen zu Beginn des Weltwirtschaftsforums in Davos zu dieser Solidaritätsaktion aufgerufen. Da standen dann 6000 Paar Schuhe vor dem Bundeshaus. 6000 Paar Schuhe, die uns erinnern sollten an die Wirklichkeit, dass während der Zeit des Wirtschaftsforums, während sechs Tagen in Kolumbien 6000 Frauen, Männer und Kinder von ihrem Wohnort vertrieben werden; täglich mindestens 1000 Personen, eine unfassbare Zahl. Schweigend standen wir mitten in der Hektik des Abendverkaufes vor diesen 6000 Paar Schuhen – ein machtvolles Zeichen der Ohnmächtigen. – Je länger ich da stand, umso mehr sah ich nicht nur die Schuhe, sondern sah mit meinen inneren Augen Gesichter von ganz verschiedenen Menschen, von Familien auf der Flucht. Gefühle der Trauer, Wut, Empörung rührten sich. Zugleich belebten mich die kraftvollen Worte Hildegards von Bingen, die von der Schönheit des Menschen sprechen, weil wir alle Abbild Gottes sind. Diese Zusage verpflichtet uns zur Solidarität, zur Rücksichtnahme, zum gewaltfreien Widerstand. So entfaltete sich in meinem Dastehen eine Kraft: die Erinnerung, dass jetzt in diesem Moment auf der ganzen Welt Frauen und Männer wesentlicher werden und aufstehen für das Leben.

Tag für Tag werde ich achtsamer meine Schuhe an- und ausziehen, als Zeichen der Hoffnung auf eine zärtlichere Gerechtigkeit.

Mein Leben ordnen ...

Ein Fischer fährt täglich frühmorgens auf den See, um seinen Lebensunterhalt für seine siebenköpfige Familie zu verdienen. Ein Unternehmer, auch in seinem Urlaub ein Frühaufsteher, beobachtet den Fischer und ist beeindruckt von seiner ruhigen Art. Erstaunt ist er auch, dass der Fischer jeden Tag nach seiner Arbeit mit seinen Kindern spielt. Nach einigen Tagen kommt er mit ihm ins Gespräch und unterbreitet ihm viele Vorschläge, wie er sein Geschäft ausbauen könnte. Er sei bereit, ihn finanziell zu unterstützen, damit er mehrere Boote kaufen, Mitarbeiter anstellen und seine Fische sogar exportieren könne. So garantiert er ihm in zehn Jahren, nach intensivem Einsatz, ein höchst erfolgreiches Geschäft. Der Fischer hört ihm interessiert zu, schweigt lange und fragt ihn dann, was ihm dieser Riesenaufwand bringen solle. »Sie hätten viel mehr Freiraum und müssten dann selber nicht mehr arbeiten. Sie könnten frühmorgens privat zum Fischen gehen und hätten danach Zeit, mit den Kindern zu spielen!«, sagt der Unternehmer. Erstaunt antwortet ihm der Fischer: »Das mache ich doch jetzt schon. Ich gehe frühmorgens fischen, und danach habe ich viel Zeit für meine Familie. Warum soll ich zehn Jahre lang diese Lebensqualität aufgeben, um sie dann scheinbar wieder zu erhalten?«

Eine wunderbare Geschichte! Sie inspiriert mich, die befreiende Kraft der Fastenzeit zu kultivieren. Dabei geht es nicht um einen welt- und leibfeindlichen Kampf gegen meine Bedürfnisse, sondern um eine tiefere Sicht der Wirklichkeit, die mich zum Wesentlichen, zu mehr Lebensqualität führt. Es ist immer wieder sinnvoll, mein Leben zu ordnen und wenn möglich im Austausch mit anderen zu erkennen, was wir wirklich brauchen zum Leben. So manche Fastenaktionen helfen dabei und zeigen uns auch politische, gesellschaftliche Zusammenhänge auf. So erfahren wir die Kraft des Teilens, die uns Menschen auf der ganzen Welt näher bringt. Denn wir sitzen alle in dem einen Boot, das Leben heißt.

Im Heute leben

Heute
lass ich mir ins Gesicht schauen
um dankbar zu erkennen
was Du tief in meinem Wesen angelegt hast

Heute
schließe ich stündlich einen Moment die Augen
um klarer zu sehen
was wirklich wesentlich ist in meiner Arbeit

Heute
achte ich auf die Haltung meines Rückens
atme immer wieder tief durch
um auch anderen Rückhalt geben zu können

Heute
nehme ich teil an der Friedensdemonstration
weil Du wesentlich mitgehst
in allen Menschen guten Willens

Heute
schaue ich dir ins Angesicht
um beglückt zu erfahren
wie vielfältig Deine göttliche Schönheit ist

Nullpunkt als Anfangspunkt

Die Zeit zwischen Aschermittwoch und Ostern ist für mich nicht nur die not-wendige Zeit der Solidarität mit unterdrückten und ausgebeuteten Menschen auf der ganzen Welt, sondern auch die Zeit, um bei mir unterdrückte Seiten anzuschauen und er-lösen zu lassen. Zum Wesen meines Menschseins gehören nicht nur Stärken, Lebenskraft, Hoffnung, Lust und Kreativität, sondern auch Verletzlichkeit, Scheitern, Zweifel, Krankheit und Angst. Das christliche Thema von Tod und Auferstehung hat für meine Selbstwerdung eine befreiende Wirkung, weil hier das tägliche Leiden und Sterben nicht verdrängt werden. Das hat nichts zu tun mit einer krankmachenden Verharmlosung des Leidens. Wir sollen alles daran setzen, um Leiden zu verhindern, und zugleich annehmen, dass das Leid zum Leben gehört, da es keine Liebe ohne Leiden gibt. – In meinem Leben kenne ich immer wieder Momente, in denen ich fast gestorben bin: Momente der Verzweiflung, der Angst, der Krankheit, der Enttäuschung. Ich kenne auch jene Momente, in denen mir in auswegloser Situation ein Licht aufschien, sich mein Ankommen am scheinbaren Nullpunkt als Anfang einer neuen Lebensqualität offenbarte.

Auf dem Hintergrund solcher Erfahrungen, die ich oft erst im Nachhinein in diesem größeren Zusammenhang sehen kann, bin ich so dankbar, jährlich mit anderen den Kreuz- und Auferstehungsweg Jesu neu verinnerlichen zu können. Dieser wiederkehrende Rhythmus mit seinen Ritualen hilft mir, wesentlicher zu werden. So kann ich mein Wesen mit all den Licht- und Schattenseiten besser verstehen. Beglückend ist dabei die Erfahrung, dass es nicht nur um mich geht, sondern dass ich Berührungspunkte zwischen meinem ureigenen und dem Weg Jesu, dem Urweg aller Menschen, entdecke. Dieses tiefe Eingebundensein lässt mich hoffen, konkret in Situationen, in denen ich fast zu sterben meine, dass mir neue Lebenskraft geschenkt wird.

Gesunder Lebensrhythmus

Wesentlich werden
mir nichts vormachen
so sein dürfen wie ich wirklich bin
zum Wohl der Gemeinschaft

Wesentlich werden
mich einlassen auf Beziehung
mein Fühlen und Denken mitteilen
zur Stärkung der Freundschaft

Wesentlich werden
einen einfachen Lebensstil gestalten
im Einüben des Loslassens
zur Gestaltung einer gerechteren Welt

Wesentlich werden
für Leib und Seele Sorge tragen
mich bewegen lassen
zu einem gesunden Lebensrhythmus

Wesentlich werden
im tiefsten Seelengrunde erkennen
wie Du in jedem Menschen
wesentlich wohnst und wirkst

Die Karwoche erneuern

»Das Zimmer des Sohnes – La Stanza del figlio« war der beste Film des Filmfestivals von Cannes 2001. Der italienische Regisseur Nanni Moretti spielt darin überzeugend selber die Hauptrolle eines Psychotherapeuten, der durch den plötzlichen Unfalltod seines 17-jährigen Sohnes in eine tiefe Lebenskrise gerät. – Mir fällt es nicht schwer, in diesem einfühlsamen Film die existenziellen Themen der Karwoche zu erleben, ohne irgendjemanden vereinnahmen zu wollen. Das Leben einer Familie wird brutal durch-kreuzt. Der Tod stellt alles in Frage. Was der Psychotherapeut bei anderen an Hoffnung und Lebenskraft wecken konnte, kommt bei ihm selber nicht mehr zum Tragen. Paradoxerweise weckt dieser Film in mir eine große Hoffnung, weil da Ohnmacht und Verunsicherung ausgehalten werden. Meine Tränen fließen, weil Urmenschliches möglich wird: Menschen, die in den dunkelsten Stunden des Lebens, in Verzweiflung und Empörung einander nicht allein lassen. Der Kreuz- und Auferstehungsweg Jesu, sein leidenschaftliches Mitsein werden darin für mich aktuell gegenwärtig. Denn wir müssen alles Menschenmögliche tun, das Leiden auf dieser Welt zu verhindern, und zugleich jeden Tag annehmen, dass es keine Freundschaft, keine Liebe ohne Leiden gibt.

III, 12

Sympathisches Mitsein

Am Montag der Karwoche gibt es in der katholischen Liturgie einen Evangelientext, der bis heute viel zu wenig Beachtung und Anerkennung findet. Bei Matthäus 26,6–13 lese ich, wie eine Frau wohlriechendes kostbares Öl auf das Haupt Jesu gießt.

Diese Begegnung berührt mich sehr. Darin verdichtet sich in wenigen Worten, was die bleibende Kraft des Lebensweges Jesu ausmacht. Diesen Weg der Sympathie (griech. = des Mitleidens) ist dieser Liebhaber des Lebens aus Nazareth voll innerer Überzeugung gegangen, damit jede und jeder auf ihre/seine eigene Art und Weise diesen Weg mitvollziehen kann. Die Frau mit dem Alabastergefäß – leider ohne Namen! – steht für diese Zusage und diese Wirklichkeit der Sym-pathie. Matthäus erzählt diese sympathische Geste nach dem Todesbeschluss des Hohen Rates und vor dem Verrat Jesu durch Judas. Mitten in einer angespannten Situation, angesichts von Leben und Tod, folgt eine Frau ihrer Intuition und gießt kostbares Öl auf Jesu Haupt. In einer Grenzsituation des Lebens, wo jedes Wort zuviel sein kann, drückt sie durch ihre Geste aus, was sie in Jesu Lebensschule gelernt hat. Sie salbt sein Haupt – nicht wie bei Lukas und Johannes die Füße Jesu –, was für mich Ausdruck ihres Selbstbewusstsein ist. Diese Frau mit ihrer hoffnungsvollen Tat angesichts von Unrecht und Ohnmacht ergreift Jesu Partei. Und er stellt sie in die Mitte, widerspricht den Jüngern und ruft auf, sich ihrer immer wieder zu erinnern. Jesus weist über sich hinaus. Am Beispiel dieser Frau wird gegenwärtig, was zentrale Ausrichtung christlichen Glaubens ist: »Was ihr für einen meiner geringsten Brüder getan habt, das habt ihr mir getan« (Matthäus 25,40).

Die Karwoche lädt dazu ein, einander in allen durch-kreuzten Hoffnungen und Plänen nicht allein zu lassen. Obwohl jede und jeder selber durch solche Engpässe des Lebens gehen muss, wird sich durch das gemeinsame Aushalten, Mitleiden intensives Lebens ereignen.

III, 13f

Zwischen Nähe und Distanz – das letzte Abendmahl

Nähe und Distanz sind Grundbedürfnisse unserer Existenz. Dies verdeutlicht sich beim letzten Abendmahl. Beim Pessachfeiern zeigt Jesus den Menschen, die ihm nahe sind, sein inniges Verbundensein mit ihnen. Wir brauchen Symbole, Rituale, Feiern, um dem Wesentlichen und Leidenschaftlichen unseres Lebens Gestalt und Ausdruck zu geben. Jesus verwurzelt seinen Weg im Exodusgeschehen, im Auszug des alten Israels aus der Knechtschaft im ägyptischen Exil. Es gibt eine große andere Möglichkeit als Fremdbestimmung: die innere Freiheit.

Jesus verwurzelt seinen Weg in der Schöpfung, indem er die Vertrauenszeichen von Brot und Wein ins Zentrum stellt, um darin seine Ideale, sein Sterben und sein Vertrauen in die Liebe, die stärker ist als der Tod, zu verdichten. Leben und Tod, Freud und Leid sind ganz nahe beieinander. Auch da zeigt sich die ganze Intensität unseres Lebens, weil beim Abendmahl nicht nur Nähe, sondern auch Distanz spürbar war. Der Verrat Jesu durch Judas steht für diese Erfahrung, die zu einem leidenschaftlichen Leben gehört.

Nähe und Distanz sind Grundhaltungen, die sich dann in der Nacht in Getsemani erkennen lassen: die Nähe der Jünger im Mitgehen und die Distanz der Jünger im Einschlafen. Jesus fällt diese Spannung nicht leicht, er hält sie aus, ringt um die Treue zu seinem ureigenen Weg, damit wir uns immer wieder in seinen Erfahrungen verwurzeln und geborgen wissen. III, 17f

Erschöpft

Ich rufe zu Dir
ich schreie
ich rufe zu Gott
bis er mich hört

Ausgelaugt komme ich an
einsam und verloren fühle ich mich
zu viele suchten mich heute auf
zehrten an meinen Kräften

Erschöpft
kraftlos
liege ich da

Du Gott lässt mich nicht schlafen
ich bin voll Unruhe und kann nicht schlafen
mein Herz grübelt nach

Zermürbendes Erwarten eines neuen Morgens
Wann wirst Du mich von dieser Qual befreien
Nach Psalm 77,1.5.7

IV, 86

Zwischen Gewalt und Gewaltfreiheit – Karfreitag

Das Leben in seiner ganzen Faszination und Widersprüchlichkeit begegnet mir im Geschehen am Karfreitag. All das Widerwärtige, das Menschen einander antun, finde ich im Weg Jesu: Demütigung, Gewalt, Spott, Verleugnung, Folter, brutale Eigendynamik einer Masse, Ungerechtigkeit, Todesstrafe, Hinrichtung, Alleingelassenwerden. Aber auch viel Hoffnungsvolles angesichts schrecklichen Geschehens begegnet mir: das Mitgehen, Weinen, Klagen, Mittragen des Kreuzes, Solidarität unter Leidenden, schweigender Protest, Dableiben und gemeinsames Aushalten der Not.

In dieser Spannung bewegt sich Jesus zwischen Erde und Himmel. Er verliert sich nicht in der Opferrolle, sondern bleibt in all den Auseinandersetzungen mit dem Gericht, mit Pilatus, mit dem Pöbel in Beziehung zu seiner Mitte, zu seinem Gott und so zu allen Menschen. So durchbricht er die Spirale der Gewalt und bewegt uns alle bis heute zur gewaltfreien Sym-pathie mit allen Leidenden. Leidenschaftlicher kann er seine Liebe zu aller Kreatur nicht leben. Es gibt eine andere Möglichkeit als die Eskalation der Gewalt: sich nicht ducken, aber auch nicht zurückschlagen, sondern selbstbewusst aufgerichtet zwischen Erde und Himmel gewaltfrei Widerstand leisten. So löst er uns aus der Verstrickung in Hass und Bitterkeit. So öffnet er uns den Himmel, den es aller Gewalt zum Trotz in jedem Menschen zu suchen gilt! Im Beten und Schreien der Worte aus dem Psalm 22 – *»Mein Gott, mein Gott, wozu hast Du mich verlassen?«* – verbindet er sich für immer mit allen Leidenden. Sein Schreien ist der Ausdruck seiner leidenschaftlichen Gottesbeziehung, damit kein Mensch das Dunkel der Nacht und Verzweiflung allein durchstehen muss. In allen Schreien nach Sinn, nach Zuwendung, nach Frieden, nach Freiheit schreit er mit. Er ruft uns bis heute zu einem Versöhnungsweg auf, indem wir miteinander eine Konfliktkultur einüben, damit echter Frieden in Gerechtigkeit möglich wird. III, 18f

Sympathisches Mitsein

Seht welch ein Mensch
gezeichnet von der Brutalität
die Menschen einander antun

Seht welch ein Mensch
ausgesetzt der Spirale der Gewalt
die sich im Sündenbockmechanismus verliert

Seht welch ein Mensch
ganz in sich ruhend
tief verbunden mit allen Leidenden

Seht welch ein Mensch
im Licht des Kreuzes
Gottes Dasein mitten unter uns

Inspiriert von:
»Der Geist Gottes ruht auf mir;
denn er hat mich gesalbt.
Er hat mich gesandt, damit ich den Armen
eine frohe Botschaft bringe
und alle heile, deren Herz zerbrochen ist,
damit ich den Gefangenen die Entlassung verkünde
und den Gefesselten die Befreiung« (Jesaja 61,1).

Zwischen Zu-Grunde-gehen und Geschehenlassen – Karsamstag

Seit ich der Mystik von Johannes Tauler (1300–1361) begegnet bin, ist mir die Spiritualität vom Karsamstag ans Herz gewachsen. In einer persönlichen Krise in der Mitte seines Lebens entfaltet der Mystiker aus Straßburg eine Mystik des Zu-Grunde-Gehens: Geh den Dingen auf den Grund, auch wenn es weh tut und wie ein Sterbeprozess ist; daraus erwächst dir eine neue Lebenskraft. Jesus ging zugrunde, um uns den Sinn des Lebens aufzuschließen.

Ich kenne eine Ikone, die das Geschehen des Karsamstags zeigt: Jesus steigt hinab in das Reich des Todes. Er steigt hinunter in all die Abgründe, damit auch wir die Kraft haben, dem Schwierigen, Unerlösten, Verletzten, Zerbrechlichen unseres Lebens auf den Grund zu gehen. Nur so ist echte innere Heilung möglich. Auf einem spirituellen Weg stoßen wir nebst dem Entdecken unserer Stärken und Gaben auch auf unsere Grenzen, unseren Schatten. Da kommen wir allein nicht weiter, sondern sind gerufen, dem Wunder des Geschehenlassens zu trauen. Es liegt nicht nur an uns, an unserem guten Willen. Wachstumsprozesse, Versöhnung sind letztlich nicht machbar, sie bleiben Geschenk.

Zu-Grunde-gehen und Geschehenlassen stehen auch in den Kirchen an. Sie sind in einem intensiven Wandlungsprozess. Wandlung bedeutet immer auch Sterben. Vieles muss sterben in den Kirchen, damit Auferstehung sich ereignet. Dass es keine eigentliche Feier für die lebensfördernde Wirklichkeit des Karsamstags gibt, ist für mich symptomatisch. Nach dem intensiven Feiern des Karfreitags konzentriert sich am Karsamstag die ganze Energie auf die Vorbereitung von Ostern. Dies ist verständlich und kaum zu umgehen. Trotzdem bedaure ich sehr, dass uns die tiefe Lebensweisheit des Karsamstags abhanden gekommen ist. So verfestigt sich die Gefahr, dass das ganze Jahr hindurch die spirituelle Dimension des Geschehenlassens, der Wüsten- oder Oasentage, des Raumschaffens, des Nichtstuns, des Schweigens zu kurz kommt. III, 20f

Geschehen lassen

Momente des Erahnens
dass Loslassen möglich ist
auch bei mir

Zu-Grunde-gehen
um diese Dimension des Urvertrauens
komme ich nicht mehr herum

Idealbilder von mir loslassen
zu mir stehen
mich verwandeln lassen

Endlich aufschreien können
mich gehen lassen
um innerlich ja sagen zu können
zu mir
aus tiefstem Herzen

Nicht mehr weiter nur
von Befreiung reden
von Erlösung schreiben
sondern sie an mir
geschehen lassen

XIII, 103

APRIL

Aufbruch

Dem Verlorenen nachgehen

Dem Verlorenen nachgehen
das Gewohnte durchbrechen
meinen Alltag erneuern

Der verlorenen Hoffnung
auf den Grund gehen
ihr volle Aufmerksamkeit erweisen
tiefe Sehnsucht nach Versöhnung entfalten

Dem verlorenen Zutrauen nachspüren
ihm mit wohlwollendem Blick begegnen
damit Verwandlung erfahrbar wird

Die Angst vor dem Abhandenkommen verlieren
darin die Chance neuer Lebensqualität entdecken
die im Loslassen von alten Mustern
mir neu geschenkt wird
damit das Leben ein Fest bleibt
Nach Matthäus 18,12–14

XIV, 60

Horchend sein

»Wie erkennst du den Willen Gottes im Wirrwarr der vielen Meinungen?«, fragt mich eine Glaubenskursteilnehmerin. Ich hätte mir eine einfachere Frage gewünscht und suche nach Worten. Beim Nachdenken kommt mir eine kurze Antwort des Propheten Micha in den Sinn: *»Dir ist gesagt, Mensch, was gut ist! Nur das verlangt Gott von dir: Recht tun und da sein für andere, Gott entsprechen mit deinem Leben«* (6,8). Meine zweite Antwort mag einfach klingen, und doch: Ich suche den Willen Gottes in der Praxis Jesu. Mitten im Alltag, in kleinen und großen Entscheidungen frage ich mich oft, was wohl Jesus getan hätte. Dabei bin ich mir natürlich bewusst, dass ich nicht einfach eine Antwort zur Verschuldungsfrage oder zum Umgang mit einem mühsamen Kollegen erhalte. Trotzdem hilft mir dieser Gedanke oft weiter, weil ich bei Jesus eine Lebenssicht entdecke, die den Willen Gottes mit den »Zeichen der Zeit« in Verbindung bringt. Er holte den Willen Gottes vom Himmel auf die Erde, mitten in den Alltag, in die Werkstatt, auf den Pausenplatz, in die Disco, ins Einkaufszentrum. – Diese Verbindung sehe ich in einem Jesuswort bei Matthäus. Es ist eine Konkretisierung des Reiches Gottes: Die himmlischen Verhältnisse sollen zu irdischen werden, es gibt schon ein Leben *vor* dem Tod! Dabei geht es nicht in erster Linie um ein Bekenntnis, sondern um Lebenspraxis. *»Nicht jeder, der ständig ›Herr, Herr‹ zu mir sagt, wird in Gottes neue Welt kommen, sondern der, der auch tut, was mein Vater im Himmel will« (Matthäus 7,21)*. Dies lebte Jesus intensiv vor. Er horchte auf Gott, indem er auf das hörte, was an ihn herankam. Nicht umsonst lebte er vor seinem öffentlichen Auftreten dreißig Jahre lang unerkannt unter den Menschen. Er verinnerlichte, was Menschen bewegte und bedrückte. Er hörte ihnen stundenlang zu. Auf Gott horchen und seinen Willen tun heißt: miteinander horchen auf das, was Gott mit uns vorhat. Auf Gott horchen heißt: miteinander im Dialog sein, aufeinander und auf das Wort Gottes hören, um so miteinander zu entdecken, was zu tun ist, was unser Leben sinnvoll macht.

Denk-mal

Denk mal
nie vergessen
Gefolterte
Missbrauchte
Entwürdigte
Opfer eines Amoklaufes
Vertriebene
Vergaste
Wegrationalisierte
Papierlose

Denk mal
nie vergessen
die Wundmale unserer Zeit
weil das Ethos einer Gesellschaft
sich auszeichnet
im Umgang mit den Ohnmächtigsten

Denk mal
in der Solidarität mit den Schwächsten
miteinander Stärke entwickeln

Ostern erneuern

»Billy Elliot« heißt der englische Erstlingsfilm von Stephen Daldry, der für mich eine große Auferstehungskraft ausstrahlt. Da begegnen mir Bilder, die tief in meiner Seele weiterleben, weil sie darin eine große Resonanz gefunden haben. Der Film führt uns nach Nordengland, in eine Region, in der es eher unüblich ist, dass sich Jungen für Ballett interessieren. Der elfjährige Billy, Sohn eines verwitweten Minenarbeiters, hat es daher schwer, seinen Lebenstraum zu verwirklichen. Mitten im politischen Aufruhr der Achtzigerjahre nimmt Billy heimlich Ballettlektionen.

Der intensivste Moment in diesem Film ist für mich die Szene, als der Vater mit Entsetzen entdeckt, dass sein Sohn trotz Verbot Tanzunterricht genommen hat. Billy tanzt in einer großen Halle. Als sein Vater schockiert den Raum betritt, geht Billy aufrecht auf ihn zu, stellt sich gerade vor ihn hin, schaut ihm in die Augen und beginnt zu tanzen und tanzt, tanzt, tanzt ... – Ostermorgen hier und jetzt. Gott will keine gekrümmten Menschen. Er ruft zur Lebendigkeit, zum Geradestehen für mein Leben, meine Talenten, meine Eigenheiten. III, 24

Steig hinunter

Intensives Leben ereignet sich nicht nur im Aufstieg und Erfolg, sondern auch im Abstieg und Scheitern. Im Kreuz- und Auferstehungsweg Jesu lerne ich, wie ich wirklich glücklich sein kann.

Tag und Nacht
Sonne und Mond
Lachen und Weinen
Nähe und Distanz
gehören zu einem authentischen Leben.

In unserer fortschrittsgläubigen Welt brauchen wir dringend eine Spiritualität des Karsamstags: Jesus ist hinabgestiegen in unsere Abgründe, unsere Dunkelheiten, damit niemand mehr ganz allein ist in seiner Verzweiflung, Trauer und Empörung.

Sein leidenschaftlicher Weg erzählt von einem heruntergekommenen Gott, der uns an der Hand nimmt, einem neuen Morgen entgegen ...

Das Leben neu lesen

Seit jenem Ostermorgen
lese ich das Leben neu
mit Fingerspitzengefühl
mit inneren Augen
mit meinem Herzen

Seit jenem Auferstehungsmorgen
sehe ich das Leben neu
mit den Augen der Ewigkeit
mit der Hoffnung der Suchenden
mit der Kraft der Liebenden

Seit jenem Ostermorgen
erwache ich zu einem geschwisterlichen Miteinander
buchstabiere meinen Glauben neu
ergreife Partei für die Schwachen
erahne die Christuskraft in allem

Meiner Sehnsucht Raum geben

Nicht mehr länger
hinter meinen Entfaltungsmöglichkeiten bleiben
in meiner Sehnsucht
meine Lebensaufgabe entdecken

Nicht mehr länger
allein unterwegs sein
Verbündete suchen
die miteinander ergründen
wofür es sich lohnt zu leben

Nicht mehr länger
Resignation nähren
sondern Hoffnungslieder anstimmen
die von der Globalisierung
der Mitmenschlichkeit erzählen

Nicht mehr länger
mich lähmen lassen
von der Ohnmacht
miteinander unsere Sehnsucht entfalten

Hier und Jetzt

XIV, 39

Selbstvertrauen stärken

In der biblischen Tobit-Geschichte steht eine wegweisende Episode zum Umgang mit Druck. Tobias begibt sich auf eine schwierige Reise, und er sucht und findet einen Begleiter, der ihn unterstützen wird in den Gefahren, die auf ihn warten. Unterwegs, beim Baden im Meer, kommt ein großer Fisch auf Tobias zu. Sein Begleiter verlässt das sichere Ufer nicht, sondern bestärkt Tobias in seinem Selbstvertrauen. Er ruft ihm zu: »Ergreife den Fisch und lass ihn nicht los!« (Tobit 6,4). Der Begleiter löst die Probleme des Tobias nicht für ihn – und erst im Nachhinein gibt er sich als Engel Rafael zu erkennen. Er traut Tobias zu, sich zu wehren, und bestärkt ihn darin zuzupacken. – Ich sehe in dem Fisch das Ungreifbare, das Undefinierbare im Leben. Bevor wir es (los-)lassen können, müssen wir uns darauf einlassen. Mit zunehmendem Druck brauchen wir jemanden von außen, der uns bestärkt, uns den Problemen zu stellen, um so den Schlüssel für mehr Lebensqualität zu entdecken. Beim bewussten Annehmen von Hilfe können wir die Angst überwinden, unsere Unabhängigkeit zu verlieren. Bei zunehmendem Druck sich Hilfe zu holen ist für mich kein Zeichen von Schwäche, sondern von Stärke, von gesunder Selbsteinschätzung. Hilfe zur Selbsthilfe bedeutet außerdem: sich Formen, Übungen, Rituale im Alltag zu schaffen, in denen es gelingt, auf die innere Stimme zu hören. Sie bestärkt: »Hab Vertrauen, pack zu, es wird dir gelingen!« XI, 25

Ein neues Auferstehungsfest feiern

Ein neuer Morgen
ist dir verheißen
in dem die dunkle Nacht
der Verunsicherung und der Zweifel
erhellt wird durch unerwartete Lichtblicke

Eine neue Lebensqualität ist dir zugesagt
im alltäglichen Annehmen
der durch-kreuzten Hoffnungen
die dich daran erinnern
dass intensives Leben immer verletzlich bleibt

Eine neue Solidarität ist uns versprochen
weil unsere verschlossenen Herzenstüren
von innen geöffnet werden
mit dem Segenswunsch:
Friede sei mit euch

Ein neues Glück ereignet sich in uns
im Hinabsteigen in den Grund unserer Ängste
damit sie verwandelt werden
und unsere Schwächen zu Stärken werden

Ein neues Auferstehungsfest feiern wir
mitten in der Ohnmacht
stehen wir auf für den Frieden
halten einander zärtlich die Hände
lassen uns durch Dich
zum Tanz der Hoffnung bewegen

Beim Namen gerufen

Die Auferstehungskraft, die jeden Menschen bewohnt, ereignet sich in den österlichen Erzählungen in ganz alltäglichen Lebensvollzügen: beim erfolglosen Angeln, beim Eingeschlossensein in Angst und Zweifel, beim fragenden Unterwegssein ...

Am meisten berührt mich immer wieder die Begegnung Maria Magdalenas mit dem Auferstandenen im Garten, in der Nähe ihrer begrabenen Hoffnungen. Ihr Schrei nach Sinn verdichtet sich in den Worten »*Man hat meinen Herrn weggenommen, und ich weiß nicht, wohin man ihn gelegt hat*« (Johannes 20,13). Diese Worte höre ich auch heute in ihrer ganzen Intensität: Man hat mir durch die Globalisierung meine Arbeit weggenommen, ich bin in einer großen Lebenskrise. – Ein schrecklicher Autounfall hat mir meinen zwanzigjährigen Sohn weggenommen, mein Leben ist erschüttert. – Man hat mir durch den schrecklichen Irakkrieg den Glauben an das Gute im Menschen genommen, ich resigniere. – Man hat mir meine Heimat weggenommen, ich bin auf der Flucht. – Meine Krankheit hat mir meine Bewegungsfreiheit genommen, ich fühle mich ausgegrenzt. – Die Sucht hat mir meine Freiheit genommen, ich bin gefangen.

Sogar die österlichen Erfahrungen harmonisieren diese Grenzerfahrungen nicht. Sie werden nicht durch Patentrezepte schöngeredet. Die Begegnung der Mirjam aus Magdala mit dem inneren Christus eröffnet ihr eine neue Lebensperspektive, um anders mit den brennenden Lebensfragen umgehen zu können. Sie ereignet sich in tiefster Einfachheit, im Angesprochensein: Maria.

Durch ihren Namen erhält ihr Sein die einmalige Würde, nach der wir uns ein Leben lang sehnen. Diese Würde richtet sie auf und lässt sie aufstehen, aufbrechen, einer zärtlicheren Solidarität entgegen. Frauen sind die ersten priesterlichen Menschen. Menschen, die Erde und Himmel verbinden. Es wird der Tag kommen, an dem sie auch in den katholischen Kirchen als Priesterinnen anerkannt sein werden.

Aufstehen für den Frieden

Österliche Frauen und Männer, jung und alt, erahnen in der täglichen Geste des Aufstehens eine Kraft, die unsere Ohnmacht durchbrechen kann und dem Frieden eine Chance gibt. Mein Aufstehen am Morgen, im Zug, am Arbeitsplatz, nach dem Essen kann zu einem intensiven Ritual werden, wenn ich beim Aufstehen einen Moment stehen bleibe, tief ein- und ausatme und mich erinnere, wie in diesem Moment auf allen Kontinenten Menschen aufstehen für den Frieden. Dabei rede ich mir nicht eine Illusion ein, sondern er-innere mich an den Grund meiner Hoffnung, an die gewaltfreie Macht der Ohnmächtigen. Glaubende Menschen stehen immer wieder auf für den Frieden.

In den letzten Wochen habe ich bei meinen Lesungen zu meinem Buch »Verwundet bin ich und aufgehoben. Für eine Spiritualität der Unvollkommenheit« die Zuhörenden eingeladen, bewusst aufzustehen für den Frieden, für eine zärtlichere Gerechtigkeit. Jedes Mal war ich zutiefst berührt von dieser Hoffnungskraft, die Raum erhält, wenn wir einer unscheinbaren Alltagsgeste Tiefendimension verleihen. Unser Aufstehen wird zum Gebet, wenn wir vertrauen, dass wir dadurch die Friedenskraft auf dieser Welt verstärken können. Österliche Menschen stärken einander das Rückgrat für dieses Engagement, in dem es wohl auf uns ankommt, jedoch letztlich nicht nur von uns abhängt: Christus steht in uns auf.

Der Verwandlung trauen

Der Frühling ist die Jahreszeit, die in uns das Vertrauen in die Verwandlungskraft stärken will. Hildegard von Bingen spricht von der Grünkraft, die unaufhaltsam unsere Hoffnung nähren wird.

Diese Hoffnung entfaltet sich in unserer Existenz, wenn wir nicht ein Leben lang auf die großen Wunder und Erleuchtungen warten, sondern im Alltäglichen die wunderbare Auferstehungskraft erkennen. Mystische Biografien sind mir dabei eine Lebenshilfe. So habe ich bei Heinrich Seuse (1295–1366) – einem Mystiker, der wie Johannes Tauler von Meister Eckhart geprägt war – ein wohltuendes Erlebnis entdeckt. Seine eigentliche Bekehrung fand beim Anschauen eines spielenden Hundes statt. Da haben wir doch alle große Chancen, erneut »bekehrt« zu werden!!

Heinrich Seuse hat als Lektor in Konstanz gearbeitet. Obwohl er sich so viel Mühe gegeben hatte, wurde er angeklagt und seines Amtes enthoben. Diese Ungerechtigkeit hat er zunächst als tiefe Kränkung erfahren, aber im Nachhinein als »Bekehrung« gedeutet. In seiner Biografie heißt es: »*Da hörte er eine innere Stimme, die ihn hieß, das Fenster der Zelle zu öffnen, zu schauen und daraus zu lernen: Er erblickt einen Hund, der in spielerischer Weise ein Fußtuch zerreißt, und er hört eine innere Stimme: So wirst du in deiner Bruder Mund zerrissen.*«

Wir alle können mystische Menschen werden, wenn wir diese drei Grundhaltungen in unserem Leben erkennen: sich öffnen – schauen – daraus lernen.

Wenn unsere Lebenspläne durchkreuzt werden und uns Schwieriges widerfährt, dann sollen wir unsere Schmach, unsere Trauer und Wut nicht überspielen, sondern uns ihr öffnen, um zu schauen, was wir daraus lernen können. Die Erfahrung Heinrich Seuses zeigt mir, dass ein unscheinbares Bild im Alltag, vielleicht eine so genannte lächerliche Begebenheit, ein Spiegel sein kann, um mich besser zu verstehen.

Du stehst auf

Du stehst auf
in den Menschen
die Dich in sich träumen lassen
von einer zärtlicheren Welt

Du stehst auf
in den Frauen und Männern
die sich bei Amnesty International engagieren
und dadurch der Hoffnung ein Gesicht geben

Du stehst auf
in den tanzenden Menschen
die auch in den Kirchen
Dich mit Leib und Seele feiern

Du stehst auf
in den Schülerinnen und Schülern
die für den Frieden auf die Straße gehen
Dein Geist weht wo er will

Du stehst auf
in sterbenden Menschen
die ängstlich-vertrauensvoll hoffen
im Tod in Dich hineingeboren zu werden

Inneres Auferstehen

Als spiritueller Autor ist mir das Ringen um eine neue Sprache sehr wichtig. Wortspiele eröffnen in mir einen neuen Spiel-raum, um Sätze zu finden für Unsagbares. Ich tue es im Bewusstsein, dass jedes Wort, jedes Bild, jedes Symbol immer auch begrenzt ist. So schreibe ich in all meinen Büchern mit Vorliebe vom Geradestehen für mein Leben, vom aufrechten Gang, vom Aufstand für den Frieden, vom Einstehen für unbequeme Themen. All dies ist inspiriert von meinem Glauben an die Auferstehung. Ich lebe aus der tiefen Hoffnung, dass Christus in all unseren Stärken und in all unseren Begrenzungen mit uns stirbt und mit uns aufersteht.

Dies erfahre ich auch in den Begegnungen mit kranken, behinderten, sterbenden Menschen. Ich bin tief berührt, wenn ich Menschen begegne, die nie mehr aufstehen können, deren Rücken für immer gekrümmt ist, die innerlich auferstehen, indem sie täglich Ja sagen zu ihrer Begrenztheit.

So begleitet mich das Bild einer gebrechlichen, blinden Frau, die bei einer Lesung mit ihrem Blindenhund in der ersten Reihe saß. Je mehr ich uns alle zu einer Spiritualität der Unvollkommenheit ermutigte, umso mehr blühte diese Frau auf. Sie sah mich aus tiefem Herzen an. Ihr inneres Auferstehen beeindruckte nicht nur mich, sondern auch die Zuhörenden in ihrer Nähe. Sie steht zu ihrer Zerbrechlichkeit und befreit durch ihre Ausstrahlung andere: Auferstehung hier und jetzt.

Täglich auf-er-stehen

Seit einiger Zeit begleitet mich ein kraftvolles inneres Bild. Ich sehe viele Menschen auf der ganzen Welt, die voll und ganz dastehen im Leben: Menschen, die gerade stehen für ihr Leben, für ihre Gaben und ihre Grenzen. Menschen, die täglich üben, bewusst dazustehen, um Gott als tragenden Grund zu erfahren. Menschen, die aufstehen und sich auf den Weg machen, um Kranken, Einsamen, Fremden und Ausgegrenzten entgegenzugehen. In diesem Bild verdichtet sich, was jedem verheißen ist: Christus steht auf in uns, um uns und unser Leben zu verwandeln.

Der Kreuz- und Auferstehungsweg Jesu, auf dem wir in der Fasten- und Osterzeit Jesus bewusst begegnen, verweist auf die Mitte unserer Existenz. In all unseren durchKREUZten Vorstellungen, in den Enttäuschungen über uns selbst und über andere wird uns die Kraft der Auferstehung zugesprochen. Indem wir die Verletzlichkeit und Brüchigkeit unseres Lebens annehmen, eröffnet sich eine neue Weltsicht. Wir können am Schwierigen wachsen. Gerade da, wo wir nicht mehr weiter wissen, kann sich in uns eine neue schöpferische Lebenskraft entwickeln.

In den letzten Jahren habe ich bei meinen Lesungen und Kursen mit vielen Menschen dieses Dastehen geübt – immer in der Haltung, dass diese schöpferische Kraft letztlich ein Geschenk bleibt. Ich erinnere mich zum Beispiel an die Bibelarbeit beim Evangelischen Kirchentag in Frankfurt. Die verbindende Kraft, die entsteht, wenn wir etwas achtsam tun, was heute so schwierig geworden ist: bewusst dastehen in der Rückverbindung mit so vielen lebenden und verstorbenen Menschen, die aufgestanden sind für das Leben. Diese österliche Lebensgrundhaltung verbindet mich auch zutiefst mit kranken und behinderten Menschen, die nicht mehr aufstehen können und die durch ihr alltägliches Einüben, zu ihrer besonderen Begrenzung Ja zu sagen, noch tiefer im Leben und im Vertrauen in Gott stehen.

III, 26f

Aufrecht dastehen

Aufrecht dastehen
Stamm entfalten lassen
innerlich erstarken
mich verwurzeln
um mich weit in die Äste hinauszuwagen

Inneren Zusammenhalt fördern
um vielfältig da sein zu können
nicht einseitig werden
sondern verschiedene Verzweigungen wachsen lassen

Lebenslust fördern
genießen
wie verschiedene Gaben
sich in mir auf alle Seiten entfalten

Mich nicht verlieren
Zu-mir-Stehen
zu Entfaltungsmöglichkeiten und Grenzen
jeden Tag neu

Stimme des Herzens

Es ist nie zu spät, Schritt für Schritt zu verwirklichen, wofür ich zutiefst leben möchte. Der schwedische Regisseur Ingmar Bergman sagt, »*dass das Leben nur die Bedeutung hat, die man ihm selber zumisst. Das ist an und für sich nichts Besonders, aber für mich war es eine große Entdeckung.*« Darum geht es im Leben: dem, was ich zutiefst spüre, die Bedeutung und das Gewicht geben, das es braucht, um ihm schließlich Ausdruck zu verleihen. Wenn ich auf diesem Weg Verbündete suche, werde ich erstaunt sein, wie sich mir neue Perspektiven eröffnen. Allerdings braucht es dazu beharrliche Geduld. Denn es ist gar nicht so einfach, in der Fülle der Möglichkeiten, die uns heute in unserer konsumorientierten Welt angeboten werden, die eigene Einmaligkeit zu fördern. Das Horchen auf meine innere Mitte, auf die Stimme des Herzens, kann mir wegweisend sein. V, 42f

Gemeinsame Ausrichtung

Verbündete finden
Menschen
die auch an das Unmögliche glauben
die ihre tiefe Vision gemeinsam verwirklichen

Sich ausrichten
auf ein verbindendes Ziel
wo der Zusammenhalt
in der Verschiedenheit kultiviert wird

Neue Wege eröffnen
die Geborgenheit und Freiheit schaffen

Sich nicht aufhalten lassen
von Sachzwängen und Selbstzweifeln
täglich die Lebensweisheit verinnerlichen:
der Weg ist das Ziel

Mutiger Aufbruch

»Die Seele weiß nur eines, dass sie nichts weiß, und sie will nur eines, nämlich dass sie nichts will. Und dieses Nichtwissen und Nichtwollen geben ihr alles und lassen sie den verborgenen und versteckten Schatz finden, der für immer in der Dreieinigkeit beschlossen ist«, schrieb Marguerite Porète (1255–1310).

Die Begine Marguerite Porète verfasste eine volkssprachliche Frauenmystik, in der sie von der Nähe Gottes erzählt, die erfahrbar ist im Nichtwissen und Nichtwollen, im einfachen Dasein. Sie spricht von Christus als dem »Loinprès – Fernnahen«. Damit verdichtet sie in zwei Worten, dass wir Gott ganz nah erfahren können und er zugleich uns und all unser Denken übersteigt.

Diese geheimnisvolle Lebendigkeit, die in jeder Beziehung notwendig ist, entfaltet sie in kühnen Worten. Sie traut ihrer Intuition, obwohl es sie das Leben kostet. Am 1. Juni 1310 wurde sie in Paris auf der heutigen Place de l'Hôtel de Ville lebendig verbrannt, weil sie alle zu einer unmittelbaren Gotteserfahrung bestärkte. Darin liegt eine höchstaktuelle Kritik an allen Religionsgemeinschaften, die meinen, sie allein besäßen die Wahrheit. Ihre Gottesergriffenheit führt sie wie alle Beginen in die Nähe der armen und kranken Menschen, der verwahrlosten Kinder. Beginen sind Frauen, die im Umfeld von Klöstern als lose Gemeinschaften zusammenleben. Sie lesen eifrig die Bibel und verdienen sich ihren Lebensunterhalt mit Weben, Hausarbeiten und Sticken. Sie setzen sich für ein mündiges Christsein ein und aus.

Als christliche Mystikerin hält Marguerite Porète die Spannung in der Gottessuche aufrecht. Wenn wir nichts mehr wollen und nichts mehr wissen, dann entdecken wir alles: den verborgenen Schatz der Dreieinigkeit. Ein Schatz, der erzählt vom Wohnen Gottes in uns selbst, in der Begegnung mit den Mitmenschen und in der Schöpfung. Da erfahren wir das Wesentliche ganz nah und ganz fern, unfassbar.

Da sein dürfen

Mitten im Alltag
die Augen schließen
zu sich selber kommen
um das Verbindende
mit allem zu erfahren

Mitten im Alltag
der Kraft der Einfachheit trauen
mich beflügeln lassen
von der tiefen Verbundenheit
mit Mutter Erde
Schwester Geist

Kind und Mutter
als inneres Bild erkennen
auch für Männer
die das Weibliche in sich entdecken
den Zugang zu den Gefühlen
damit daraus kraftvolles Engagement entsteht
Frauen und Männer
mit Rückgrat brauchen wir
die sich für eine kinderfreundliche Welt einsetzen

Einfach sich
mit allen Sinnen bewegen lassen

Über den Tod hinaus wirksam

»Denn in der Erkenntnis unserer selbst erkennen wir, dass wir nicht sind, sondern unser Sein von Gott haben; zugleich sehen wir ein, dass er uns erschaffen hat nach seinem Bild und Gleichnis.« Caterina von Siena (1347–1380)

Eine mystische Lebensgestaltung ist nicht etwas abgehoben Schwärmerisches und schon gar keine Gefühlsduselei. Mystik ist eine engagierte Denk- und Lebensform, die in der Gottesfrage auch die Frage nach seinem Selbst und seiner Lebensaufgabe entdeckt. So hört Caterina von Siena in ihrer Zelle Christus als innere Stimme, die fragt: *»Weißt du, wer du bist und wer ich bin?«* Diese Frage eröffnet Caterina den Weg zu den Mitmenschen. Ihre unzähligen, kämpferischen Briefe sind eine Ermutigung, die eigene Würde zu entdecken, die nie erleistbar ist, sondern sich in der leidenschaftlichen Liebe für eine zärtliche Gerechtigkeit konkretisiert. Auch mit unbequemen Worten ermutigt sie ihre Zeitgenossinnen und -genossen, nicht hinter ihren Möglichkeiten stecken zu bleiben. So ist ein mystischer Weg immer auch ein sozialer, ein politischer Weg, der in eine größere Weite führt. Caterina sah Gott in persönlichen Begegnungen mit Armen und Hilfsbedürftigen. Sie versuchte unermüdlich, zwischen verfeindeten Städten und Personen zu vermitteln und Frieden zu stiften. So wurde sie bald zu einer begehrten Ratgeberin von Fürsten und Persönlichkeiten der Kirche. Sie starb mit nur 33 Jahren. Ihr Wirken ging nach ihrem Tod weiter. Kurz vorher schrieb sie: *»Ich glaube, nach meinem Tod mehr ausrichten zu können als im Leben.«* Papst Paul VI. ernannte sie am 4. Oktober 1970 zur Kirchenlehrerin. Sie ermutigt zu einem einfühlsam engagierten Lebensstil.

Dem Lebensfluss trauen (1)

Die Quelle der Abbaye de Fontaine-André oberhalb von Neuchâtel fließt seit Jahrhunderten. Durch sie habe ich die spirituelle Kraft des Wassers entdeckt. Das Quellwasser fließt von einem Brunnen zum anderen, von einem Teich in den anderen und gibt diesem Ort eine große innere Kraft. Das fließende Wasser erfrischt, beruhigt, reinigt und inspiriert zugleich. Wasser ist Ursprung allen Lebens, und der Wasserkreislauf der Erde nährt alle Lebendigkeit. Auch unser persönliches Leben beginnt im Wasser, im Fruchtwasser unserer Mutter. Darum erstaunt es nicht, dass in allen Religionen und Kulturen in Ritualen und Riten die tiefe Kraft des Wassers als Geschenk des Lebens gefeiert wird. So finden wir auch in unseren biblischen Wurzeln das Motiv des Wassers, des Brunnens und der Quelle. Im Psalm 36,10 heißt es so wunderschön von Gott: »*Bei dir ist die Quelle des Lebens*« – und im 4. Kapitel des Johannesevangeliums erinnert Jesus in der Begegnung mit einer Frau am Jakobsbrunnen an unsere innere, göttliche Quelle.

Dem Lebensfluss trauen (2)

Mystikerinnen und Mystiker entfalten das Symbol der inneren Quelle: Bernhard von Clairvaux (1090–1153) lädt ein, »*aus der eigenen Quelle zu trinken*«.

Teresa von Avila (1515–1582) ermutigt zum freien Beten, weil jede und jeder von uns einen unmittelbaren Zugang zu der inneren göttlichen Quelle hat. Je tiefer wir aus dieser Quelle schöpfen, umso weniger Worte brauchen wir, weil wir das Verbindende mit aller Kreatur spüren.

Angelus Silesius (1624–1677) macht auf unseren inneren Brunnen aufmerksam:

»Wie töricht der Mensch,
der aus der Pfütze trinkt
und den Brunnen lässt,
der ihm im Haus entspringt.«

Diese Worte sind nicht nur Einladung zu einem mystischen Weg, sondern haben wie das Wasser eine Leben spendende Kraft, die zu Reformen ermutigt. In den Worten Teresas steckt nämlich die hochaktuelle Kritik an einem kirchlichen Handeln, das den Menschen mündiges Engagement aus dem Glauben absprechen will, und Angelus Silesius ruft zum Widerstand auf, sich nicht durch Sachzwänge und Leistungsdruck leben zu lassen.

Dem Lebensfluss trauen (3)

In der christlichen Tradition drücken wir in der Taufe mit dem Symbol des Wassers zentrale, existenzielle Grundhaltungen aus, die uns ein Leben lang begegnen werden. Damit sich unsere Einmaligkeit, die sich auch in unserem Vornamen verdichtet, entfalten kann, sind wir auf das Eintauchen in die bedingungslose Zuwendung und Liebe Gottes angewiesen. Wir können und müssen nicht aus uns selber leben, sondern dürfen Tag für Tag aus der unerschöpflichen, göttlichen Quelle schöpfen. Dieses Eintauchen in die tiefe Verbundenheit mit allem konkretisiert sich in unseren Beziehungen und im Eingebundensein in Schöpfung und Kosmos, das eine ökologische Achtsamkeit nährt. Zugleich führt uns die ursprüngliche Taufsymbolik mit dem Ein- und Untertauchen des ganzen Leibes ins Wasser in eine noch tiefere Lebensweisheit, die die biblische Tauftheologie des Apostels Paulus mit dem »Sterben und Auferstehen mit Christus« (Römer 6) umschreibt. Diese Worte müssen wir weder auswendig lernen, noch krampfhaft in unserem Leben suchen, weil sie eine Hoffnung spendende Deutung unseres Lebens sind, die sich im Symbol des Wassers zeigt:

Wer wirklich lebendig bleiben will und sich dem Fluss des Lebens anvertraut, ist aufgerufen, Hingabe zu üben. Das Eintauchen ins Wasser ermutigt uns, die Kontrolle aufzugeben, Hingabe zu wagen, einzutauchen in das ganze Leben mit all seiner Faszination und Widersprüchlichkeit. Denn das Leben lässt sich nie in Griff kriegen, da es dauernd im Fluss ist. »Sterben und auferstehen« erfahren wir in durchkreuzten Hoffnungen, in Enttäuschungen und Rückschlägen, die weh tun und wie »ein kleiner Tod« sind. In der Taufe benennen wir diese schmerzliche Wirklichkeit und feiern, dass wir daran wachsen können, weil sich die Christuskraft in unserem Menschwerdungsprozess, in unserem Sterben und Werden ereignet. Die Symbolik des Wassers erinnert an die Ambivalenz auf dieser Lebensgratwanderung.

Dem Lebensfluss trauen (4)

Wenn wir in der katholischen Tradition beim Betreten einer Kirche mit Aufmerksamkeit unsere Hand ins Weihwasser tauchen und einige Wassertropfen mit einem Kreuzzeichen auf unsere Stirn, unsere Leibmitte, unser Herz legen, dann können wir in diesem Ritual erahnen, wie kraftvoll und zerbrechlich unser Leben ist und wie wir in all den Anforderungen und all dem Schönen aus dem Ursegen Gottes leben. Darum ist es heilsam, wenn wir einander in der Familie und im Freundeskreis segnen, wenn wir in unseren Tränen das Fließen des Segens erahnen, wenn in Gruppen- und Gemeindegottesdiensten Krüge herumgereicht werden, um die Nachbarin und den Nachbarn zu segnen, wenn wir in Krisen- und Krankheitszeiten einander segnen und wenn auch in der erotischen Kraft der Liebenden segnende Zeichen Raum haben. Es bedeutet, dass wir einander Wasser des Lebens sein können.

Viele künftige Auseinandersetzungen zwischen Völkern werden sich rund um das Wasser ereignen. Mein täglicher Umgang mit dem Wasser ist darum sehr spirituell und höchstpolitisch.

Das Geschenk des Wassers genießen beim Trinken, Schwimmen, Bewässern der Pflanzen ruft zu ökologischer Achtsamkeit. Sie entfaltet sich in einem sorgsamen Umgang mit diesem Urelement und zugleich mit der Bereitschaft, die Wasserkraft zusammen mit Wind- und Sonnenenergie mehr zu nutzen, beziehungsweise Widerstand zu leisten gegen die Zerstörung unserer Mitwelt durch die Kohlen-, Erdöl-, Erdgas- und Nuklearenergie. Mit dem mystischen Bild des inneren Brunnens unterwegs zu sein bedeutet, den heutigen »Brunnenvergiftern« mit einer zukunftweisenden Energiewende entgegenzutreten. Dabei dürfen wir auf die heilende und reinigende Kraft des Wassers vertrauen.

Heute …

… habe ich keine Zeit. Der ganze Tag ist verplant.

Heute muss alles erledigt werden, morgen ist es zu spät! Es sind so viele Sachen, die ich angehen muss. Sobald ich etwas anpacke, kommt mir noch etwas anderes in den Sinn. Ich will alles auf einmal erledigen, obwohl ich wirklich keine Zeit habe. Es soll mich ja niemand stören heute. Es soll ja nichts Unerwartetes hinzukommen, sonst explodiere ich! Mir fehlt einfach die Zeit, um in aller Ruhe anfangen zu können.

Jetzt …

… habe ich die Möglichkeit, mich befreien zu lassen von der einseitigen Vorstellung, dass es nur auf mich ankommt. Auch wenn ich heute wenig Zeit habe, werde ich sie bewusster nutzen. Ich werde mich nicht fremdbestimmen lassen durch die Sklaverei der Hektik. Ich wage Widerstand für eine Arbeitskultur der Achtsamkeit.

Beim Aufstehen bleibe ich jedes Mal einen Moment stehen. Ich stehe da, mit beiden Füssen auf dem Boden und lasse mich tragen. Ich atme tief durch und gebe Druck ab. Meine Knie sind nicht durchgestreckt, damit mein Atem fließen kann.

Je mehr ich gefordert bin, umso mehr gönne ich mir beim Aufstehen einen Moment der Standortbestimmung. Ich werde erfahren, dass ich nicht Zeit verliere, sondern gewinne. So erkenne ich, dass ich nicht alles auf einmal tun muss, sondern eines nach dem andern.

Die Zeit der Rückschläge

Unerwartete Kälteeinbrüche und Frost im Frühling erzählen von der Bedrohung, der neues Leben ausgesetzt ist. Was heute in voller Blüte dasteht, kann über Nacht zerstört werden. Eine schmerzvolle Erfahrung, mit der wir uns schwer tun. Alles sträubt sich in mir, wenn verheißungsvolle Anfänge und Neuaufbrüche durch Neid und Missgunst, durch Kleinlichkeit und Oberflächlichkeit blockiert und verhindert werden. Da bricht in mir ein unaufhaltsamer Schrei nach Leben auf. Da empöre ich mich, da wehre ich mich, da stehe ich auf für mehr Lebensqualität. Zugleich bin ich aufgefordert, einen konstruktiven Umgang mit den Rückschlägen im Leben zu lernen. Zuerst drängt sich mir diese Frage auf: Wie gelingt es mir, die zarten, verletzlichen Seiten zu schützen? Wie kann ich anderen Menschen weniger Macht geben, die mich am Reifen hindern wollen, weil sie mich haben und nicht gehen lassen wollen? Wie gelingt es mir, trotz Verletzungen nicht um mich selber zu kreisen und im Selbstmitleid zu versinken, sondern neu zu hoffen und zu vertrauen? – Mit solch zentralen Lebensfragen kann ich nie allein bleiben, es braucht verschiedene Ebenen des Austausches, der Begleitung, um gut und gesund mit Rückschlägen umgehen zu können.

Hilfreich ist mir die Erfahrung des Ausbruchs des Volkes Israel aus Ägypten, dem Land der Sklaverei, der Selbstentfremdung. Nach dem begeisterten Aufbruch, in dem viele Kräfte und Verbündete mobilisiert werden konnten, kommt sehr bald die Ernüchterung, der Einbruch von Zweifel, von Ungeduld. Murren und Resignation breiten sich aus. Sie gehören scheinbar zu jeder Aufbruchsinitiative. – Jeden Frühling kann ich wieder alles tun, Wachsendes zu schützen, und zugleich annehmen, dass es bedroht ist. Rückschläge im Leben stellen uns vor die Frage, ob wir in der Opferrolle bleiben, ob wir uns ein Leben lang »durchjammern« wollen oder – ob wir unser Leben in die Hand nehmen, wohl wissend, dass es nie allein in unseren Händen liegt.

XVI, 27

Die Zeit der Entschiedenheit

Am Frühlingsbeginn werde ich mit der Frage konfrontiert, ob ich mich für das Leben entscheide, für eine andere Möglichkeit als Fremdbestimmung, Entfremdung, Gefangensein in sich selbst und in Sachzwängen. Wie *jetzt* die Zeit zum Säen ist, um im Sommer und Herbst zu ernten, so braucht es immer wieder klare Entscheidungen im Leben.

Klarheit, Entschiedenheit, Ehrlichkeit sind Werte, die unsere Welt braucht, um einen achtsamen Umgang mit dem Leben und mit der Schöpfung zu entwerfen. In der spirituellen Tradition wird uns nahe gelegt, die Unterscheidung der Geister zu kultivieren, d. h. Kriterien und Orientierung zu suchen, die echtes Wachstum und Reifen fördern. Dabei geht es nicht nur um meine persönliche Zukunft, sondern um die Zukunft unserer Kinder und Enkelkinder. Frühlingszeit ist Zukunftszeit. Wir bauen mit an der Zukunft, wenn uns wichtig ist, im jetzigen Moment zu leben und der Kraft des Augenblicks zu trauen. Eine Kultur der Achtsamkeit ist gefragt, die die großen Zukunftsfragen nicht verdrängt und vertagt, sondern sie durch einen einfachen und ökologischen Lebensstil jetzt schon fördert. Wer sich intensiv am Frühlingserwachen erfreut, muss sich aus Liebe zur Schöpfung auch folgenden Tatsachen stellen:

Jeden Tag werden 100 Tier- und Pflanzenarten ausgerottet – 20 000 Hektar Wüste zusätzlich produziert – 86 Millionen Tonnen fruchtbaren Bodens durch Erosion zerstört – 100 Millionen Tonnen Treibhausgase produziert.

Franz Alt schrieb dazu in seinem Buch »Der ökologische Jesus«: »Am Ende des 20. Jahrhunderts werden wir allein in diesem Jahrhundert mehr zerstört haben als in den 50 Jahrhunderten zuvor ... Zugleich liefert die Sonne jeden Tag der Erde 15 000-mal mehr Energie, als alle Menschen verbrauchen – kostenlos, umweltfreundlich, klimaverträglich und für alle Zeiten. Sonne ist Leben, und Sonne schafft Leben.« XVI, 35

Langer Atem der Hoffnung

»Kraft der Schöpfung und mehr noch der Inkarnation ist hier unten nichts profan für den, der zu sehen versteht. Alles ist im Gegenteil geheiligt für den, der in jedem Geschöpf das Teilchen erwählten Seins unterscheidet, das der Anziehung durch den auf dem Weg der Vollendung befindlichen Christus unterworfen ist ... und ihr werdet, wenn ihr die Kirche verlasst, um in die laute Stadt zu treten, nur mehr das Gefühl haben, weiter in Gott hineinzutauchen.« Pierre Teilhard de Chardin (1881–1955)

Der Jesuit Pierre Teilhard de Chardin ist für mich eine der faszinierendsten Gestalten des 20. Jahrhunderts. Er hat als christlicher Theologe und zugleich leidenschaftlicher Naturwissenschaftler eine überzeugende Synthese zwischen der biblischen Schöpfungssicht und der modernen Evolutionstheorie geschaffen. Er spricht vom kosmischen Christus, weil Schöpfung und Kosmos beseelt sind. Seine Mystik lässt die kleinsten Alltagserfahrungen in einem größeren Zusammenhang entdecken, der zu einer engagierten Gelassenheit führt. – Diese Kraft findet sich überzeugend in seinen mühsamen Erfahrungen mit römischen Zensoren, die ihm ein Schreibverbot auferlegten. So sagt er in einem Brief an Rhoda de Terra am 8.2.1949: *»Bitte glauben Sie mir: Das Christentum ist etwas viel Größeres als diese Kleinkariertheiten. Wie ich Ihnen schon in meinem letzten Brief sagte, ist die Zeit gekommen, sich zwischen einer statischen oder einer sich bewegenden Menschheit zu entscheiden und zu wählen. Ich werde auf mein Leben stolz sein, wenn ich es bis zur letzten Minute als Beweis meines Glaubens und meines Vertrauens in eine konvergierende Bewegung des Universums benutzen kann.«*

Pierre Teilhard de Chardin lehrt mich, Unrecht beim Namen zu nennen und zugleich dem Leben zuzulächeln, weil Gottes lachender Segen uns jeden Tag neu berührt.

Den Frühling vertiefen

Frühling erleben
mich verabschieden
von ängstlicher Kleinlichkeit
erneut Aufbrüche wagen
miteinander an das Unmögliche glauben

Frühling erfahren
die Hoffnungsfunken nicht
durch viele Wenn und Aber
im Keim ersticken
einander zur Menschlichkeit bewegen

Frühling vertiefen
mitgestalten an einer Welt
die sich von Visionen leiten lässt
miteinander die Kernkompetenz finden
die zu ökologischer Achtsamkeit bewegt

Frühling verwirklichen
der Verwandlungskraft trauen
das erotische Spiel genießen
in allen Lebensphasen
aufstehen für eine zärtliche Gerechtigkeit

XVI, 39

MAI

Begeisterung

Zärtliche Zuwendung

Fasziniert
einander sich zuwenden
sich der Herausforderung stellen
konfliktfähiger zu werden

Im zärtlichen Zusammensein
Deine schöpferische Fantasie erfahren
gemeinsam einen Weg wagen
der zur Eigenständigkeit bestärkt

Hohe Zeit
leben und feiern
Deinen Namen rühmen

Du Freundin Geist
die Menschen zusammenführt
um Deine Liebe zu vergegenwärtigen
Nach Psalm 45,18

IV, 53

Zusammensein genießen!

In unserer Partnerschaft suchen wir immer wieder neu nach Formen des Genießens:

beim gemeinsamen Kochen und Essen
beim zärtlichen Gestalten der Sexualität
beim gemeinsamen Meditieren und Stillsein
beim gegenseitigen Massieren
beim Verweilen in der Natur

Wir gestalten diese Zeit im Bewusstsein, dass wir Verantwortung tragen für unsere Partnerschaft. Wenn wir achtsam miteinander umgehen und die dadurch geschenkte Kraft nicht für uns behalten, verwandeln wir die Welt zum Guten. Wir erfahren, was es bedeutet, im sorgsamen Pflegen des Körpers verbunden zu sein mit der ganzen Schöpfung.

I, 51

Die kleinen Wunder

Nach einer 12-tägigen hartnäckigen Grippe wage ich mich zum ersten Mal wieder aus meinem Zimmer in die freie Natur, Schritt für Schritt. Nur langsam komme ich vorwärts. Die Behutsamkeit hat ihren Lohn: Im neuen Wahrnehmen ganz kleiner Wunder der Schöpfung öffnen sich auf einmal unerwartete Räume. Ich stehe staunend still und betrachte die kleinen Blätter, die kraftvoll aus den Knospen hervorbrechen. Was noch vor kurzer Zeit wie abgestorben aussah, ist jetzt voller Lebendigkeit.

Die ganze Schöpfung hilft mir, mein Dasein, meine Sinnsuche in einem größeren Lebenszusammenhang verwurzelt zu wissen. Dazu braucht es die Gabe des Staunens. Dorothee Sölle nennt das Staunen die erste mystische Grundhaltung des Menschen.

Beim langsamen Spazieren richte ich meine Augen eine Zeitlang auf mein Blickfeld – Mystik im Alltag: verweilen bei einem Stein, der mit Moos überdeckt ist. Tief ein- und ausatmen. Wohltuend spüren, wie Verbundenheit und Einmaligkeit ineinander gehen.

Schritt für Schritt, stehen bleiben, die Schönheit eines Grashalms wahrnehmen, der sich bewegen lässt vom Wind, vom Lebensatem. Lebensatem, der mich mit allem verbindet. Mein Staunen über die kleinen großen Wunder, die sich mir im Täglichen zeigen, hat für mich auch eine höchst politische Seite. Ökologische Achtsamkeit beginnt im Wahrnehmen des Regentropfens. In Einklang mit mir selber, der Schöpfung, dem Kosmos sein, bestärkt mich, mitzugestalten am Versöhnungsprozess auf der ganzen Welt. Mein Nichtstun ist plötzlich höchste Aktivität. Je kleiner meine Schritte werden, je länger ich verweile bei einer Blume, vor einem Acker, bei einem Baum, desto größer wird mein Lebensraum. Mir kommt der Gedanke, dass mir jede Jahreszeit die Möglichkeit eröffnet, mein Leben angesichts der Ewigkeit zu erfahren: im Einüben der kleinen Schritte, einer langsameren Welt, in der Menschen mit Leib und Seele Raum zum Atmen und Zeit zum Staunen haben.

Faszinierende Schöpfung

Deine Spuren
entdecke ich im Tau auf den Feldern
Du atmest in jeder Pflanze
Du lebst in der geheimnisvollen Stille der Wüste
die Psalmen erzählen von Deiner Größe
die Oasen und Meere holen uns hinein in Deine Kreativität
der Sternenhimmel lässt mich staunen

Du Freundin Geist
bist der verbindende Atem der Schöpfung
bewege uns zu achtsamer Sorgfalt
schenke uns Kraft und Frieden
im Einstimmen ins Lob Deiner Schöpfung
Nach Psalm 29,11

IV, 37

Das Gutsein aller Dinge

»Was bedeutet es für Sie konkret, an Christus zu glauben?« – Spontan kommen mir zu dieser Frage drei Stichworte in den Sinn, die Dorothee Sölle am Schluss ihres Buches »Mystik und Widerstand« (^{5}2003) erwähnt und die mich seither begleiten. Die Theologin beschreibt mit diesen Eigenschaften anschaulich drei Qualitäten des Lebens, wie sie sie in der Begegnung mit Quäkerinnen und Quäkern kennen gelernt hat: grenzenlos glücklich, absolut furchtlos, immer in Schwierigkeiten. – Diese drei Lebenshaltungen finde ich auch bei Jeschua aus Nazaret. In seiner Lebensschule entdecke ich, dass Glück nicht einfach zu haben ist. Jesus lehrt mich, dass glücklich sein heißt, mich anzunehmen, wie ich bin, dass Schwierigkeiten und Widersprüchlichkeiten zu meinem Leben gehören. Ich kann an ihnen wachsen und dabei meine Furcht verlieren, perfekt sein zu müssen.

An Christus glauben konkretisiert sich im Glauben an das Gute im Menschen und mehr noch im Vertrauen auf »das Gutsein aller Dinge«, wie Thomas Merton sagte. Eine unglaubliche Aussage! Hineinwachsen in dieses Urvertrauen, dass Gott alles in allem ist, verdichtet sich für mich im Wort »Christus« . Wenn ich beim Meditieren, beim Ein- und Ausatmen das Wort »Christus« buchstabiere, dann verinnerliche ich das Geheimnis der Menschwerdung: sterben und werden. Dabei spüre ich etwas von dem Glück und dem Getragensein der Dinge, und Christus kann in mir auferstehen im unbequemen Einsatz für die Rechte aller Menschen.

Dieser Prozess ereignet sich immer neu. Darum wagt der Mystiker Johannes Tauler in seiner Weihnachtspredigt mir zuzusprechen: »Christus wird ohne Unterlass in dir geboren.« Wenn es mir gelingt, jede Stunde einen Augenblick innezuhalten und mich an dieses Geheimnis zu erinnern, werde ich ein Stück mehr mir meines Wesens bewusst und kann so auch ein Stück mehr echte Selbstlosigkeit nach außen leben.

Heiliges Spiel

Liturgie als heiliges Spiel
die Tagesordnung durchbrechen
berührt werden vom Ewigen
um ganz im Hier und Jetzt zu sein

Liturgie als heiliges Spiel
ein Clown inmitten der Kirche
verdichtet die ver-rückte Liebe Gottes
die keinen Menschen aufgibt

Liturgie als heiliges Spiel
jahrhundertealte Rituale
versuchen das Unbegreifliche auszudrücken

Gottes Nähe in allem:
in Brot und Wein
in den Herzen der Menschen
im Atem der Pflanzen
im Clown
der dein Leben spielt
damit du zu dir stehst
deine Gefühle nicht überspielst

Roter Faden Hoffnung – wider die Resignation

»*Ein Volk ohne Visionen geht zugrunde*«, heißt es im biblischen Buch der Sprüche (29,18). Unsere Zeit ist visionsarm geworden. So verliert die Hoffnung ihr Gesicht. Schleichende Resignation ist eines der größten Übel heute. So wird jeder Hoffnungskeim erstickt. In vielen meiner Gespräche und Begegnungen drückten Menschen ihre Hoffnung aus. Viele kleine Ansätze, die hoffen lassen, sind nach wie vor da. Doch meist werden sie mit einem »Ja, aber« im Keim erstickt. – Vor allem junge Menschen sind aus den Kirchen ausgezogen, weil so wenig verändert werden darf, weil fantasievolle und Leben fördernde Impulse ignoriert werden. Diese Abwehrhaltung bedroht das Zentrum unseres Glaubens, die Auferstehung, zutiefst. Nur wenn wir hier und jetzt erfahren, dass tödliche Bedrohungen überwunden werden können, kann sich die Verheißung vom Aufstand für das Leben wirksam ausbreiten.

Christinnen und Christen sind Menschen, die hoffen trotz aller Hoffnungslosigkeit, Menschen, die den kleinsten Faden Hoffnung aufnehmen, in die Hand nehmen und ihn zusammen mit anderen zu einem starken Strick wachsen lassen. Schlechte Nachrichten hören und lesen wir jeden Tag genug. Wir müssen einander Hoffnungsgeschichten, gute Nachrichten weitererzählen.

Hingabe leben

Hingabe leben
weil ich weiß
dass ich angenommen bin
und liebenswert
auch in all meiner Zerbrochenheit

Ja sagen zu meiner Geschichte
ich habe keine andere
trotz allem konnte
unendlich viel Gutes wachsen
auch in allem Verletztsein

Nicht Vergangenem nachtrauern
und nicht von Zukunftssorgen
mich bestimmen lassen
sondern im Augenblick
Licht und Schatten annehmen

Aufatmen
weil ich mich lassen kann
Dir überlassen

XIII, 101

Aus dem Tagebuch der Susanna

Ich sitze beim großen Brunnen und bin rundum zufrieden. Es tut mir gut, auf die letzten Tage zurückzublicken. Meiner Kreativität konnte ich zusammen mit Maria Magdalena und Johanna Worte geben. Eine Idee brachte die andere hervor. Das Unterwegssein mit Jesus und den anderen Frauen und Männern ist mir zum Lebenssinn geworden. Staunend blicke ich jetzt auf all das Heilende zurück, das ich zuerst an mir selbst erfahren durfte und nun gerne weitergebe. Das Wichtigste dabei ist die Erkenntnis, dass ich mir selber Anerkennung schenken kann. Darum sitze ich jetzt einmal mehr hier und freue mich über mein Dasein.

Letztlich kommt all diese Anerkennung von Gott. Ich bin gerufen, nicht außen zu suchen, was ich in meinem Inneren finden kann. Dasitzen am Brunnen, das Fließen des Wassers hören und dabei erahnen, wie in mir die göttliche Quelle sprudelt, ist sinnstiftend für mich.

Meine Blockaden wurden gelöst durch die Begegnung mit Jesus. Denn er gab mir von Anfang an zu spüren, dass Gott mich braucht. Seid mitschöpferisch, betont er immer wieder. Es ist beeindruckend für mich zu erfahren, wie schnell er uns Jüngerinnen und Jüngern zugemutet hat, selber heilend zu werden – immer verbunden mit der Herausforderung, zuerst uns selber anzunehmen. Da liegt für mich die Spur zur tiefsten Gotteserfahrung. Mein Unterwegssein mit Jesus ist geprägt vom Hunger und Durst nach Gerechtigkeit. Dies meint auch die Aufgabe, zunächst sich selber gerecht zu werden. Je mehr wir gefordert sind, umso mehr lädt Jesus uns ein, Orte der Stille zu suchen. – Auch jetzt im Dasitzen spüre ich diese tiefe Weisheit: Heilend kann nur sein, wer in Einklang mit sich selbst ist, wer seine eigenen Verwundungen heilen lässt und sich so glaubwürdig einfühlen kann in andere. Da ereignet sich Gott: in der Begegnung mit mir selbst und mit anderen.

Ich höre auf zu schreiben und will staunend verweilen in der Schöpfung und dankbar sein für mein Sein. *Inspiriert von Lukas 8,1–3*

Dich feiern wir, heilender Geist

Dich feiern wir
als heilende Geistkraft
die in uns Menschen
eine Sprache der Zärtlichkeit
und der Toleranz wachsen lässt

Dich erfahren wir
als innere Wachstumskraft
im Aushalten schwieriger Umbruchzeiten
im weltweiten Friedensprozess
im freundschaftlichen Unterwegssein der Liebenden

Dich entdecken wir
als verbindenden Atem
im staunenden Genießen der Schöpfung
im fairen Austragen von not-wendenden Konflikten
im achtsamen Innehalten mitten in der Arbeit

Dich feiern wir
als heilsame Geistkraft
die uns wachsen und reifen lässt
auf dem anspruchsvollen Weg der Selbstwerdung

Aufzeichnung meiner kleinen Welt

Der amerikanische Film »Smoke« von Wayne Wang erzählt vom Lebenskünstler Auggie. Jeden Morgen stellt er sich um 8 Uhr vor seinen Kiosk in New York, um mit seinem Fotoapparat seine kleine Welt aufzuzeichnen.

Lieber Auggie,

jeden Morgen stellst du dich um 8 Uhr vor deinen Kiosk, mitten in New York. Bevor du deine Arbeit beginnst, stellst du täglich an der gleichen Straßenecke deinen Fotoapparat auf. Für dich ist es eine Aufzeichnung deiner kleinen Welt. Du nennst diese ver-rückte Idee dein Lebensprojekt: Über 4000 Fotos sind entstanden. Wer sie oberflächlich ansieht, meint, es sei immer dasselbe Foto. Erst beim achtsamen Hinschauen lässt sich die Vielfalt des Lebens im Unscheinbaren, ganz Alltäglichen erkennen.

Mitten in einer hektischen Stadt hältst du inne, bevor du deinen Kiosk öffnest. Liegt darin das Geheimnis, dass so viele Menschen dir von ihrem Leben erzählen, von ihren Ängsten, ihrer Trauer, ihrer Lebensfreude, ihrem Mitgefühl?

Du bist einfach da, an deinem Platz. Dein Dasein strahlt die Kraft des Augenblicks aus und befreit andere. In deinem Alltagsritual erkenne ich deine Wertschätzung des Lebens und erinnere mich, dass in unserer jüdisch-christlichen Tradition der Name Gottes heißt: ICH BIN DA. So kann jeder Arbeitsplatz, jeder Ort zum heiligen Ort werden.

Wohlwollendes Atmen einüben

Tag für Tag
als Ausdruck meiner Grundhaltung
meine Gefühle
nicht zu bewerten und zu beurteilen:

Heilendes Atmen üben
ein Leben lang
wahrnehmen was ist
damit sich auch das Dunkle in mir
gestaltet und verwandelt

Versöhnendes Atmen üben
immer wieder neu
als Grundbedingung
mir selbst gerecht zu werden
um weltweit Toleranz und
Gerechtigkeit zu fördern

II, 84

80 Jahre jung

Im amerikanischen Kultfilm »Harald und Maude« begegnen wir einer 80-jährigen Frau mit ihrer vollen Lebensfreude.

Liebe Maude,

deine Weisheit des Alters wünsche ich mir. Mit 80 Jahren bist du noch so jung und voller Lebenslust. Du spürst, dass du nichts mehr zu verlieren hast. Darum erlaubst du dir unerlaubte Sachen, die so sinnvoll sind. Dein Mitgefühl mit einem absterbenden Baum in einer städtischen Einkaufsstraße führt dich zum Handeln. Du bringst ihn zurück in den Wald, wo er hingehört. Unerhört! Wo kämen wir hin, wenn alle das tun würden? Sehr weit – unsere Welt würde farbiger, menschlicher.

Deine Authentizität hat eine natürliche Ausstrahlung. Du schließt Freundschaft mit dem 18-jährigen Harald, der sich materiell alles leisten kann und dem das Leben völlig sinnlos erscheint. Ihn lässt du entdecken, wie spannend das Leben sein kann. Du wohnst in einem alten Eisenbahnwagen, in dem du vieles gesammelt hast, was andere wegwerfen. Du gehst mit einem gelben Regenschirm zu Beerdigungen, um an den großen Lebenskreis zu erinnern, der auch vom Tod nicht unterbrochen werden kann. Du begrüßt den Morgen mit einem tiefen Ein- und Ausatmen. Kaum sichtbar ist deine KZ-Nummer, die in deinem Arm eingebrannt wurde. Diese Widerwärtigkeit ließ dich zur Friedensaktivistin werden. Niemand soll mehr so leiden. Zugleich lädst du ein zum Tanz des Lebens, wie dies auch die Mystikerin Mechthild von Magdeburg in ihrem Gebet tat: »Ich tanze, wenn Du mich führst.«

Humor als Widerstandskraft

Im italienischen Film »La vita è bella – Das Leben ist schön« zeigt der Regisseur und Hauptdarsteller Roberto Benigni den Humor als Widerstandskraft im Konzentrationslager.

Lieber Guido,

mitten im Krieg versuchst du, die Schönheit des Lebens zu kultivieren. Du bleibst nicht fixiert auf die menschenverachtende Atmosphäre, sondern strahlst Wärme und Humor aus in deinem Umfeld. Humor ist deine Form des Widerstands. Damit wagst du im Konzentrationslager mit deinem kleinen Sohn Giosuè eine gefährliche Gratwanderung. Mitten in der Absurdität der ethnischen Säuberung erkämpfst du dir einen Spielraum. So lässt du deinen Sohn glauben, dass das Ganze nur ein Spiel sein kann. Dadurch rettest du ihm sein Leben.

Mich beeindruckt, wie du zu dir stehst und deiner Intuition traust. Du vergleichst dich nicht mit anderen, sondern schöpfst mit deinem Humor deine Einmaligkeit aus, um für das Leben auf- und einzustehen. In den Grenzsituationen deines Lebens bleibst du dir treu und sprengst so die Grenzen.

Du ermutigt mich, auch irrsinnige Widersprüche des Lebens auszuhalten, mit Klugheit Widerstand zu leisten, ohne dabei die Dankbarkeit zu vergessen. Du erinnerst mich an Etty Hillesum, die sich als Jüdin in Holland engagierte und in ihr Tagebuch schreiben konnte: »Ich bin schon tausend Tode in tausend Konzentrationslagern gestorben. Und doch finde ich das Leben schön und sinnvoll. Jede einzelne Minute.«

Meine innere Herzensstimme

»Leos Carax hat mir geholfen, Dinge zu entdecken, die in mir verborgen waren. Es ist selten, dass ein Regisseur ein solches Vertrauen entgegenbringt, selten, dass er Dinge zum Leben erweckt, die in einem stecken, die man aber selbst ignoriert.« (Juliette Binoche)

Mein heiliges Feuer, mein »feu sacré«, zeigt sich mir nicht nur in meinen Gaben, meinen Wünschen, meinen Tag- und Nachtträumen, sondern auch in der Wahrnehmung meiner Verantwortung in dieser Welt. Als junger Mensch brauche ich vielleicht längere Zeit, um mir klar zu werden, wozu ich da bin. In der Mitte meines Lebens können sich mir diese Fragen neu, manchmal noch eindringlicher stellen, und in meinem letzten Lebensabschnitt kann ich als Rentner oder Rentnerin noch viel zu meinem Wohl und zum Wohl der ganzen Gemeinschaft beitragen. In Zeiten, in denen ich mich ganz auf mich selbst zurückgeworfen fühle – durch den Verlust meines Arbeitsplatzes vielleicht, durch eine Trennung oder durch den Tod einer Partnerin, eines Partners, eines Kindes, einer Freundin, aber auch durch ganz unscheinbare Veränderungen im privaten oder beruflichen Bereich – werde ich mit dieser Sinnfrage konfrontiert.

Eine solche Krise kann zur Chance werden. Dazu braucht es das Durchbrechen gewohnter Tagesordnungen, sozialer Verhaltensmuster, die uns Menschen klein, unbedeutet und fremdbestimmt halten. Vielleicht komme ich mit dieser Frage weiter, wenn ich bei Freundinnen und Freunden nachfrage. Was die französische Schauspielerin Juliette Binoche von »ihrem« Regisseur sagt, gilt für jede und jeden von uns: einander auf innere Kostbarkeiten aufmerksam machen, die wir selber ignorieren.

V, 43f

Meine Wünsche und Visionen

Entscheidungssituationen beinhalten die Chance, klarer wahrzunehmen, was ich brauche im Leben, in meinem Arbeitsumfeld. Bei Mystikern und Mystikerinnen sehe ich, dass es gilt, die Lösung nicht nur im Außen, im Strukturellen zu suchen, sondern zuerst bei uns selbst anzufangen, Unzufriedenheit und Sachzwänge als Herausforderung zu sehen, eine Standortbestimmung zu wagen. Sogar da, wo ich meine, nichts zu sagen zu haben, kann ich diesen Schritt in Richtung Eigenverantwortung gehen. In diesem Wachstumsprozess braucht es beharrliche Geduld und zielgerichtete Entschiedenheit, um mich konstruktiv einzubringen. Denn oft können wir eher sagen, was nicht stimmt, was uns lähmt, ärgert und frustriert, als klar auszudrücken, was wir wirklich wollen. Im genauen Nachspüren entdecke ich die Unterdrückung meiner Gefühle. Wenn wir zu wenig geerdet sind, fehlt uns der klare, sichere Stand, um himmelwärts zu schauen. Wenn wir den Anspruch haben, beim Ausdrücken unserer Wünsche und Visionen alle möglichen Umsetzungsvarianten bereits geklärt zu haben, entscheiden wir uns nicht bzw. lassen uns wenig beflügeln. Mir helfen in einer solchen Situation die Worte von C. G. Jung, der darauf hinweist, dass in unseren Visionen immer auch ihr Schatten mitklingen darf: »*Das Leben selber aber fließt zugleich aus klaren und trüben Quellen. Daher es auch jeder zu großen ›Reinlichkeit‹ an Leben mangelt … Je größer aber die Klärung und Differenzierung, desto geringer wird die Lebensintensität, eben wegen des Ausschlusses der trübenden Substanzen. Der Entwicklungsprozess bedarf sowohl der Klärung als der Trübung.*«

Diese Worte helfen mir, entscheidungsfreudiger zu sein in einer »geerdeten« Gelassenheit – ich weiß, dass es nie eine »reine« Entscheidung gibt, in der alles klar ist. Denn im unendlichen Abwägen bin ich meist viel zu sehr im Kopf und nehme meine Gefühle, mein Leibsein zu wenig wichtig. Auf mein Dasein mit Geist-Leib-Seele zu achten lässt mich entdecken, was ich brauche, was ich mir wirklich wünsche.

XI, 67f

Mein inneres Feuer

Ich selber werden
den Himmel in mir finden
nicht außerhalb suchen
was Du seit Geburt in mir
angelegt hast

Dich gebären
im Annehmen meiner selbst
Dich gebären
im Entdecken meiner Lebensaufgabe

Dich gebären
im Stärken meines Rückgrats
im Geradestehen
für Menschenrechte
im ökologischen Mitfühlen

Mein inneres Feuer entdecken
das erhellt und wärmt
zum Wohl der Gemeinschaft

Mich nicht überfordern
sondern meiner Herzensstimme trauen
Du sprichst darin zu mir

V, 60

Heute …

… spüre ich schon beim Erwachen einen großen Druck, der mich überfordert. Einmal mehr habe ich mir zu viel vorgenommen. Erdrückend, was mich alles erwartet: Arbeitsbesprechungen, Manuskriptabgabe, Krankenbesuch und Waschnachmittag. Ich kann nichts mehr ändern, es ist alles abgemacht, ich werde mich zusammennehmen!

Jetzt …

… habe ich die Möglichkeit, meine Kräfte wirklich zusammenzunehmen. Nicht so, wie ich dies seit Kindsbeinen gelernt habe, indem ich mich verkrampfe und auf die Zähne beiße. Genau das Gegenteil werde ich tun. Ich werde den ganzen Tag hindurch meine inneren Kräfte sammeln. Ich werde stündlich tief durchatmen. Ich werde mich nicht durch diesen Tag peitschen lassen, auch nicht von mir selber. Ich werde in all den wiederkehrenden Momenten der Überforderung einen Moment die Augen schließen, verweilen im Augenblick, tief durchatmen. Mitten in der Hektik wird mein Atem zum Gebet, wenn ich mich erinnere an die Worte Hildegards von Bingen: »Du atmest in allem, was lebt.«

Tanzende Menschen

Der Friedenstanz
hat längst begonnen
unaufhaltsam bewegst Du
Menschen weltweit
zur Achtsamkeit

Der Vertrauenstanz
zieht neue Kreise
berührt uns Menschen
zum globalen Mitgefühl

Der Hoffnungstanz
erfüllt uns mit neuer Lebenslust
der die eigene Entfaltung und
das Stiften von Gemeinschaft beflügelt

Der Glaubenstanz
eröffnet uns neue Spielräume
um Dich mit Leib und Seele zu feiern
als Urgrund allen Lebens

Inspiriert von:
»Du sollst dich wieder schmücken mit deinen Pauken,
sollst ausziehen im Tanz der Fröhlichen« (Jeremia 31,4).

Gesegnetes Aufatmen (1)

Mein Atmen wird zur Meditation, wenn ich darin die segnende Kraft erahne, die mir jede Sekunde neu zufließt. Ich bin gesegnet vor allem Tun, angenommen in meinem Sosein, damit ich aus dieser befreiend-entlastenden Zusage zum Segen werde für andere, für ein Mitgestalten an gerechten Lebensbedingungen für alle Menschen. Gesegnetes Aufatmen bedeutet zugleich, dass ich mein eigenes Leben in die Hand nehme und achtsam aus meinen segnenden Ressourcen schöpfe – ohne ein entschiedenes Üben wird diese Erkenntnis bloß Gedanke bleiben.

Christoph Eichhorn, klinischer Psychologe und Supervisor, spricht von einer Erholungskompetenz (in: *Souverän durch Self-Coaching*, Göttingen ^{3}2002), weil es naiv sei zu glauben, dass sich Erholung wie von selbst einstelle. Er beruft sich u. a. auf qualifizierte Untersuchungen im Leistungssport. Zur Leistungssteigerung und -erhaltung braucht es eine regelmäßige, systematische Erholungsaktivität. Erholungsprozesse erhalten dann in der Sportpraxis den gleichen Stellenwert wie Beanspruchungsprozesse. Dies würde bedeuten, mein lebensnotwendiges Bedürfnis nach Atempausen nicht auf das Wochenende oder gar auf den Urlaub zu vertagen, sondern es täglich in die Tat umzusetzen. Wenn ich zu lange, Tage und Wochen hindurch, in einem Belastungs- und Beanspruchungsprozess treibe, dann genügt der Urlaub nicht, um mich wirklich zu erholen. Da bin ich zuerst einfach erschöpft und spüre gar nicht, was mir wirklich gut tut, und die Gefahr nimmt dann zu, mich durch ein ungesundes Konsumangebot wieder nur leben zu lassen. – Immer häufiger höre ich von Menschen, dass die Urlaubskraft innerhalb einiger Tage verflogen sei: ein Alarmzeichen, das nach einer achtsamen Interaktion zwischen Belastung und Erholung ruft, damit ich negative Gedankenkreisläufe durchbrechen kann und meine Aufmerksamkeit auf bereits vorhandene Lösungsansätze richte. II, 167

Gesegnetes Aufatmen (2)

Atempausen für die Seele sind not-wendig für ein zweckfreies, leib-seelisch gesundes Dasein, weil unser Selbstwertgefühl nicht nur durch Arbeit und Erfolg gestärkt wird.

Atempausen für die Seele verhelfen zu einem effizienten und kreativen Arbeiten und Leben generell, weil ich so regelmäßig aus meinen inneren Quellen schöpfe, die nie versiegen

Atempausen für die Seele erinnern mich an die segnende Kraft, die mich verbindet mit allen Menschen guten Willens, die sich dafür einsetzen, gerechte Wirtschaftsstrukturen und ökologische Achtsamkeit zu verwirklichen.

Atempausen für die Seele leisten Widerstand für eine humane Lebensqualität, in der das Gefordertsein im schöpferischen Prozess und das Entspannen im Loslassen im Gleichgewicht sind.

Atempausen für die Seele fördern eine Weggefährtenschaft, in der ich mit Gleichgesinnten nach Lösungsansätzen in scheinbar unlösbaren Fragen suche. II, 170

Mich ansprechen lassen

Horchend sein
ganz Ohr
sich ansprechen lassen
durch die Fülle des Lebens

Himmelwärts schauen
sich öffnen für die Kraft der Ewigkeit
die im Augen-Blick spürbar wird

Kraftvoll Hand anlegen
be-greifen wie wir alle
vernetzt sind
zwischen Himmel und Erde

Mitten im Alltag
mit all seinen Sorgen
mich ansprechen lassen
mich ausrichten auf uralte Lebensworte:
Ich habe dich bei deinem Namen gerufen

Inspiriert von:
»Fürchte dich nicht, denn ich habe dich ausgelöst,
ich habe dich beim Namen gerufen, du gehörst mir« (Jesaja 43,1).

Mein Leben als Segen sehen

Mein Atem lässt mich die heilende Segenskraft erfahren, die mich verbindet mit aller Kreatur. Auch in meiner Zerbrechlichkeit, in meinen Behinderungen und in Zeiten der Krankheit ist diese segnende Kraft da. Sie weist über mein Leben hinaus und öffnet mir Fenster zur Ewigkeit. Mein Atem lässt meine segnende Lebensaufgabe nicht nur in meinen Stärken und meiner Begeisterung erkennen, sondern auch in meiner Verletzlichkeit und meinem Ringen nach Sinn. Im Entfalten meiner Talente und im Annehmen meiner Bedürftigkeit bin ich ein Segen für andere. Auch als kranker Mensch kann ich segnend sein. Im Atem verdichtet sich dieses Umdenken zu einem erfüllten Leben voll Schönheit und Zerbrechlichkeit. So reifen meine Achtsamkeit und mein Mitgefühl, die meine Selbstannahme, meine Liebe zu Mitmenschen, zu Tieren, Pflanzen, zur Schöpfung und zum Kosmos stärken und in alledem den göttlichen Lebensatem erahnen. So sehe ich mein Leben in einem größeren Zusammenhang, der hinzielt ins Hier und Jetzt, sodass die Kraft der Ewigkeit mich zu einer engagierten Gelassenheit bewegt.

Atempausen für die Seele erinnern mich jeden Moment des Lebens an den Ursegen, der uns persönlich meint und global geschwisterlich sein lässt.

Heilsamer Augen-Blick

Heute
bewusst in den Spiegel schauen
mich wohlwollend annehmen
mit meinen hellen und dunklen Seiten

Heute
mich berühren lassen
von meiner zerbrechlichen Seite
mitfühlend mit aller leidenden Kreatur

Heute
mir tief in die Augen schauen
mich so ansehen
wie Du mich von Anfang an gemeint hast

Heute
im Augen-Blick erkennen
wie wir als liebende Menschen
Dich von Angesicht zu Angesicht sehen werden

Inspiriert von:
»Jetzt aber schauen wir in einen Spiegel
und sehen nur rätselhafte Umrisse,
dann aber schauen wir von Angesicht zu Angesicht«
(1 Korinther 13,12).

Die Kunst, sich selbst zu lieben (1)

Herbert Grönemeyer fragt auf seiner CD »Mensch« in einem wunderschönen Lied »Zum Meer«: Wer hilft dir, dass du dich nicht von dir entfernst?

Dies ist für mich eine urreligiöse Frage, obwohl in christlichen Artikeln oder Predigten immer noch zu lesen ist, dass wir Menschen nicht auf der Welt seien, um uns selbst zu verwirklichen, sondern um Gottes Willen zu erfüllen. Dieser scheinbare Gegensatz, diese Konkurrenz existiert für mich nicht mehr. Der frühchristliche Theologe Irenäus von Lyon bringt es auf den Punkt: »Gottes Ehre ist der lebendige Mensch.«

Dies lässt sich schon in der Lebensschule Jesu entdecken. Da wird ein Gott erfahrbar, der uns zur Selbstannahme und Selbstwerdung ruft. Gottes Wille geschieht in der Menschwerdung von uns allen. Die vielen Heilungsbegegnungen Jesu bestätigen dies. Er geht auf Menschen mit mangelnden Selbstvertrauen zu. Er richtet sie auf, bestärkt sie zum Aufstehen, zum Zu-sich-selber-Stehen. Er mutet ihnen sogar zu, sich in den Mittelpunkt zu stellen: *»Stell dich in die Mitte«* (Markus 3,3). Er befreit sie aus einer lähmenden Opferrolle, zum Aufbruch aus Fremdbestimmung und ungesunden Abhängigkeiten.

Dieser Weg zur Selbstliebe ist nicht Selbstzweck, sondern ein lebenslanger Auftrag, meine Fähigkeiten und auch meine Grenzen zum Wohl der Gemeinschaft zu entfalten. So wie ich ohne die anderen nie ich selbst werden kann, so bleibt es ein Leben lang wichtig, auch Verantwortung für mich selbst zu tragen. Dies wird deutlich in den Worten Jesu: *»Dein Glaube hat dir geholfen«* (Markus 3,34). Er weckt in uns die heilenden Kräfte, die zu innerer Freiheit führen. So suche ich Anerkennung nicht nur außerhalb, sondern bin achtsam, gut mit mir selbst zu sein, besonders in schwierigen Tagen, wo ich meine Verletzlichkeit und Widersprüchlichkeit spüre.

Die Kunst, sich selbst zu lieben (2)

Die mystischen Traditionen in allen Religionen bestärken die Menschen zu einem authentischen Weg, zu einer inneren Reise. So wissen auch christliche Mystikerinnen und Mystiker, dass dies kein Sonntagsspaziergang ist. Der Friedensnobelpreisträger und UNO-Generalsekretär Dag Hammarskjöld (1905–1961) sagte: »*Die längste Reise ist die Reise nach innen.*« Diese anspruchsvoll-befreiende Botschaft wird in der Mystik in vielfältigen Melodien entfaltet. Teresa von Avila sagt, dass es keine »*Gotteserkenntnis ohne Selbsterkenntnis*« gibt. Meister Eckhart ermutigt zur Selbstannahme und paradoxerweise auch zur Selbstlosigkeit: »*Richte dein Augenmerk auf dich selbst, und wo du dich findest, da lasse dich, das ist das Allerbeste.*« Hier begegne ich der wahren Kunst der Selbstliebe: mich mit allen Gefühlen und Gedanken annehmen und sie wieder lassen, Gott überlassen. Darum sagt Edith Stein: »*Es besteht die Möglichkeit, mehr oder weniger zu sich selbst zu kommen. Es besteht auch die Gefahr, sich selbst zu verlieren. Wer nicht zu sich selbst gelangt, der findet auch Gott nicht. Oder richtiger noch gesagt: Wer Gott nicht findet, der gelangt auch nicht zu sich selbst.*« Die Gottesliebe ereignet sich in einem dialogischen Prozess der Selbst- und Nächstenliebe, als ein tägliches Geschehen. In unserer individualisierten Welt mit all den Wahlmöglichkeiten braucht es Menschen, die sich nicht leben lassen, sondern Tag für Tag aus ihrer inneren göttlichen Quelle schöpfen.

In einer der (jüdisch) chassidischen Geschichten findet dies kraftvolle Worte. Rabbi Sussja pflegte auf seinen Wanderungen von Dorf zu Dorf den Menschen zu sagen: »*Ich fürchte mich nicht, wenn ich im Tod von Gott gefragt werde: ›Sussja, warum bist du den Menschen nicht wie Mose ein großer Führer geworden oder wie Elija ein feuriger Prophet?‹ Meine Worte werden allerdings verstummen, wenn ich gefragt werde: ›Sussja, warum bist du nicht Sussja geworden?‹* Darum ist es unsere religiöse Pflicht, ein Leben lang ein Original zu werden und zu bleiben. Denn Gott will keine Kopien, sondern einmalige, einzigartige Menschen!

Gemeinsame Vertrauensschritte

Friedenstauben
wünsche ich dir
die dich erinnern an die solidarische Kraft
die Jung und Alt zusammenführt

Hoffnungskreise
eröffnen sich dir
die dich aufbrechen lassen
einer zärtlich-gerechten Welt entgegen

Vertrauensschritte
gestalten unser Zusammensein neu
lassen sinnvolles Leben erfahren
im Begleiten von Menschen in Not

Inspiriert von:

»Das Reich Gottes kommt nicht so, dass man es an äußeren Zeichen erkennen könnte. Man kann auch nicht sagen: Seht, hier ist es!, oder: Dort ist es! Denn das Reich Gottes ist schon mitten unter euch« (Lukas 17,20f).

Kreative Freizeit

Noch nie gab es so viele Informationen und Bilder, die uns begegnen. Sie erschweren es, auf unsere inneren Bilder zu schauen, auf das unerschöpfliche Wachstumspotential, das jede und jeden zu einer lebenslangen Kreativität befähigt. Im Schaffen von Leerräumen und -zeiten in unserem Leben setzen wir bewusst einen Gegen-Punkt zu einer übervollen Weltsicht, die immer sinnloser erscheinen mag. Wer all die aufgenommenen Bilder nochmals anschaut, kann sie loslassen. In Leerräumen, in der Entschleunigung entsteht ein Weg der Langsamkeit, ein neuer Freiraum für Intuition, für Lebensweisheit und dafür, dass weniger wirklich mehr ist. So wird Freizeit zur Zeit, wo ich zunächst einfach sein darf, sodass dadurch ein Ausgleich entsteht zu meinem äußerlich dichten Lebensprogramm.

In diesem Nichtstun, in dem wir nicht konsumieren, sondern immer ruhiger werden, keimt eine innere schöpferische Kraft, eine nährende Kreativität, die nicht außerhalb und bei anderen sucht, was längst schon in mir selber angelegt ist. Dann brauche ich nicht immer Neues von außen, sondern werde kreativ in der Wieder-holung dessen, was mich innerlich wirklich nährt. So unterstütze ich in unserer hochsüchtigen Gesellschaft eine Tiefenschärfe, die nicht immer mehr *haben* muss, sondern genießen und auskosten kann, was schon ist.

II, 76

Ausschau halten

Menschen
halten Ausschau
nach zärtlicher Zuwendung

Menschen
richten sich aus
nach aufrichtenden Lebensworten

Menschen
sind gezeichnet
von Ungerechtigkeit und Willkür

Menschen
lassen sich nicht beirren
von Unheilspropheten

Menschen
durchbrechen ihre Isolation
stiften geschwisterliche Gemeinschaft

Menschen
warten auf mich
auf Dich, auf uns

Inspiriert von:

»Als die Sonne unterging, brachten die Leute ihre Kranken, die alle möglichen Leiden hatten, zu Jesus. Er legte jedem Kranken die Hände auf und heilte alle« (Lukas 4,40).

Freundschaft vertiefen

Frühlingszeit ist die Zeit der Verliebten, Zeit, Freundschaft, Partnerschaft oder Ehe zu erneuern, zu vertiefen. Gemeinsame Spaziergänge durch Wälder, über Wiesen und Felder mit blühenden Bäumen laden zu einer Standortbestimmung ein:

Was hat sich in unserer Beziehung seit einem Jahr verwandelt? Was blieb noch erstarrt, tabu?

Was möchten wir neu beleben oder mehr pflegen in unserem Zusammensein?

Wie möchten wir Erotik, Zärtlichkeit, die Leidenschaft unsere Liebe vertiefen?

Welche schwierigen Durchgänge, Durststrecken und Verunsicherungen erleben wir im Moment? Du und ich?

Welche gemeinsamen Perspektiven sind durchkreuzt worden? Wie können wir daran wachsen und reifen und eine neue Lebensqualität entfalten?

Welche Sehnsucht nach Anerkennung, Beheimatung und Verwandlung bricht neu auf in mir? Wo können wir sie miteinander umsetzen, und wo ist es wichtig, Verschiedenheit zu respektieren, um eigenes und gemeinsames Wachstum miteinander zu ergänzen?

XVI, 41

Zur Zärtlichkeit bewegt

Du
bewegst uns Menschen
zum Tanz des Lebens
zu einer Kultur der Zärtlichkeit

Du
verwandelst unsere Verkrampfungen
erinnerst uns
an die Leichtigkeit des Seins

Du
führst Liebende zusammen
öffnest ihre Arme
zum tanzenden Gebet

Inspiriert von:
»Schön bist du, meine Freundin,
ja, du bist schön.
Zwei Tauben sind deine Augen.
Schön, bist du, mein Geliebter, verlockend.
Frisches Grün ist unser Lager« (Hohelied 1,15f).

JUNI

Bewegung

Einander segnen

Wir alle und Kinder besonders brauchen Vertrauens- und Hoffnungszeichen auf dem Weg. Einander segnen heißt, das erste JA in unserem Leben, Gottes JA zu uns zu erneuern, indem wir einander Gutes zusprechen.

Wasser ist Ausdruck der göttlichen Quelle in uns. Beim Abschied zeichnen wir einander mit Wasser das Kreuzzeichen in die Hände, auf die Stirn und auf die Brust. In vielen katholischen Kirchen gibt es gesegnetes Weihwasser, das mit nach Hause genommen werden kann. Es will an die Taufe erinnern: angenommen und gesegnet zu sein, vor aller Leistung.

Auch anderen Gesten können wir diese segnende Bedeutung verleihen: wenn wir unser Kind beim Abschied über das Haar streichen, wenn wir ihm Worte sagen, die uns miteinander verbinden, wenn wir durch unsere Hand auf seiner Schulter zum Ausdruck bringen, dass wir Zutrauen haben zu ihm und dem Weg, den es geht.

I, 63f

Lebenssäfte

Lebenssäfte sammeln
Sorge tragen
sich schützen
um innerlich transparent zu bleiben
durchlässig für die göttliche Kraft
die mich belebt und erneuert

Kreise ziehen
das Rad als Symbol der Mitte
das all die Speichen zusammenhält
ohne ihre Verschiedenheit aufzuheben

Begegnung braucht es
um Identität zu fördern
nicht Ausgrenzung

Identität wächst in Beziehung

Wach auf, meine Kehle …

… heißt es im zweiten Vers des Psalms 108. Allerdings finden wir in den meisten Bibelübersetzungen: »Wach auf, meine Seele!« Das hebräische »näfäsch« wird meist mit »Seele« übersetzt, obwohl es eigentlich auch das sichtbare Organ »Kehle« bedeuten kann oder, wie Silvia Schroer und Thomas Staubli in ihrem spannenden Buch »Die Körpersymbolik der Bibel« betonen, »die hörbare, rufende, krächzende oder jodelnde Kehle und die begierige, nimmersatte, hungrige und durstige, verschlingende oder nach Luft schnappende Kehle. Kurz: Was in den Menschen hineingeht und was aus ihm herauskommt – Luft, Wasser, Nahrung, Töne, Sprache –, konzentriert sich im Engpass der Gurgel. Die ›näfäsch‹ wird zum Symbol des bedürftigen, begehrenden Menschen.«

Nach dieser biblischen Sicht des Menschen, die zwischen »Seele« und dem Körperorgan »Kehle« eine enge Verbindung sieht, wird deutlich, dass auch das Singen eine zutiefst spirituelle Ausdrucksform des Menschen ist. Im Singen drückt sich seine schöpferische Lebenskraft aus, andererseits zeigt sich darin seine körperliche und seelische Zerbrechlichkeit, die über die menschliche Existenz hinausweist und den Menschen mit dem ganzen Kosmos verbindet.

Das Singen kann dazu beitragen, die Spaltung von Leib und Seele zu überwinden, indem wir auf unsere Kehle, unsere Stimme und auf unseren Atem achten und darin die Rückverbindung zu Gott entdecken, der uns zur Lebendigkeit ruft. Singen kann nur, wer tief ein- und ausatmet und so die Klarheit seiner Stimme fördert. Als Kind habe ich im Religionsunterricht das Gebet des heiligen Augustinus gelernt: »Atme in mir, Heiliger Geist.« Doch ich musste fast 40 Jahre alt werden, bis mir wirklich bewusst wurde, dass dieses Gebet mit *meinem* Atem zu tun hat.

Unsere Seele braucht Entfaltungsräume, die sich uns im Atmen eröffnen, damit wir auch singend diesen Sommer erleben.

Der Kleine ist König

Der Einfachheit des Lebens
Ehre erweisen
dem Kleinen
Unscheinbaren
Alltäglichen
Aufmerksamkeit schenken

In Beziehung treten mit dem Leben
Berührungsängste überwinden
auf den Zwischenraum achten
damit echte Begegnung möglich ist

In sich selber
das Kleine in die Mitte stellen
es kraftvoll in den Armen hochhalten
das Spielerische im Leben neu entdecken
in die Schwingung des Lebens mich einlassen
im Dasein
im Zuhören
im Mitsein

Das Königskind in jedem Menschen entdecken
einmalig
geheimnisvoll
verletzlich
verwandlungsfähig

Ein Leben lang
einfach spielerisch bleiben

Meine Stimme finden

»Du bist völlig unmusikalisch«, sagte mir mein Musiklehrer. Seine Aussage hatte eine vernichtende Wirkung auf mein Singen. Bis vor wenigen Jahren konnte ich kein Lied anstimmen, hatte Panik, wenn ich es tun sollte, und beim Mitsingen blieb meine Stimme leise. Im Begleiten von Menschen habe dann entdeckt, dass in ganz verschiedenen Lebensbereichen viele Menschen solche lebensbehindernden Sätze in ihrem Kopf mit sich herumtragen, die die schöpferischen Kräfte in uns blockieren.

Sich dessen bewusst zu werden ist manchmal gar nicht so einfach. Darin liegt der Sinn eines spirituellen Weges, wie ihn Jesus von Nazareth im heilenden Mitsein aufgezeigt hat. Wenn er Menschen bestärkt, ihre eigene Stimme wiederzufinden, wenn er ihnen Mut macht, mehr auf die göttliche Herzensstimme zu hören, um mit klarer Stimme mitten im Leben zu stehen, dann zeigt er dadurch ganz konkret, wie wir uns von eingespielten Mustern und Mechanismen befreien können. Wir dürfen auch heute darauf vertrauen, dass uns Menschen begegnen, die die blockierenden Sätze unseres Lebens verwandeln und uns bestärken, im konsequent geduldigen Üben brachliegende Fähigkeiten zu entfalten.

Als wir uns am Anfang unseres offenen Klosterprojektes manchmal nur zu dritt oder zu viert in unserer Kapelle versammelten, in unseren Gottesdienst viel sangen und es auf jede Stimme ankam, meinte Stefan, dem meine stimmliche Zurückhaltung auffiel, zu mir: »Sing doch auch mit, du kannst ja nur falsch singen!«

Dieser befreiende Satz hat mich so berührt und unerwartet tief getroffen, dass ich mich mit einem Mal nicht mehr unmusikalisch fühlte. Der Bann war gebrochen, und ich übte jeden Tag, meine Stimme zu finden, sie auszudrücken. So gelingt es mir nun auch, ein Lied anzustimmen, obwohl ich bei mehrstimmigen Gesängen hin und wieder die Sicherheit verliere und verstumme. Trotzdem, Wandel ist möglich, ich singe mehr denn je und habe großen Spaß daran!

Staunen können

Staunen können
berührt und bewegt werden
tief in der Seele
spüren wie einmalig
das Geschenk des Lebens ist

Staunen können
mit offenen Augen und Händen
mit offenem Mund und Herzen
wortlos
kommunizieren

Ganzheitlich
mit Leib und Seele
Kommunion feiern
mit allen Sinnen
das Verbindende ausdrücken

Dir Lebensatem
begegnen in allem

Bewegung und Gebärden

Mich dehnen, strecken, gerade dasitzen, meinen Rücken sich entspannen lassen, die Schultern lockern – das sind für mich nicht nur wichtige Körperübungen, die ich mindestens einmal pro Stunde mache, sondern Ausdruck eines ganzheitlichen Betens. Beten heißt für mich nicht, Gott zu erreichen, sondern aufzuatmen, dass ich schon in ihm bin, er neben, unter, über, in mir ist, mich ganz umgibt.

Dieses Bewusstsein hat mich dazu geführt, in meinem Buch »Heilende Momente« Gebärden zur Musik zu entfalten, die ich allein oder beim Gottesdienstfeiern mit andern gestalten kann. Dabei werde ich trans-parenter, durch-sichtiger für das Göttliche. Ich führe dieses befreiende Aufatmen weiter beim Spazierengehen, indem ich die Arme himmelwärts ausstrecke, mit ihnen kreise, eine Schöpfbewegung ausführe. Die Kraftquellen sind da, es liegt an uns, sie mehr zu nutzen. Auch darin entfaltet sich innere Freiheit: nicht immer nur im Außen, bei anderen zu sein, sondern das zu tun, was mir gut tut!

Ich sehe diese persönlichen Bewegungen in einem größeren Zusammenhang, im Mitgestalten einer Kultur der Bewegung, der Spontaneität. Beim Fußballspielen ist es erlaubt, aufzuspringen, zu jubeln, zu klatschen, zu schreien – im Stadion umarmen sich sogar Männer. Warum diese Grundbedürfnisse, die wir bei jedem Kind sehen, auf die Nische des Fußballfeldes reduzieren?

Auch in Gottesdienstfeiern sollte der Wunsch nach Gottes- und Menschenliebe erlebbar sein. Das ist nichts Neues, sondern das Ernstnehmen des zentralen Gebets aus jüdischer Tradition: des »Höre Israel«: Jeder Mensch ist gerufen, Gott von ganzem Herzen, mit ganzer Seele und aller Kraft zu lieben. Wenn ich deshalb sage, dass Gott in der Disco hautnah anzutreffen ist, löse ich oft Erstaunen aus. Dabei ist die Körpersprache natürlicher Ausdruck unseres Inneren.

XI, 129f

Sehen

Hildegard von Bingen, die große Mystikerin des 12. Jahrhunderts, hat mein Sehen wesentlich bereichert. Ihre Worte »Gott atmet in allem, was lebt« haben meine Augen geöffnet für die täglichen Wunder, die sich vor allem in der Schöpfung zeigen. Ich nehme Zusammenhänge wahr, die ich früher übersehen habe. Als religiöser Mensch suche ich die Rückverbindung zu meinem Sein und Tun. Der lateinische Ursprung des Wortes religiös bringt dies zum Ausdruck: *re-ligere* bedeutet »Rückverbindung suchen«. Um diese Verbindung zu erkennen, brauche ich wache Augen.

In unserer komplexen äußeren Welt kommt oft das Urmenschlichste abhanden. Da ist es das Chaotische, das Zerrissene (Dia-bolische), das unser Lebensgefühl der Sinnleere und Heimatlosigkeit bewirkt. Obwohl es noch nie so viele Kommunikationsmöglichkeiten gab (oder gerade deswegen?), sind viele blind geworden für die einfachsten Lebenszusammenhänge. – Mein Sehen wird zum dankbaren Staunen, wenn ich mir bewusst werde, wie der göttliche Lebensatem mich mit allem verbindet. Die Bilder der Natur werden mir zum Symbol (*sym-ballein* = zusammentreffen / bewegen, was entfernt war). Zum Beispiel lassen sich in ihr viele Kreisbilder, Mandalas entdecken – nicht nur in den Blüten von Blumen. Der Autor Bruno Dörig beschreibt in diesem Zusammenhang seine Haushaltsarbeit: »Ich halte einen frischen, kräftigen Kopfsalat in meinen Händen und beginne, ihn fürs Mittagessen zu rüsten. Ich wasche ihn, nehme die Blätter sorgfältig auseinander und freue mich wieder einmal an der schönen Form, die ein Kopfsalat bildet. Die grünen Blätter werden nach innen immer heller – bis hin zu einem zarten Gelbgrün – und kleiner, sie kringeln sich ineinander und bilden in der Mitte das Salatherz.« XIII, 25f

Stehen

Jeden Morgen stelle ich mich zuerst in die Mitte des Zimmers. Mein Dastehen ist heute wieder gefragt; doch ich darf mich erinnern, dass Gott vor all meinem Tun zu mir steht: Mein Wert entspringt aus meinem Dasein. Diesen Auferstehungsweg kann ich den Tag hindurch vergegenwärtigen, wenn ich stehen muss. Wenn meine Tagesplanung durchkreuzt wird und nicht alles so läuft, wie ich es mir vorgestellt habe, und ich versuche, daraus das Beste zu machen, erneuert sich ganz konkret der Kreuz- und Auferstehungsweg in mir. Ich sehe darin auch einen politischen Aspekt: Ich verbinde mich so mit allen unterdrückten, gekrümmten Menschen, deren Rechte missachtet und zerstört werden.

Beim Warten auf den Bus, in der Einkaufsschlange, im Innehalten beim Spaziergang werde ich hineingeholt ins Staunen: Im Stehen erfahre ich, dass mich der Grund unter mir trägt, d. h. ich muss nicht alles in meinem Kopf und auf meinen Schultern allein tragen, sondern kann abgeben und staunen, wie meine Alltagslast kleiner wird, wenn ich den Boden unter meinen Füßen wahrnehme als tragenden Grund.

Auftreten vor anderen Menschen, meine Meinung einbringen, meine Lebensaufgaben entdecken – das fängt für mich beim Stehen an. Dabei darf ich vertrauen, dass mir die richtigen Worte ein-fallen, wenn ich meiner Intuition traue und mich zentriere auf das Wesentliche: Es ist Christus in mir, der mich aufrichtet und heilend in mir wirkt.

Spiritualität im Alltag beginnt mit meinem Fußweg. Ich stehe, finde meinen Standpunkt und mache mich auf den Weg – im Vertrauen darauf, dass meine Schritte auf den Weg des Friedens gelenkt werden.

XIII, 31f

Gehen

Vielleicht wird eine Himmelsleiter in den Alltag zum inneren Bild – von Jakob wird im ersten Buch der Bibel erzählt, dass er einen Traum hatte: »Siehe, eine Leiter war auf die Erde gestellt, deren Spitze den Himmel berührte. Und siehe, Engel Gottes stiegen daran auf und nieder« (Genesis 28,12). Viele Mystiker und Mystikerinnen haben sich auf dieses Bild berufen, um dem Leben Tiefgang zu ermöglichen. Ich kann täglich das Staunen üben, wenn ich mir beim Gehen vorstelle, dass ich durch meine Arbeit die Spitze des Himmels berühre. Aus diesem Vertrauen möge dann auch der Einsatz wachsen für menschenwürdigere Arbeitsplätze und für das Recht auf Arbeit für alle.

Nicht gedankenlos oder gedankenversunken, sondern bewusst von einem Raum zum anderen zu gehen, vor dem Öffnen der Tür einen Moment innezuhalten und die Türklinke als Einladung zu sehen, mich auf das Wesentliche zu konzentrieren: Das schafft eine Verbindung zum Himmel. Die Füße am Boden spüren, tief ein- und ausatmen und mir vergegenwärtigen, dass mein Atem mich begleitet vom Anfang bis zum Ende meines Lebens und meine Füße mich tragen: So bin ich beim Gehen ganz bei mir, so wird mein Gehen zum staunenden Tun der Menschwerdung.

Nicht hastig gehen und dabei stolpern, sondern Schritt für Schritt tun, um mir und jedem Menschen mit viel Wohlwollen und Geduld zu begegnen – das fördert in mir die Einsicht, dass sich niemand von einem Tag zum anderen ändern kann. Wir brauchen die Perspektive, dass der Weg das Ziel ist, ohne dabei unsere Ideale zu verleugnen, im Gegenteil: So wächst eine geerdete Spiritualität, die den kleinen Schritten traut, weil in ihnen das Staunen über die großen Friedenswege steckt, die sich allen sinnlosen Kriegen zum Trotz auftun, wenn Menschen ihren Glauben mit Hand, Fuß und Herz konkretisieren.

XIII, 35

Sitzen

Meine Seele braucht Entfaltungsräume, in denen ich all die vielen Erlebnisse, die mich beleben oder behindern, wahrnehmen und vertiefen kann. Da hilft es, aufrecht dazusitzen, um alles sich setzen zu lassen. Dasitzen, beide Füße auf den Boden stellen und dabei staunend darauf vertrauen, dass das Wesentliche schon da ist. Niemand braucht es mir beizubringen. Doch es liegt an mir, es freizulegen, die göttliche Quelle fließen zu lassen.

Wenn ich besonders gefordert bin, wenn ich schon frühmorgens das Gefühl habe, all die vielen Erwartungen dieses Tages nicht erfüllen zu können, dann erinnere ich mich beim Sitzen in der Meditation an ein kraftvolles Bild aus der Bibel: Im 6. Kapitel des Buchs der Richter wird erzählt, wie das Volk Israel bedroht ist von seinem Feind Midian. Es geht ums Überleben – und deshalb drischt Gideon in der Kelter Weizen, um ihn vor Midian in Sicherheit zu bringen. Ich sehe in Gideon die Seite in mir, die zupackt und Hand anlegt, wenn Not da ist. Diese Seite gehört zu meinem Leben und will immer wieder zum Zuge kommen. Beeindruckend und ergänzend ist für mich das Bild, von dem *vor* Gideons Aktivität die Rede ist: Da wird erzählt von einem Engel, der sich unter die Eiche bei Ofra setzt (Richter 6,11). In einer höchst bedrohlichen Situation erlaubt sich ein Engel, sich zu setzen. In der Panik und der Angst vor einem Angriff hat ein Engel die Gelassenheit, sich an eine Eiche zu lehnen. Wenn meine Haut dünn ist, wenn sich die Ereignisse überstürzen, wenn alles drunter und drüber geht, dann denke ich an diesen wunderbaren Engel. Er erinnert mich an den ruhenden Pol in mir. Wenn ich besonders gefordert bin, dann gilt es, mich erst einmal zu stärken.

Wo ist meine Eiche, mein Ort, meine Begleiterin, mein Begleiter, bei denen ich Kraft schöpfen kann, um mich dann einzubringen mit der Kraft, die aus meiner Mitte fließen möchte? XIII, 36f

Liegen

Die spirituelle Dimension der Muße zu entdecken führt zur Versöhnung zwischen Spiritualität und Sexualität. Die lustvolle Kraft, die in unserer Geschlechtlichkeit angelegt ist, kommt zur Entfaltung im erotischen Spiel der Liebenden. Erotik kann in allen Begegnungen sein. Leidenschaftlich ein Leben lang Gott in allem suchen ist ohne Erotik nicht möglich. Es überrascht darum nicht, dass mystische Menschen die Momente des Einsseins mit Gott mit erotischen Bildern umschreiben.

Im Liegen liegt eine heilende Dimension, die sehr not-wendig ist. Nicht nur Jesus hat heilende Begegnungen gewagt; er hat seine Jüngerinnen und Jünger ermächtigt, heilend unterwegs zu sein. Sich den Menschen zuwenden, die durch Krankheit bedingt liegen müssen, die vielleicht nie mehr aufstehen können, ist eine zentrale Aufgabe. Da, wo wir scheinbar nichts anderes tun können, als da zu sein, ereignet sich Gott, der sich vorgestellt hat als der »Ich-bin-der-ich-bin-da«. Als gesunder Mensch tut es gut, meine Beweglichkeit nicht für selbstverständlich zu halten, sondern darüber zu staunen. Als kranker Mensch, der viele Bewegungen sehr langsam tun muss, bin ich aufgerufen, zweifelnd und hoffend zu verinnerlichen, dass mein Leben auch ohne Leistung bis zur letzten Sekunde und über den Tod hinaus einzigartig und kostbar bleibt.

Gerade in meiner Zerbrechlichkeit kann mein Leben zum Zeichen des Staunens werden: weil vieles, was selbstverständlich scheint, gerade nicht oder nicht mehr möglich ist und ich trotzdem staunen kann über den Lebensatem, der mir täglich neu geschenkt ist.

XIII, 41f

Ich lasse mich finden

Schön bist du meine Freundin
deine Bewegungen holen mich hinein
in den großen Lebensfluss

In unseren Begegnungen fließt
die erotische Kraft der Liebenden
deren spirituelle Wurzeln
du so kraftvoll besingen kannst

Du suchst mich
und ich lasse mich finden von dir
weil weder du noch ich
zu haben sind

Wir suchen einander
und in der Kraft dieser Sehnsucht
lernen wir einander in Verschiedenheit anzunehmen
um einander weiten Raum zur Entfaltung zu eröffnen

Schön bist du meine Freundin
durch dich wage ich zu sagen:
Gott ereignet sich in Zärtlichkeit
jeden Tag neu

Inspiriert von Hohelied 1-4

Liebe Frau ohne Namen

Du stehst für viele biblische Frauen, die sich kraftvoll für das Leben ein- und ausgesetzt haben und ohne Namen geblieben sind. Du stehst. Ja, du stehst vor Jesus und salbst ihm das Haupt. So erzählt Matthäus von dir (26,6–13) und lässt dadurch alle verwundert stehen, die Frauen nur im Hintergrund haben wollen. Du stehst zu deiner Begabung, zu deiner Intuition und wagst.

Dir, namenlose Frau, danke ich für das Licht der Liebe, das du aufscheinen ließt, indem du Jesus salbtest. Dein Handeln hat Ärger hervorgerufen, und bis heute wird dieser Evangelienabschnitt kaum in den Kirchen vorgelesen: ein Verrat an der Intention Jesu, dir Anerkennung zu schenken. Er hat dich ermächtigt, dein Charisma zu leben. Du stehst für all jene, denen es schwer fällt, sich mit Rückgrat einzubringen. Jesus aber mutet jedem zu, sich in die Mitte zu stellen und Ansehen zu erhalten. An dein bewegendes Zeugnis des Mitgefühls soll immer wieder erinnert werden. Besonders dann, wenn Frauen ausgegrenzt werden. Du verbindest Erde und Himmel, deine Salbung ist priesterliches Tun, wie es im ersten Petrusbrief allen zugesprochen wird: »Ihr aber seid ein auserwähltes Geschlecht, eine königliche Priesterschaft, ein heiliger Stamm, ein Volk, das sein besonderes Eigentum wurde, damit ihr die großen Taten dessen verkündet, der euch aus der Finsternis in sein wunderbares Licht gerufen hat« (2,9).

Glaubende Menschen bilden eine Erzählgemeinschaft. Sie halten nicht an, gute Nachrichten zu verbreiten. Weil auch durch dich sichtbar geworden ist, dass Gott sich ereignet in der Erinnerung an hoffnungsvolle Aufbrüche.

Danke für dein mutiges Mitsein.

Den spirituellen Weg wagen

»Heilig werden heißt, ich selber werden«, schreibt der Dichter und Mönch Thomas Merton. Wenn ich andere Menschen ermutige, sich bewusst für einen spirituellen Weg zu entscheiden, dann tue ich es in dieser Grundhaltung. Denn Spiritualität spielt sich für mich nicht nur im Geist, im Kopf ab, sondern betrifft den ganzen Menschen, der Leib-Seele-Geist ist.

Ein spiritueller Mensch ist für mich jemand, der täglich übt wahrzunehmen, was ist. Wahrzunehmen, was mich bewegt, was mich ärgert, was mir zutiefst gut tut, was mich behindert, was mich beflügelt, was mich blockiert. Diese Wahrnehmung ist eine Grundhaltung, die mich auf die göttliche Spur in meinem Leben führt. – In diesem Mensch- und Selbstwerdungsprozess übe ich, mich anzunehmen mit meinen vielfältigen Gaben wie mit meinen Grenzen. Meine Aufmerksamkeit gilt also nicht der Frage, wie ich sein sollte, was ich alles noch tun müsste, sondern der Achtsamkeit, das anzunehmen, was ist. Was geschehen ist, kann ich nicht mehr ändern, und was sein wird, liegt nicht in meiner Hand. Ich lasse los, was ich nicht festhalten kann, und erlebe, dass ich gehalten bin. Die Gegenwart ist der Ort, der Augenblick, in dem ich den tragenden Grund meines Lebens erfahren kann – Gott. Dies hat für mich viel mit Staunen zu tun. Ein spiritueller Mensch, ein Mensch, der aufmerksam wahrnimmt, was in ihm und um ihn herum ist, staunt jeden Tag über das, was ihm geschenkt ist, und freut sich daran. Doch nicht immer steht Dankbarkeit an erster Stelle: Staunen ist nicht naiv, sondern eine bewusste Haltung. Im Staunen kann auch das Entsetzen liegen über all das, was zerstört wird an Menschlichkeit, an Würde, an ökologischer Achtsamkeit. Spiritualität entfernt mich nicht von der Realität, sondern ermöglicht mir, sie im Bewusstsein größerer Zusammenhänge wahrzunehmen und verwandeln zu lassen, indem ich mein ganz persönliches Leben in einem größeren Ganzen eingebettet weiß.

XIII, 17f

Com-passion: mitfühlend sein

»Einen Menschen retten heißt: die ganze Welt retten«, lese ich am Ende des Filmes »Schindlers Liste« von Steven Spielberg. Für mich ist das der »Gegensatz« zum erdrückenden Gedanken: »Was kann ich als Einzelner schon tun?«

Wenn ich mich als Teil des Ganzen fühle, kann ich sehr viel tun. Angefangen beim Beten und Meditieren. Wenn ich in Einklang mit mir selbst bin, gestalte ich aktiv mit am Versöhnungsprozess auf der Welt. Mein Dasein ist immer Mitsein und hat eine globale Wirkung. Diese Grundhaltung verpflichtet zum Engagement. Wie anders, gerechter, zärtlicher wäre unsere Welt, wenn jede und jeder einen Menschen »retten« würde. Wieviel Lebenskraft könnte da hin- und herfließen, wieviel Sinnlosigkeit und Langeweile überwunden werden, wenn jede und jeder ihre, seine Lebendigkeit auch im Mitfühlen und Teilen erfahren würde? Wir müssen nicht weit weg suchen: Im Hier und Jetzt begegnet mir mein Auftrag – vielleicht im Besuchen eines Kranken, im Spazieren mit einer Behinderten, im Sprachunterricht mit einem Asylbewerber, im Schreiben von Protestbriefen an Regierungen (dank Amnesty International), im Anlegen meines Geldes auf alternativen Banken, in der Unterstützung von Erwerbslosenprojekten usw.

V, 143

Segnende Kraft

Du
wende Dich uns zu
sprich uns das Gute zu
lass Deine segnende Kraft spürbar sein
wenn wir uns Segenszeichen weiterschenken
einander erzählen
wie gut Du es mit uns meinst

Du bist die segnende Kraft in allen Menschen
verbindest Kulturen und Völker untereinander
im Tanz des Lebens ohne Ende

Schwester Geist
bewege und segne uns
Nach Psalm 67,8

IV, 75

Führe uns in der Versuchung

Unser Menschsein ist von Anfang an von Versuchungen geprägt. Kein Kind wird in eine heile Welt geboren. Von Anfang an ist es mit den Konsequenzen der Versuchungen konfrontiert. Es wird in eine Welt geboren, in der Seen verseucht sind und Luft verschmutzt wird, in der viele Beziehungen auseinanderbrechen, der Konsum das Leben bestimmt. In einer Geburtsanzeige lese ich: »Gott zeigt uns mit jedem Kind, dass er noch nicht an uns Menschen verzweifelt ist.« Ja, warum schafft Gott dann das Böse nicht aus der Welt? So viel Leid und Ungerechtigkeit lassen viele Menschen an der guten Absicht Gottes zweifeln. Wir werden keine endgültige Antwort finden. Wir können uns aber bewegen und begeistern lassen von einem Gott, der uns zutraut, mit unserer Freiheit umzugehen. Gott erschuf die Menschen nicht als Roboter, die auf »gut« programmiert sind, sondern als liebesfähige Wesen, die sich zwischen Gut und Böse, Krieg und Frieden entscheiden können. Liebe bedingt Freiheit. Niemand – nicht einmal Gott – kann zur Liebe zwingen. Darum geht er mit uns das Wagnis ein, ihn als schöpferischen Gott zu erfahren, der nicht Angst machen will, sondern zur mit-schöpferischen Mitverantwortung ruft. Es gibt viele, die meinen, wir Menschen seien mit der Freiheit überfordert. Sie fordern eine starke Hand, einen allmächtigen Gott, der endlich eingreift und das Böse vernichtet. Dabei denken sie zuallererst an die »richtigen Bösen« und vergessen, dass auch in ihnen selbst das Böse angelegt ist. – Auf die Frage des Nichteingreifens Gottes stelle ich immer die Gegenfrage: »Meinst du, warum *wir* nicht eingreifen und uns wehren, wenn Menschen ausgelacht oder ausgegrenzt werden?«

Gott greift dauernd in unser Leben ein, indem er uns zum Guten bewegt. Wenn *dieses* Urvertrauen in uns wächst, sind wir den Versuchungen nicht ausgeliefert. Dann erfahren wir, dass Christus in uns lebt und uns im Ringen für eine solidarische Welt begleitet. Darum bete ich gerne: »Und führe uns *in* der Versuchung.«

Gewaltfreies Engagement

Gewaltfreier Widerstand –
sich nicht aus Feigheit zurückziehen
nicht die Eskalation der Gewalt verstärken
sondern aus innerer Kraft heraus
Grenzen setzen

Gewaltfreie Konfliktlösung –
Distanz schaffen
engagierte Gelassenheit fördern
so die Spirale der Gewalt durchbrechen

Gewaltfreies Engagement –
mich nicht ducken
auch nicht zurückschlagen
sondern die göttliche Widerstandskraft spüren
so Frieden in Gerechtigkeit schaffen

Mitgefühl entfalten (1)

Sich bewegen lassen zum Mitgefühl ist ein zentrales Thema der biblischen Botschaft. Worte wie Mitgefühl, Erbarmen, Mitleid lassen sich alle vom hebräischen Wort »rächäm« ableiten, das Mutterschoß oder Gebärmutter heißt. Im Alten Testament wird nebst dem Herz der Mutterschoß am meisten als inneres Organ erwähnt. Ein spiritueller Weg hat mit dieser Tiefendimension des Lebens zu tun, die sich immer als Einheit von Leib-Geist-Seele versteht. Frauen und Männer werden zum Mitgefühl bewegt, wenn sie auf die Stimme ihres Herzens hören und auf ihre »Gebärmutter«, die auch Sitz heftiger Gefühlserregungen ist.

Die Gabe, sich einfühlen zu können, Empathie, wird in der Geschichte von zwei Prostituierten im biblischen 1. Buch der Könige erzählt, die beide zur selben Zeit ein Kind gebären. Im Schlaf erdrückt die eine ihr Kind, es stirbt. Voller Schrecken bemerkt sie dieses Unglück und vertauscht das tote mit dem lebenden Kind. Damit bringt sie dessen wirkliche Mutter in große Not, denn es gibt keine Zeugen. Sie wendet sich an den weisen König Salomon.

Dieser lässt ein Schwert holen: »Nun entschied er: Schneidet das lebende Kind entzwei, und gebt eine Hälfte der einen und eine Hälfte der anderen!« Da bat die Mutter des lebenden Kindes den König – es regte sich in ihr die mütterliche Liebe (hebr.: rachamim) zu ihrem Kind: Bitte, Herr, gebt ihr das lebende Kind, und tötet es nicht! Doch die andere rief: »Es soll weder mir noch dir gehören. Zerteilt es!« Da befahl der König: »Gebt jener das lebende Kind, und tötet es nicht; denn sie ist seine Mutter« (1 Könige 3,25–27).

Eine bewegende Erzählung, die zeigt, wie sehr ein innerer Herzensweg sich durch Frieden in Gerechtigkeit konkretisiert. Auf sein eigenes Herz hören heißt: den Herzschlag der ganzen Welt spüren.

Mitgefühl entfalten (2)

Die Gabe des Mitgefühls entfalten in der Bibel auch Männer. Denn sie ist kein Zeichen von Schwäche, sondern von Stärke. Im Buch Genesis, im ersten Buch der hebräischen Bibel, wird die Josefsgeschichte erzählt. Da begegnen wir den existenziellen Themen der Rivalität, der Eifersucht, des Machtmissbrauchs und zugleich der Kunst, sich zum Mitgefühl und zur Versöhnung bewegen zu lassen: Josef wird von seinen Brüdern verkauft. Sein Leben ist bedroht, und die Empörung sitzt tief. In Ägypten gelingt es ihm, sich aus seiner schwierigen Situation zu befreien, indem er auf seine Intuition, auf seine Gabe der Traumdeutung hört. Dann erhält er vom Pharao einen wichtigen Regierungsposten, der ihm viel Verantwortung und Macht verleiht.

Als seine Brüder durch eine Hungersnot gezwungen werden, nach Ägypten zu gehen, begegnen sie ihrem Bruder, den sie zunächst nicht erkennen. Eine gute Gelegenheit für Josef, seine Rache, seine Wut auszuleben? Gott sei Dank achtet er auf seine tiefen Gefühle, auf seine innere Stimme, auf sein Mitgefühl, seine »rachamim«, seine feinen, inneren Seiten, die ihn vor seinen Brüdern zu Tränen bewegen (Genesis 45,1–5). Seine berechtigte Verhärtung wird durch sie aufgeweicht, und er kann verzeihen. – Die Ungerechtigkeit, die ihm widerfahren ist, bleibt und darf nicht schöngeredet werden; doch wir dürfen vertrauen, dass die Kraft zur Versöhnung unserem Wesen näher ist.

Ich kann daran arbeiten, kann um Versöhnung bitten, da alles Wesentliche im Leben ein Geschenk ist, das wir nicht selber machen müssen. Uralte Versöhnungsgeschichten, die uns von Menschen wie du und ich erzählen, können ermutigen, diesen inneren Weg des Vertrauens zu gehen. Ein Weg, der durch Wut, Auflehnung, manchmal sogar Hass hindurchführt, um wirklich zu meinem tiefen, guten Kern zu gelangen.

Mit leeren Händen

Mit leeren Händen
voll im Leben stehen
offen für die Überraschungen
die auf uns warten

Mit leeren Händen
berührbar bleiben
für die unerwarteten
Zuwendungen Gottes im Alltag

Mit leeren Händen
zu den hellen und dunklen Seiten stehen
sie als inneres Bild sehen
um zu unserem Wesen zu finden

Mit leeren Händen
mein Leben sammeln
einfach da sein
mich erfüllen lassen von Dir

Inspiriert von:
»Ich habe dich eingezeichnet in meine Hände«
(Jesaja 49,16).

Auf dem Arbeitsweg

In vielen kleinen Gesten bringen wir zum Ausdruck, ob wir uns nur durch Leistung definieren oder darum wissen, dass uns eine einmalige Würde bewohnt. Kleine, unscheinbare Rituale haben Wirkung auf unsere Arbeitseinstellung.

Ein paar Beispiele: Wer mit dem Auto zur Arbeit fährt, kann die Geste des Anschnallens als Symbol verstehen. Völlig lächerlich?! Ein achtsames, langsames Anschnallen kann ein Ausdruck meines verantwortungsvollen Umgangs mit mir und anderen sein.

Wer mit der Straßen- oder S-Bahn zur Arbeit fährt, kann in einigen Momenten des bewussten, aufrechten Dasitzens dem Tag schon eine andere Bedeutung geben: die Perspektive des gleichmäßigen, gelassenen Durchatmens.

Wer zu Fuß geht oder per Fahrrad zur Arbeit fährt, dem kann ein Blick zum Himmel, ein Wahrnehmen der Vögel zur Meditation werden, zur Einsicht des Eingebundenseins in eine größere Wirklichkeit. II, 32

Beim Verlassen des Arbeitsplatzes

Beim Weggehen
einen Moment stehen bleiben
die Augen schließen
tief ein- und ausatmen

Beim Verlassen des Arbeitsplatzes
bewusst stehen bleiben
nochmals meinen heutigen
Standpunkt bewusst wahrnehmen

Beim Hinausgehen
zu mir stehen
zu meinen Fehlern und Stärken
um sie für heute loszulassen

II, 58

Sich zum Vertrauen bewegen lassen (1)

In der Vertrauensschule des Liebhabers des Lebens aus Nazareth kann ich üben, mein Leben in der Spannung von Vertrauen und Zweifeln, von Hoffnung und Angst, von Konfliktstress und Versöhnung zu gestalten. Auch wer sich auf den Urgrund allen Lebens einlässt, wird das Leben nicht komplett im Griff haben. Wer wie Jesus Gott in allem sucht und findet, erlebt den Glauben nicht als Lebensversicherung, die mich vor Widersprüchlichem verschont. Glaube wird vielmehr zu einer täglichen Bewegung, zu einem Suchen, Finden, Verlieren und Wieder-Suchen. In den ersten Versen des ältesten Evangeliums wird diese Wirklichkeit verdichtet in zwei Versen: *»Danach rief der Geist Jesus in die Wüste. Dort blieb Jesus vierzig Tage lang und wurde vom Satan in Versuchung geführt. Er lebte bei den wilden Tieren, und die Engel dienten ihm«* (Markus 1,12f).

Wer es wagt, bei sich selber Gast zu sein, wird auf sich selbst zurückgeworfen und damit auf all die großen Menschheitsfragen, die nie ein für alle Mal gelöst sein können. Jede und jeder ist aufgefordert, sich dem Fragwürdigen, dem Zerrissenen (griech.: dia-bolischen) zu stellen, um Vertrauen wachsen zu lassen. Da begegnen auch wir heute dem Wilden, dem Bedrohlichen und zugleich dem Schützenden, dem Aufgehobensein.

Ein spiritueller Mensch ist, wer sich zum Leben in Fülle bewegen lässt, um darin in allem Auf und Ab jene göttliche Vertrauensspur zu erahnen, die ihn zu sich selbst und zur ganzen Welt führt. Identität finden wir nicht, wenn wir uns abgrenzen und uns dem Dialog mit anderen Religionen verschließen. Identität wächst in Beziehung, in Beziehung zu all den verschiedenen Seiten in mir selbst, damit ich die Angst vor dem Fremden und Verschiedenen in der Begegnung mit Menschen anderer Kulturen als Bereicherung entdecken kann. Identität fördert eine Toleranz, die Menschen weltweit zusammenführt.

Sich zum Vertrauen bewegen lassen (2)

In der Vertrauensschule Jesu begegne ich einem Menschen, der ganz bei sich war, ganz in Gott. Jener Therapeut aus Nazareth hatte keine Berührungsängste. Er ließ sich jeden Tag neu von der Kraft und der Not der Menschen bewegen und berühren. All die Heilungsgeschichten zeigen mir eine neue Lebensqualität, die sich in der Gabe der Anteilnahme entfaltet und durch zärtliche Gesten ausdrückt. Jesus lebte das Bild eines zärtlichen und fordernden Gottes, der keine Berührungsängste hat. Jesus berührte die Augen, Ohren und Lippen der Kranken. Er salbte die Menschen, umarmte die Kinder und ließ Maria aus Magdala seine Nähe erfahren. Sein Glaubensweg ist ein Fußweg, ein Weg der Bewegung zu sich selbst und zu den Menschen in seiner Nähe. Wenige Stunden vor seinem Tod wusch er den Menschen seiner Weggefährtenschaft die Füße: ein bewegender Moment, in dem sich verdichtet, was Jesus wichtig war: die Nähe zu jenen Menschen, die verletzt, vom Leben enttäuscht worden sind, die durch Missbrauch die Grausamkeit des Lebens erfahren haben. Jesus lässt all diese Verwundeten ihre einmalige Würde erfahren, indem er ihre eigenen heilend-göttlichen Kräfte weckt. Er zaubert ihre Probleme nicht weg, sondern bewegt seine Mitmenschen zum Urvertrauen, das durch ein wohltuendes Wort, eine zärtliche Geste, eine Konfrontation mit den eigenen blinden Flecken wachsen kann.

Sich zum Vertrauen bewegen lassen (3)

Wer sich wirklich vom Leben bewegen und berühren lässt, begegnet unweigerlich dem Schmerz und den Tränen. Mich berührt und befreit die Erzählung von der Nachricht des Todes des Lazarus im Johannesevangelium. Da er-löst mich Jesus von der Vorstellung, dass ich über den Dingen stehen sollte. Er war angesichts des Todes »*im Innersten erregt und erschüttert …, und er weinte*« (11,33). Diese Freundschaftszeichen lassen die Menschen sagen: »*Seht, wie lieb er ihn hatte*« (11,35): ewige Worte, die uns verdeutlichen, dass wir aufeinander angewiesen sind und echte Freundschaft und Liebe immer auch die Fähigkeit zum Mit-leiden beinhalten. Dorothee Sölle sagte: »Gott braucht Freundinnen und Freunde!« Der Vertrauensweg Jesu mit all seiner Lebensfreude, seinem Lachen, seinem Erschüttertsein und seinem Schreien lässt uns einen Gott erahnen, der auf uns angewiesen ist. Mitten in der Lebensfülle, im Bewegtsein öffnen sich uns Fenster und Türen zur Ewigkeit. Denn niemand kann uns dieses tiefe Angerührtsein je wieder nehmen. Es verbindet uns über den Tod hinaus und verweist in die Mitte des Hier und Jetzt. Werden und Sterben, Leben und Tod gehören zusammen. Spirituelle Menschen bestärken einander zur Ausgelassenheit und zum befreienden Weinen. Da bewegt sich Gott in uns als Quelle aller Empathie und aller Beziehungsfähigkeit. Da brauchen wir keine großen Worte mehr. Die Zusage »ich bin da und ich werde da sein« genügt.

Erfülltes Leben

Lass dich berühren
zu jener sinnstiftenden Nähe
die Urvertrauen und
Ringen nach Sinn beinhaltet

Lass dich berühren
zu jener Gratwanderung
die Freud und Leid
Suchen und Finden vereinen

Lass dich bestärken
zu neuer Lebensqualität
die im Aushalten von Ungewissheiten
und im dankbaren Staunen sich zeigt

Lass dich öffnen
für deine Beweggründe
damit du dich selber verstehst
und deine Gefühle mitteilen kannst

Dem Leben nicht ausweichen

»Du wirst keinen Frieden finden, wenn du dich dem Leben entgegenstellst«, sagt Virginia Woolf zu ihrem Mann Leonard in dem eindrücklichen Film »The Hours – Von Ewigkeit zu Ewigkeit«. Dem Leben nicht ausweichen bedeutet für sie, sich gemeinsam der Bedrohung ihrer Suizidversuche zu stellen.

Intensivste Lebendigkeit ereignet sich oft in Grenzsituationen meines Lebens. Da sind nicht billige Antworten gefragt, sondern die zutiefst menschliche Grundhaltung, dem Leben zuliebe auch Schwieriges auszuhalten. Virginia und Leonard drücken diese Verbundenheit in der Verschiedenheit aus, indem beide weinen. – Lebendigkeit zeigt sich auch in unseren Tränen.

Diese Lebensweisheit lässt uns auf einmal das tiefe Glück in aller Begrenztheit erkennen. So schreibt Virginia vor ihrem Tod an Leonhard: »Ich glaube nicht, dass zwei Menschen glücklicher hätten sein können, als wir es gewesen sind.« VIII, 12

Heute ...

... sind alle Minuten gezählt. Ich kann mir keinen Fehler erlauben. Höchste Konzentration ist gefragt.

Konflikte müssen endlich auf den Tisch kommen und ausgesprochen werden.

Wenn ich mich nicht in aller Schnelligkeit einbringe, dann komme ich gar nicht zu Wort.

Ich muss um meinen Platz kämpfen.

Ich lass mich nicht unterkriegen.

Jetzt ...

... habe ich die Möglichkeit, eine wohlwollende Konfliktkultur zu fördern.

Während des ganzen Gespräches achte ich ab und zu auf meine Füße. Sind sie wirklich auf dem Boden, oder entziehe ich mir selber meinen tragenden Grund?

Mein tiefes Durchatmen wird mir helfen, nicht in Feindbildern stecken zu bleiben.

Ich konzentriere mich auf das Wesentliche im Gespräch, indem ich mich nicht in Nebensächlichem verliere.

Mein aufrechtes Dasitzen wird helfen, damit ich das Gespräch nicht absitze, sondern mir Raum schaffe, um mich in einem gesunden Maß einzubringen. Es wird nicht einfach sein, weil ich ja meine Tendenz zum Rivalisieren kenne.

Weil ich mir dieser Schattenseite bewusst bin, kann ich darin auch eine Stärke sehen: das gemeinsame Sammeln der Kräfte, Kräfte, die einander ergänzen können.

Diese Lebenseinstellung fängt bei mir an: im konzentrierten Verweilen im Hier und Jetzt. Mein Atem begleitet mich in diese befreiende Tiefe.

JULI

Gemeinschaft

Das Leuchten der Sonne

»*Du leuchtest in meiner Seele wie die Sonne auf dem Golde*«, schreibt die Mystikerin Mechthild von Magdeburg (etwa 1207–1282).

Ein kraftvoller Gedanke, der mich durch die Sommerzeit begleitet. Im Genießen der Sonne, der Wärme, des Wassers, der Berge, des Zusammenseins im Schatten erinnere ich mich an das große Leuchten Gottes in der Seele eines jeden Menschen.

Beim Reisen, im Urlaub, in der Begegnung mit Menschen aus anderen Ländern und Kulturen entdecke ich das Leuchten Gottes in einer großen Vielfalt, die mich dankbar staunen lässt. Dieses Staunen lädt mich ein, Erde und Himmel zu verbinden:

I. Eine ökologische Achtsamkeit entfaltet sich.
II. Multikulturelle Feste stärken weltweit Frieden in Gerechtigkeit.
III. Ein Mitgefühl mit aller Kreatur entwickelt sich.

Schweigend den Sonnenaufgang und den Sonnenuntergang betrachten, meditieren, zum Gebet werden lassen; darin das Leuchten Gottes in allem erkennen.

Ursprung des Alls

»Ich bin der Ursprung dieses Alls,
aus mir stammt alles, was je ward,
verzückt sind alle, denen sich
mein wahres Sein geoffenbart«,

lese ich in der Bhagavadgita, einem der heiligsten Bücher der Hindus.

Es ist der Gesang (gita) des Erhabenen (bhagavad), der zum betenden Staunen zwischen Erde und Himmel einlädt. Denn ein spiritueller Mensch sucht unermüdlich das Verbindende mit allen Religionen, den Seinsgrund in allem. So entsteht keine bedrohliche Konkurrenz zwischen naturwissenschaftlichen Erkenntnissen und religiösen Deutungen von Schöpfung und Kosmos in allen Religionen.

Mein Dasitzen, mein Dastehen, mein Daliegen, fest verankert auf dieser Erde und ausgerichtet auf die Unendlichkeit des Himmels, lassen mich erahnen, wie das Wesentliche im Leben nie zu haben, sondern immer im Werden ist. Auch Gott als Ursprung allen Seins ist nicht zu haben, er ereignet sich neu in unserem achtsamen Mitgefühl und solidarischen Teilen.

Zwischen Erde und Himmel

Zwischen Erde und Himmel
mich verwurzeln lassen
in das Urvertrauen
dass alles gut wird

Zwischen Erde und Himmel
mich tragen lassen
von der leidenschaftlichen Hoffnung
aller Friedensstiftenden

Zwischen Erde und Himmel
mich aufrichten lassen
im Glauben an die Gerechtigkeit
die sich im Teilen weltweit entfaltet

Zwischen Erde und Himmel
mich berühren lassen
zu einer staunenden Achtsamkeit
die einen einfachen Lebensstil fördert

Zwischen Erde und Himmel
uns bewegen lassen
von Gottes Traum
einer zärtlich-gerechteren Welt

Der Wind ist mein Gebet

»Wenn wir den Wind in den Kastanienbäumen hören,
das Singen der Vögel
und dabei die Wirklichkeit unseres Körpers spüren,
dann können wir Ruhe finden
und in Berührung kommen mit dem Paradies,
mit dem reinen Land«,

schreibt der vietnamesische Mönch und Zen-Meister Thich Nhat Hanh.

Ich bin nicht mehr allein, sondern all-eins, in Verbundenheit mit allem, weil ich Teil eines Ganzen bin.

So finde ich jene innere Ruhe, die die Friedenskraft auf der ganzen Welt verstärkt. Denn der Wind, das Feuer, das Wasser, die Erde, die Tiere sind auch mein Gebet.

Beten ist nicht die Anstrengung, Gott endlich zu erreichen, sondern das Aufatmen, dass wir in ihm sind, leben und uns bewegen (vgl. Apostelgeschichte 17,28).

Das Wasser sucht die Durstigen

»Die Bäume stehen im Ritualgebet
und die Vögel singen das Gotteslob
und das Veilchen vollzieht die Prostration«,

sagt Rumi (1207–1273), der bekannteste Sufi-Meister der islamischen Mystik. Als Liebender erkennt er, dass alles in der Welt Gebet ist. Diese befreiende Botschaft, die wir in den mystischen Traditionen aller Religionen entdecken, verabschiedet sich von einer Leistungsfrömmigkeit.

Vor allen Ansprüchen, die uns im Leben begegnen werden, gilt uns der Zuspruch Jesu: »Das Reich Gottes ist schon mitten unter euch« (Lukas 17,21). Wir erfahren es im Verliebtsein in die Schöpfung, im gerechten Verteilen unserer Ressourcen, damit es keine Hungernden mehr gibt, in der erotischen Kraft der Liebenden, im fairen Austragen von Konflikten.

Tag für Tag kann ich mich in dieser Grundhaltung sammeln, um Gott in allen Dingen zu feiern. Tag für Tag kann ich mich erinnern, dass ich vor allem Tun beim Namen gerufen bin.

Rumi spricht davon in seiner poetischen Sprache: »Nicht nur die Durstigen suchen das Wasser, das Wasser sucht auch die Durstigen.«

Du lässt die Quellen fließen

Rabbi Schlomo fragte: »Was ist die schlimmste Tat des Bösen Triebs?« Und er antwortete: »Wenn der Mensch vergisst, dass er ein Königssohn ist.« So heißt es wundervoll in einer der von Martin Buber gesammelten chassidischen Erzählungen.

Wer aufrecht zwischen Erde und Himmel steht, der erinnert sich an die Gabe der Königskindschaft. Eine einmalige Würde bewohnt uns, die uns verpflichtet, verantwortungsvoll mit aller Kreatur umzugehen. Darum beherrschen wir die Schöpfung nicht, sondern gestalten sie voller Dankbarkeit und Sorge und gehen achtsam mit den Tieren um. Gottes Ehre verwirklicht sich in der Bewahrung der Schöpfung, die sich in den uralten Lebensworten des Psalms 104 vertiefen lässt:

»Du lässt die Quellen hervorsprudeln in den Tälern,
sie eilen zwischen den Bergen dahin.
Allen Tieren des Feldes spenden sie Trank,
die Wildesel stillen ihren Durst daraus …
Du lässt Gras wachsen für das Vieh,
auch Pflanzen für den Menschen, die er anbaut,
damit er Brot gewinnt von der Erde
und Wein, der das Herz des Menschen erfreut …
Gott, wie zahlreich sind deine Werke!
Mit Weisheit hast Du sie alle geschaffen;
die Erde ist voll von Deinen Geschöpfen.«

Den Sommer begrüßen (1)

Den Sommer begrüßen in mir
intensiv zwischen Erde und Himmel sein
Essen und Trinken im Freien genießen
die Kraft der Gemeinschaft erfahren

Den Sommer begrüßen in mir
beim Reisen und Ausruhen
sich eingebunden wissen in Schöpfung und Kosmos
was vieles sorgloser und leichter angehen lässt

Den Sommer feiern mit dir
die erotische Kraft der Freundschaft erleben
voll tiefer Dankbarkeit angerührt sein
von der hoffnungsstiftenden Vertrautheit

Den Sommer feiern in Gemeinschaft
die verschiedenen Bräuche und Feste
als große Chance wahrnehmen
um unerwartete Begegnungen zu fördern

XVI, 51

Schlüssel-Erlebnisse

Es gehört zur Tragik unserer hochtechnisierten Gesellschaft, dass wir noch nie so viele Kommunikationsmöglichkeiten hatten und doch – oder gerade deswegen – so viele Menschen vereinsamen. Unser Leben ist verplant. Wir sichern uns ab und sind überversichert. Dabei geht uns oft das Wesentliche verloren: der Geschenkcharakter unseres Lebens. In unserer übersättigten Welt, die vor allem die Leistung ins Zentrum stellt, macht sich Sinnlosigkeit und Langeweile breit. Noch meinen wir, dass alles machbar und organisierbar sei, und verlieren dabei das, was unser Leben reich und glücklich macht: unerwartete Begegnungen, wo das Leben und Gott sich unerwartet nah ereignen. In der Bibel erzählen die Engel von dieser Lebensqualität, die Offenheit und Kreativität im Lebern fördert. Eine Offenheit dem unscheinbaren Alltagsleben gegenüber, die Aha- und Schlüsselerlebnisse zu fördern. Dazu braucht es die Fähigkeit, aktiv Erwartende zu sein, und das Vertrauen, sich das Leben immer neu erschließen zu lassen. Die Lebensgrundhaltung der Gastfreundschaft ermöglicht es, das Alltägliche neu zu schätzen und dankbare Menschen zu werden. Dadurch können wir Gottes Spuren in unserem Leben entdecken: »Vergesst die Gastfreundschaft nicht, denn durch sie haben einige, ohne es zu ahnen, Engel beherbergt« (Hebräer 13,2).

Deine Nähe suchen wir

Wer darf in Deiner Nähe
und Dein Gast sein

Jene
die trotz Rückschlägen versuchen
sich für die Rechte der Unterdrückten einzusetzen
jene
die Dich in sich selber entdecken
im Hunger und Durst nach Deiner Gerechtigkeit

Wer wird Deine Nähe erfahren

Jene
die sich umarmen und trösten lassen
jene
die sich zärtlich begegnen
jene
die tanzen und feiern
Brot und Wein teilen

Da bist
Du
ganz nah
Nach Psalm 15,1

IV, 21

Brot und Rosen

Brot und Rosen, das lebensnotwendige Alltägliche und das Besondere, sind Ausdruck der Sehnsucht nach Liebe, die in uns Menschen brennt und die im Weiterschenken gestillt wird. »Jeder Mensch wird mit einem unerschöpflichen Vorrat an Liebe geboren«, schreibt der nicaraguanische Dichter und Mönch Ernesto Cardenal. In einer Partnerschaft trauen wir diesem unerschöpflichen Vorrat. Wir vertrauen, dass das Lebensnotwendige, das Brot, sowie das Schöne, das Unerwartete, das Geschenk, die Rosen, im gemeinsamen Unterwegssein erfahrbar sind. Das tägliche Brot steht für das Kraftvolle und Mühsame des Lebens, das uns nährt und hoffnungsvoll leben lässt. Die Rosen sind auch ein Sinnbild der erotischen Lebenskraft, die eine Freundschaft belebt. Dazu braucht es das Pflegen einer Beziehung, das Einüben einer wohlwollenden Konfliktfähigkeit und zugleich den gegenseitigen Freiraum, damit jede und jeder sich im Zusammensein und durch die Beziehung noch mehr entfalten kann.

I, 45f

Kraftvoll handeln

Einfach handeln
sich von anderen nicht beirren lassen
der eigenen Intuition trauen
im Meditieren meiner Hände
jene mystische Spur konkretisieren
die im Kleinen das Ganze entdeckt

Die Hand als Symbol verstehen
um mein Leben mit den kraftvollen
verletzlichen und widersprüchlichen
Seiten vertiefen zu können

Mich erkennen in meiner Hand
meine Aufgabe das Leben anzupacken
meine Aufgabe loszulassen
in meinem Handeln
Gottes Handeln erahnen

Nicht mehr zögern
mich einmischen
der Fremdenfeindlichkeit
Widerstand leisten
der Ungerechtigkeit
Solidaritätsinitiativen
entgegenhalten

Endlich einfach handeln

Randzeiten des Lebens

Meine Agenda ist ein wichtiges Buch für mich; undenkbar für mich, sie zu verlieren. Alle wichtigen Termine eines Jahres habe ich darin festgehalten. Sie steht für die Planung meines Lebens. Sie entlastet mich, weil ich nicht jede Verabredung im Kopf behalten muss. Sie belastet mich aber auch, weil ich wegen ihr schon fürs nächste oder gar fürs übernächste Jahr verplant bin. Ich habe gelernt, gut damit umzugehen. Bei dieser Gratwanderung hilft mir immer wieder eine unscheinbare Begebenheit: Vor einiger Zeit nahm ich an einem meditativen Tanzkurs teil. Nach einer Pause sagte ich zu einer Frau, die nicht ganz im Kreis stand: »Komm hinein, du gehörst auch zu uns!« Ein Jahr später schrieb mir diese Frau: »Deine Aufforderung hat mich das ganze Jahr über begleitet und mich ermutigt, mich bewusst in Gruppen einzubringen.«

Immer wenn ich am Ende eines Jahres die abgemachten Termine in meine neue Agenda übertrage, kommt mir meine Randbemerkung und ihre überraschenden Folgen in den Sinn. Der Wert einer solchen Randbemerkung hilft mir, auch den Randzeiten meines Lebens zu trauen. Diese Erfahrung eröffnet mir einen gelasseneren Umgang mit der Zeit. Es ist wichtig, zu planen, zu organisieren, vorzubereiten, doch noch wichtiger sind die Zwischenzeiten. Damit echtes Leben, wohltuend herausfordernde Begegnungen im Leben entstehen können, braucht es das Vertrauen in die Randzeiten des Lebens. In jene Zeiten, in denen ich vor dem Tun alles Geplante beiseite lege und der Kraft des Augenblicks traue. In jene Zeiten, in denen ich nach der Arbeit nachklingen lasse, was mir gut getan hat, was ich mir anders gewünscht hätte.

Mein spirituelles Wachstum wird immer mehr genährt von diesen Zeiten, die nicht in der Agenda aufscheinen. Durch diese Randzeiten kann ich meine Mitte finden und alltäglich einüben, dass es sehr wohl auf mich ankommt, letztlich aber nicht von mir abhängt.

Handlungsspielraum

Endlich
Spielraum erhalten
nicht nur in meinem Zimmer
sondern auch in Gemeinschaftsräumen
meine Angst vor dem Bedrohlichen ausdrücken

Endlich
Spielraum erfahren
Kirche als Ort
wo Menschen
verschiedenen Alters und Herkunft
auch das Empörende wach halten

Endlich
Spielraum erleben
sich miteinander
auflehnen
verweigern
verbinden
dem Leben zuliebe

Der Urwunsch nach Verwurzelung

Der Wunsch nach Verwurzelung, nach Beheimatung ist tief in uns und verbindet uns mit allen Kulturen und Völkern. »Etwas, das allen in die Kindheit scheint und worin noch niemand war: Heimat«, umschreibt der Philosoph Ernst Bloch diesen Wunsch nach Gemeinschaft. Darum tun wir uns schwer, wenn Ungewissheit uns schon morgens beim Aufwachen überfällt. Sie verunsichert uns und öffnet der Angst, der Panik Fenster und Türen. Solche Gefühle können wir nicht einfach verschwinden lassen. Sie haben ihren Geschichte und verweisen uns auf den Grund unserer Beziehungen, auf unsere Primärbeziehungen zu Mutter und Vater. Jede Verunsicherung birgt in sich allerdings die Chance, tiefer verwurzelt zu werden in meinem Selbst-Verständnis: Beheimatung nicht nur außen zu suchen, sondern mir selber Beheimatung schenken zu lassen, letztlich in Gott, dem tiefsten Grund meines Lebens. Je tiefer ich verwurzelt bin, umso mehr kann ich mich auf die Äste hinauswagen und die Lebensstürme aushalten. Auf diesem Weg zu echter Verwurzelung suche ich in mir:

was wirklich zu mir gehört und was mich zutiefst ausmacht – damit ich immer mehr ablegen kann, was in mich hineinprojiziert wird, was von mir erwartet wird und nicht wirklich zu mir gehört;

was mich einengt in Beziehungen und wo ich nur aus Angst vor Beheimatungsverlust, aus Angst vor dem Verlassenwerden mich festklammere, mich zu sehr zurücknehme und mich dann paradoxerweise immer weniger daheim fühle bei mir und mit anderen;

was ich wirklich brauche, um beziehungsfähiger zu werden. Freiheit und Geborgenheit können Kriterien sein, die mir helfen, mich nicht in falsche Abhängigkeiten hineinzubegeben und zugleich Nähe zuzulassen.

Es gilt, Idealbilder von mir und anderen loszulassen, damit jede und jeder jeden Tag in Beziehungen so werden kann, wie Gott sie/ihn von Anfang gemeint hat: verbindlich frei! XI, 47f

Essenskultur

Essen kann mehr sein als Nahrungsaufnahme. Beim gemeinsamen Essen schauen wir uns an, reden miteinander, sind einander nahe, haben Zeit und genießen. Wir fangen gemeinsam an, und in der Regel beenden wir das Essen gemeinsam. Es geht uns hinterher besser – nicht nur, weil wir satt sind, sondern auch, weil wir einander wahrgenommen haben. Für mich ist es kein Zufall, dass Jesus in seinen Gleichnissen von der Gottesnähe das Bild vom Essen und Trinken am häufigsten verwendet. Indem wir eine Tischkultur fördern und entwickeln, helfen wir einander, mehr aus der eigenen Mitte heraus zu leben. Darum reichen wir einander vor dem Essen die Hand und singen ein Lied oder sind für einen kurzen Moment still. Ein Blumenstrauß oder eine Kerze in der Mitte des Tisches helfen, dankbar das Essen zu segnen, damit wir es noch mehr genießen können.

Einmal in der Woche essen wir bewusst nur eine Suppe bei einem Hauptmahl, um dadurch unseren Überfluss mit hungernden Kindern zu teilen. I, 67f

Offen für Überraschungen

»Wem Innerlichkeit auch in Äußerlichkeiten zuteil wird, dessen Innerlichkeit wird innerlicher, als wem Innerlichkeit nur in Innerlichkeit zuteil wird.«
Heinrich Seuse (1295–1366)

Sommerliche Tage laden dazu ein, dem Zusammenspiel von außen und innen zu folgen. Echte Innerlichkeit zieht sich nicht in eine heile Welt zurück, sondern entdeckt im staunenden Verweilen in der Schöpfung, in äußeren Bildern und Eindrücken jene innere Quelle, die ermutigt, schwierige Situationen im Leben anzuschauen. – Wie jeder Mystiker erinnert auch Heinrich Seuse daran, dass wir nicht nur von innen nach außen leben, sondern auch von außen nach innen, d. h. sowohl auf die Herzensstimme zu horchen als auch hinter die äußeren Dinge zu schauen.

Die innere Stimme ist für mich die Gabe der Intuition, damit ich in unscheinbaren äußeren Handlungen auf einmal eine innere Wirklichkeit erkennen kann. Da liegt die Spur in unseren Alltag, in unsere Ferienzeit. Wir dürfen vertrauen, ganz unerwartet in einer äußerlichen, vielleicht sogar lächerlichen Erfahrung, einen Schlüssel zu uns selber zu erhalten. Die sommerlichen Tage laden ein, offener zu werden für die Überraschungen Gottes, sie auch im Alltäglichen zu schauen, um ein Leben lang Lernende, Entdecker zu sein.

Den Sommer begrüßen (2)

Den Sommer begrüßen in mir
den Ursegen und das Bedrohliche
in der Natur wahrnehmen
das zu ökologischer Sorgfalt führt

Den Sommer feiern als tiefe Zusage
sein zu dürfen vor aller Leistung
Erholung und Ausspannen kultivieren
Spiel und Humor entwickeln

Den Sommer begrüßen in mir
als Eintauchen in die Elemente
die meine innere Ruhe fördern
und engagierte Gelassenheit stärken

Den Sommer begrüßen in dir
im Inneren deinen Seelendiamanten entdecken
miteinander auch Reisen nach innen wagen
die zu tolerantem Mitsein bestärken

Den Sommer meditieren als hohe Zeit
intensives Leben in Extremen erfahren
beim Ernten, Schwitzen und Genießen
leidenschaftlich lebendig bleiben

XVI, 52

Die Schönheit Gottes

»Gott, nie lausche ich auf die Stimme eines Tieres
oder das Rauschen eines Baumes, das Sprudeln von Wasser
oder den Sang eines Vogels, das Brausen des Windes
oder das Dröhnen des Donners,
ohne zu finden, dass sie Deine Einzigartigkeit bezeugen
und darauf hinweisen, dass es keinen gleich Dir gibt.«
Dhu'n Nun, der Ägypter († 859)

Mystik hat keine Berührungsängste mit anderen Religionen. Sie sucht unermüdlich das Verbindende, die wesentliche gemeinsame Substanz, ohne die unterschiedlichen Ausdrucksformen aufzuheben.

Mystische Menschen nehmen wahr, was sich im Augenblick ereignet. Die Schöpfung ist der vordringliche Ort dieses aufmerksamen Mitseins. So öffnen mir die Worte von Dhu'n Nun eine neue Weite, weil ich in der Begegnung mit den Tieren, mit den Bäumen, mit dem Wasser, mit den Vögeln jenen Urgrund allen Lebens täglich erahnen und feiern kann.

Mein spiritueller Weg lässt mich mit offenen Augen die Schönheit Gottes in der Kreativität der Schöpfung meditieren. Mein Aufwachen mit dem Zwitschern der Vögeln, mein Arbeitsweg entlang der rauschenden Bäume, mein Trinken vom erfrischenden Wasser, mein ehrfürchtiges Staunen angesichts von Blitz und Donner werden für mich zum wortlosen Gebet. Mein achtsames Dasein genügt, um die tiefere Verbundenheit mit allem zu spüren.

Sommer-Begegnung (1)

... mit einer tibetischen Frau, die ihre beiden Kinder auf den Armen trägt:

Dein Blick strahlt Hoffnung aus, obwohl dein tibetisches Volk bis heute Unterdrückung und Leid erfährt.
Woher schöpfst du die Kraft?
Was lässt dich vertrauen angesichts eurer ungewissen Zukunft?
Wie gelingt es dir, aufrecht dazustehen zwischen Erde
und Himmel?
Sind deine beiden Kinder die Antwort auf meine Fragen?
Sie erinnern mich an zwei lebensnotwendige Grundhaltungen:
dem Leben zulächeln, offen sein für das Hier und Jetzt,
in sich ruhen können, tief verbunden mit allem.

Danke für deinen Augen-Blick.
Danke für dein mitfühlendes Dasein,
das mich zur Achtsamkeit bewegt.

Natürliche Ausstrahlung

»Je gesammelter ein Mensch im Innersten seiner Seele lebt,
umso stärker ist die Ausstrahlung, die von ihm ausgeht
und andere in seinen Bann zieht.
Umso stärker trägt alles freie geistige Verhalten
den Stempel der persönlichen Eigenart,
die im Innersten der Seele beheimatet ist.«
Edith Stein (1891–1942)

Die Mystikerin Edith Stein, Jüdin, hochbegabte Philosophin, Karmeliterin, die in Auschwitz ermordet wurde, zeigt in wenigen Worten die Notwendigkeit der Sammlung im Alltag.

Gesammelte Menschen haben eine natürliche Ausstrahlung, die große Kreise zieht. Urmenschliche Grundhaltungen wie Aufmerksamkeit, Mitgefühl, Achtsamkeit, Dankbarkeit, Zärtlichkeit, Entschiedenheit, Engagement und Konfliktfähigkeit werden zum Wohl der Gemeinschaft kultiviert in der ganz einfachen Geste der Sammlung, die sich überall ereignen kann. Das Innerste unserer Seele, in dem Gott wohnt und wirkt, wird berührt, wenn wir stündlich einen Moment die Augen schließen, tief ein- und ausatmen. So erhellen wir die Dunkelheit des oft unmenschlichen Arbeitsdrucks, in dem immer noch mehr, noch rücksichtsloser und unsozialer nur der Gewinn im Vordergrund steht.

Unsere tägliche Sammlung lässt uns die Zugehörigkeit zu einem großen Kreis der Liebenden erfahren, der die Verbundenheit mit Verstorbenen und Lebenden, mit Tieren und Pflanzen, mit Schöpfung und Kosmos und in all dem mit Gott erahnen lässt.

Unsere Sammlung lässt unser Licht hineinstrahlen in diese Welt, weil es nicht unser Licht ist, sondern das göttliche Licht.

Sommer-Begegnung (2)

... mit einem Küster, der die mechanische Uhr seiner Kirche per Hand aufzieht:

Du steigst zweimal pro Woche auf den rund 40 Meter hohen Glockenturm der evangelisch-lutherischen Kirche von Rellingen. Dann ziehst du das mechanische Uhrwerk der Turmuhr auf, denn es würde sonst schlicht und einfach stehen bleiben.

Ohne dein kraftvolles Zupacken würde die Turmuhr stillstehen. Trotzdem weißt du, dass die Zeit nicht in deinen Händen liegt. Sie ist nicht greifbar und nicht sichtbar, obwohl sie uns begleitet.

Gegenwärtig sein, damit ein großartiges Zusammenspiel möglich wird: Darum geht es im Leben!

Gegenwärtig sein, damit ab und zu Raum und Zeit wie aufgehoben erscheinen, wenn wir hoch hinaufsteigen in die Nähe des Himmels.

Zeit und Muße

»Während Du so an mir tatest und meine Seele also anlocktest, trat ich eines Tages in den Hof, setzte an den Weiher mich nieder und betrachtete die Lieblichkeit dieses Ortes, der mir überaus wohl gefiel. Denn durchsichtig hell floss das Wasser dahin, ringsum standen grünende Bäume, Vögel und besonders Tauben flogen in Freiheit hin und her, und überaus erfreute mich die traute Ruhe des verborgenen Sitzes.«

Gertrud die Große von Helfta (1256–1302/03)

Gertrud die Große trug zusammen mit Mechthild von Hackeborn und Mechthild von Magdeburg zum Ruhm des Zisterzienserinnen-Klosters Helfta (in Eisleben) bei, ein Höhepunkt deutscher Frauenbildung und -mystik. Die Schriften dieser drei Mystikerinnen sind nicht leicht verständlich. Es braucht Zeit und Muße, um in ihre innere Welt, in ihre leidenschaftliche Beziehung zu Christus einzutreten. Denn sie deuten alle Erfahrungen als ein Geführtwerden von Gott. So werden ihr Verweilen am Teich und das Staunen über das Wasser, über die grünenden Bäume zum Gebet.

Wie alle Mystikerinnen und Mystiker ging Gertrud von Helfta unkonventionelle Wege: »Sie war sich sicher, dass Gott ihr auch priesterliche Vollmachten gegeben hat. So sprach sie etwa Menschen, die zu ihr kamen, von ihren Sünden frei«, wie dies die heutige Äbtissin von Helfta, Assumpta Schenkel, betont. – Seit August 1999 ist sie zusammen mit acht anderen Zisterzienserinnen aus Seligenthal in Bayern nach Helfta gezogen, um neues Leben in das Kloster zu bringen, was ein wahrer Kraftort ist (Kloster St. Marien zu Helfta, Lindenstr. 36, D-06295 Eisleben – www.kloster-helfta.de).

Gertrud hat schon damals biblische Worte persönlich verändert. So erklingen die Worte vom Gleichnis des verlorenen Sohnes (Lukas 15,31) bei ihr so: »Meine Tochter, du bist immer bei mir, und alles, was ich habe, ist dein.« Eindrückliche Worte des Aufgehobenseins in Gott.

Ferienzeit

Ferienzeit
zum richtigen Zeitpunkt
das Signal erkennen
das uns zur Erholung bewegt

Ferienzeit
freie Zeit zum Nichtstun
Distanz zum Alltag erhalten
einfach leben können

Ferienzeit
neue Länder kennen lernen
anderen Lebenskulturen begegnen
neue Weite erfahren

Ferienzeit
begleitet sein
behütet sein
staunende Dankbarkeit

Meinen Lebensraum ordnen

Mitten im Sommer
meinen Lebensraum ordnen
bereinigen können
was meinen Lebensspielraum einengt

Mitten im Sommer
meine Lebensfelder sehen
aufzeichnen können
wie ich mit Gewinn und Verlust umgehe

Mitten im Sommer
voll Dankbarkeit wahrnehmen
wie viele Dienstleistungen
mich sorglos werden lassen

Mitten im Sommer
vernetzt im Leben sein
die tiefere Verbundenheit spüren
mit aller Kreatur

Auf dem Weg nach Santiago

Du, Jakobus,

bist müde geworden. Apostel sein ist eine anstrengende Sache. Du bist gezeichnet von den Herausforderungen des Lebens, die du im Unterwegssein mit Jesus erfahren hast.

Du hast noch intensiver den Geschmack am Leben entdeckt und zugleich die Gabe des Mitfühlens, des Sich-Ereiferns für ein gerechteres Miteinander.

Du schaust nach innen, um klarer zu sehen, was nach dem Ausruhen wirklich ansteht in deinem Leben.

Viele Pilgerinnen und Pilger, die nach Santiago de Compostela unterwegs sind und am 25. Juli deinen Gedenktag feiern, sind dir dankbar, dass du deine Müdigkeit nicht überspielst. So wirst du zum authentischen Wegbegleiter, der aufzeigt, wie wir mit den Hochs und Tiefs im Leben umgehen können.

Danke für dein Mitsein.

Leben aus Gottes Kraft

Leben aus Gottes Kraft
eintauchen
in die Wirklichkeit
des Getragenseins

Leben aus Gottes Kraft
schöpfen
aus der Zusage
im Schweren begleitet zu sein

Leben aus Gottes Kraft
staunen
über die alltäglichen Wunder
die uns eine neue Weite schenken

Leben aus Gottes Kraft
aufbrechen
mit Gottes Traum
einer zärtlicheren Welt

Leben aus Gottes Kraft
aufstehen
ruhen
zupacken
genießen
miteinander das Leben feiern

Sommer-Begegnung (3)

... mit einer Bettlerin:

Du bist seit vielen Jahren auf der Straße und bettelst. Manchmal nehme ich dich bewusst wahr. Manchmal gehe ich die andere Straßenseite, um dir auszuweichen.

Du stehst nicht nur für dich da, sondern für die großen Ungerechtigkeiten in der Welt, mit denen ich mich nie abfinden werde. Darum ist es mir unwohl, wenn ich dir nichts gebe, und auch, wenn ich dir etwas gebe. In beiden Gesten bin ich konfrontiert mit dem Unterschied zwischen Arm und Reich. Nur manchmal, wenn ich dir beim Geben in die Augen schaue, erinnere ich mich an die Rose, die Rainer Maria Rilke einer Bettlerin in Paris gegeben hat. Von dieser Geste konnte sie einige Tage leben. Darum will ich nicht nur Almosen spenden, sondern Anteil nehmen an der Not und deiner Lebenskraft, mit all meiner Begrenztheit. Dabei erneuere ich meine Einsicht, dass wir alle viel mehr tun können, als wir meinen. – Als Zwanzigjähriger habe ich gelernt, dass ich mit 1000 Schweizer Franken ein Haus bauen lassen kann in Indien. Seither habe ich viele Häuser bauen lassen und mit vielen Patenschaften Kindern und Jugendlichen eine Ausbildung ermöglicht. Unmögliches wird möglich! Leider sind es noch viel zu wenige, die vertrauen, dass im Teilen uns wahres Glück geschenkt wird.

Mögen dein offener Blick, dein offener Mund und deine offene Hand dich und uns zu diesem Glück bewegen. So gestalten wir mit an einer Globalisierung der Gerechtigkeit.

Zusammenhänge erkennen

Erkennen
wie klein die Welt ist
unerwartet Zusammenhänge wahrnehmen
gemeinsame Verbindungen pflegen

Entdecken
wie auch Kirche erneuert werden muss
nicht nur äußerlich
sondern vom inneren Fundament her

Erleben
wie vernetzt unsere Welt ist
mitgestalten an einer Globalisierung der Gerechtigkeit
die allen neue Hoffnungsspuren eröffnet

Erkennen
wie wir zutiefst aufeinander angewiesen sind
eingebunden in jene Wirklichkeit
die über uns hinausweist – in die Ewigkeit

Sommer-Begegnung (4)

... mit einem palästinensischen Kind:

Du schaust zu Recht voller Sorgen und Skepsis in die Zukunft. Wie viele palästinensische und israelische Kinder und Jugendliche fragst du dich, ob es je Frieden geben wird. Jeder Racheakt nährt deinen Hass, so wie jedes Selbstmordattentat die Menschen in Israel zur empörenden Verzweiflung treibt.

Jedoch manchmal erinnerst du dich, dass es nur einen Schöpfer gibt.

Jedoch manchmal erinnerst du dich, dass Abraham Vater von Ismael und Isaak ist.

Und manchmal gibst du dem Frieden eine Chance – einem Frieden, der nur in gegenseitiger Gerechtigkeit sich verwirklichen kann.

Dann aber holt dich die nackte Realität wieder ein, zerstört nicht nur dein Haus, sondern durchlöchert tief deinen Glauben an das Gute im Menschen. In diesen Zeiten wünsche ich dir, dass du jener palästinensischen Frau begegnest, die an Weihnachten 2003 in Bethlehem gesagt hat:

»Auch wenn die Soldaten mein Haus, meine Wohnung zerstört haben, sie können meine Seele nicht zerstören. Sie bringen mich nicht dazu, dass ich sie hasse.«

Miteinander Gott feiern

Miteinander
uralte Lebensworte entdecken
die innerlich aufrichten
und zur Toleranz bewegen

Miteinander
sich vertiefen in heiligen Texten
die wir nicht nur wörtlich
sondern vor allem ernst nehmen sollen

Miteinander
sich angesprochen fühlen
von der inneren Kraft jener Worte
die weder Angst macht noch unterdrückt
sondern zur Lebendigkeit befreit

Miteinander
lernen zu unterscheiden
was trotz kultureller Unterschiede
ewige Lebensweisheit bleibt –
wie jene islamische goldene Regel:
»Keiner von euch ist ein Gläubiger,
solange er nicht seinem Bruder wünscht,
was er sich selber wünscht.«
(40 Hadithe von an-Nawawi 13)

Sommer-Begegnung (5)

... mit einem Postboten:

Du
bist unterwegs für andere
bei jedem Wetter.
Du
förderst unsere Kommunikation
im Verteilen von vielfältigen Nachrichten.
Du
brauchst eine gute Balance,
um dich nicht zu verlieren
in der zunehmenden Schnelligkeit.
Du
kannst dich schützen
im Ausgesetztsein
der verschiedenen Hochs und Tiefs.
Du
bist gefordert Tag für Tag.

Darum wünsche ich dir kraftvolle Momente der Erinnerung an die Gute Nachricht, die wir einander nie genug überbringen können: jenen Hoffnungsbrief, der erzählt, dass wir im ewigen Buch des Lebens eingetragen sind.

AUGUST

Unterwegssein

Kraft zum Unterwegssein

Kraft zum Unterwegssein
wünsche ich dir:
Gottes Bestärkung in deinem Leben.

Mut zur Versöhnung
wünsche ich dir:
Gottes Wohlwollen in deinem Leben.

Grund zur Hoffnung
wünsche ich dir:
Gottes Licht in deinem Leben.

Vertrauen zum Miteinander
wünsche ich dir:
Gottes Verheißung, sein Volk zu sein.

Begeisterung zum Aufbruch
wünsche ich uns:
Gottes Wegbegleitung und Segen.

I, 77

Kraftorte aufsuchen

Um einen spirituellen Weg des Vertrauens zu gehen, hilft es mir, Kraftorte aufzusuchen, die mir an Leib und Seele gut tun und mich bestärken, meiner Lebensaufgabe zu trauen. Dort spüre ich immer wieder, was mir zutiefst gut tut, ich gewinne neue Energie.

Ein Ort der Kraft kann an einer Quelle sein, einer Kirche, einem Kloster, einem Grab, einem Aussichtspunkt, einem Baum. Die Natur, aber auch besondere, von Menschen gebaute, gestaltete Orte können für mich einen Platz bieten, an dem ich Kraft spüre. Umfassender, ganzheitlicher noch erfahre ich diese Kraft, wenn ich mich – je nach meiner körperlicher Befindlichkeit – zu Fuß zu diesem Ort aufmache. Dadurch drücke ich die innere Bereitschaft aus, einen Weg zu gehen, mein Leben zu durchschreiten, meiner Seele Entfaltungsräume zu schenken.

Ich verweile an diesem Ort im bewussten Atmen und lese mir Worte laut vor, die mich berühren oder mir gerade viel bedeuten – ein Gedicht, ein Gebet, eine Geschichte, einen Songtext, eine eigene Erkenntnis, ein biblisch-mystisches Wort. Dadurch erfahre ich die Kraft, die über diesen Ort hinaus in meinen Alltag führt. I, 87f

Mich beflügeln lassen

Uns beflügeln lassen
himmelwärts schauen
um das Leben angesichts der Ewigkeit
hier und jetzt intensiv zu gestalten

Mich beflügeln lassen
im Wissen
wohin ich gehöre
wo meine Beheimatung ist
wie ich Verbündete brauche

Uns beflügeln lassen
Distanz schaffen zum Alltag
sich ausrichten
auf das was
hinter der Wirklichkeit erfahrbar ist

Gottes Gegenwart in allem

Mut der kleinen Schritte

»Ich möchte längst schon weiter sein! – Ich bin immer noch am selben Punkt in meiner Entwicklung. – Ich möchte mein Leben endlich im Griff haben.«

Sätze, die mir in meiner seelsorglichen Begleitung immer wieder begegnen. Sie sprechen von der Sehnsucht, dass sich mein Leben verwandle, dass ich reife und wachse. Diese Sehnsucht gilt es wach zu halten; doch dabei besteht manchmal die Gefahr, dass ich mir und anderen die nötige Zeit dazu nicht zugestehen will.

Vor diesem Hintergrund gewinnt für mich das Jesuswort »Wer das Reich Gottes nicht annimmt wie ein Kind, wird nicht hineingelangen« eine ganz neue Bedeutung. Wenn wir den Weg in die Tiefe wagen, unserer persönlichen Geschichte gerecht werden, unsere Schattenseiten annehmen, können wir dies nur in kleinen Schritten tun. Damit Lebensworte in uns Fleisch werden, brauchen wir viel Geduld mit uns selbst. Das Schlimmste, was wir uns antun können, ist, uns selber gegenüber zu streng zu sein. Um uns allerdings nicht zu unterfordern und uns fatalistisch abzufinden mit unserer Situation, kann uns das Wort Jesu helfen, dass wir Kinder bleiben dürfen. Ich sehe darin den Zuspruch, vor allen Ansprüchen immer wieder ganz klein anfangen zu können. In jeder Lebenslage, auch im hohen Alter, brauche ich diese Zuversicht, verwandelt zu werden. Denn bei Gott zählt nicht, was wir waren, sondern was wir jetzt sind. Ich darf und kann jeden Tag neu anfangen, als wäre es mein erster Tag!

Weg nach innen

Betrachte deinen Weg nach innen
als Gang durch verschiedene Kernräume

Beharrliche Geduld
brauchst du
um die vielfältigen Seiten
in dir zu integrieren

Auf deiner längsten Reise
deinem Weg in die Mitte
begegnest du auch viel Unausgewogenem
das zu dir gehören darf

Wage dich trotzdem
immer wieder hinein
in deinen inneren Grund des Lebens
der weitet und erfüllt

Einfach sein dürfen
verbunden in der Vielfalt

Unterwegs daheim

Avila – lange bleibe ich vor der Stadtmauer mit den vielen Türmen stehen. Diese Mauer mit vielen Rundungen strahlt Geborgenheit und Freiraum aus, Ordnung und Kreativität. Avila, die Stadt in den Bergen, zwei Zugstunden von Madrid entfernt, ist bekannt durch die christliche Mystikerin Teresa de Jesus. Durch mein Verweilen an der Stadtmauer verstehe ich das Hauptwerk Teresas, »Die innere Burg«, noch besser. Sie beschreibt darin die Reise nach innen als einen Weg durch eine innere Burg, in der es sieben Wohnungen gibt und in jeder Wohnung eine Fülle von Kammern. Sie ermutigt zur Selbsterkenntnis im Entdecken und Annehmen der vielen verschiedenen Seiten, auch der dunklen, darin ereignet sich die Gotteserkenntnis. Ich setze mich an die warme Stadtmauer und lese mir laut einige Sätze aus ihrem Buch vor.

Prag – lange stehe ich am Grab von Franz Kafka. Jüdische Friedhöfe sind für mich ganz besondere Kraftorte. Uralte Gräber, manchmal ver- und umwachsen von Pflanzen und Bäumen, erinnern mich an die tiefen Wurzeln jüdisch-christlicher Tradition, mehr noch an die tiefe Verwurzelung in der ganzen Schöpfung. Mein Dastehen ist erfüllt von Dankbarkeit, erfüllt mit den Worten Franz Kafkas, dass schreiben gleich beten sei. Befreiende Worte, die mir eine neue Lebensperspektive eröffnen. Dieser Ort vergegenwärtigt mir in wenigen Minuten einen großen Teil meiner Lebensgeschichte, und ich verlasse ihn voll Hoffnung und Vertrauen.

Avila, Prag und viele andere Orte, die ich in meinen Ferien besucht habe, sind mir zu Wegweisern geworden, um auch zu Hause eine innere Reise weiterzuführen. Sie ermöglichen mir ein Aufatmen, weil ich Raum und Zeit habe wahrzunehmen, was mich verbindet in meinem Leben. Sie bringen mir echte Erholung, weil ich mich finden kann in sinnstiftenden Erfahrungen von Menschen, die vor Jahrhunderten gelebt haben und heute noch leben. – Was gibt es Erholsameres als die Erfahrung, unterwegs daheim zu sein?

Lieber Rafael (1)

Du hast mich wochenlang begleitet, und auf einmal warst du verschwunden. Ich war enttäuscht von dir. Ich brauchte lange, um dir zu schreiben. Ich hatte mich genauso geärgert wie damals, als du mir beim Auftauchen dieses gefährlichen Fisches zugerufen hast: »Pack ihn!« Warum hast du mir damals nicht geholfen, und warum lässt du mich heute alleine zurück? Alleine? Natürlich bin ich nicht allein, ich bin glücklich mit Sara zusammen und die Beziehung zu meinen Eltern hat sich durch diesen Ablösungsprozess erneuert. Doch ich brauche deine Unterstützung auch weiterhin.

Irgendwie kann ich halt immer noch nicht glauben, dass du ein Engel bist. Du warst so nahe mit mir und meinen Alltagserfahrungen vertraut. Du hast gar nicht so fromm von Gott geredet. Du, ein Engel? Gerade darum bist du für Sara ein richtiger Engel. »Engel binden die Menschen nicht an sich, sondern verweisen sie auf den tiefsten Grund ihres Lebens, auf Gott selber«, sagt sie. Zuerst habe ich mich dagegen gewehrt, doch jetzt sehe ich langsam diesen roten Faden in meinem Leben. Du hast mich begleitet, damit ich ich selber werde, Geborgenheit und Freiheit in mir finde.

Lieber Rafael (2)

Als ich die Bedeutung deines Namens erkannte, war aller Ärger weg: »Gott hat geheilt«. Durch dich habe ich die heilende Nähe Gottes erfahren, weil du mir zugemutet hast, den Fisch selber zu packen, dem Schwierigen, Unfassbaren in meinem Leben nicht mehr länger auszuweichen. Beim Öffnen des Fisches erahnte ich, was mir nun heute bewusst wird: In dem, was mir widerfährt im Leben, kann der Schlüssel liegen zur inneren Heilung, zu einem Versöhnungsprozess. Durch dich ist sichtbar geworden, was Gott mit jedem Menschen vorhat. Darum entziehst du dich uns, damit wir unsere Beziehung zu Gott, der Quelle aller Heilung, vertiefen können. Deine Abschiedsworte bleiben mir wegweisend: »Nicht weil ich euch eine Gunst erweisen wollte, sondern weil unser Gott es wollte, bin ich zu euch gekommen. Darum preist ihn in Ewigkeit!«

Lieber Rafael, ich bin dir so dankbar, dass du mich erleben ließt, dass Gottes Ehre der lebendige Mensch ist. Der Mensch, der sich begleiten lässt, ohne abhängig zu werden. Der Mensch, der sich versöhnt mit seiner Geschichte. Denn in diesem Selbstwerdungsprozess ereignet sich die heilende Gegenwart Gottes.

Ich lasse dich ungern ziehen, obwohl ich spüre, dass du mich weiterhin begleitest und mir den Weg zu mir selber, zu Gott zeigst. Ganz unscheinbar, durch viele alltägliche Zeichen.

Danke, Rafael,
dein Tobias

Inspiriert von Tobit 6,1.12.18

Sein dürfen

Mich niederlassen
Schwieriges sich setzen zu lassen

In allen gekrümmten Momenten meines Lebens
den göttlichen Funken in mir wahrnehmen

Mich fallen lassen
sein dürfen
in aller Zerbrechlichkeit
Verletzlichkeit
mit all meinen Visionen eines Zusammenseins
wo jede und jeder sich entfalten kann
heilend-zärtlich-kämpferisch sich einsetzt
sich Ruhepausen gönnt
Deiner Einladung folgt und
sich zu Deiner Rechten setzt
Nach Psalm 110,1

IV, 118

Sich Zeit zum Nachklingen nehmen

»Kommt, alles ist bereit!«, heißt es in einem Gleichnis Jesu im Neuen Testament. Es ist eine Einladung zum Hochzeitsmahl (Lukas 14,17). Diese Worte strahlen die Gelassenheit aus, dass das Wesentliche schon da ist. Die Antworten all meiner Fragen sind in mir. Das Leben ist mir geschenkt. Meine Aufgabe liegt darin, die Einladung anzunehmen. Diese Einladung der tiefen Lebenskraft in mir, der Christuskraft als Quelle des Lebens in mir, erfolgt täglich – sie erfolgt jede Sekunde meines Lebens. Mit dieser Einladung zu rechnen, auf sie zu hören, ihr Raum zu verschaffen, ihr eine Priorität im Leben einzuräumen, gehört zum Zentrum eines spirituellen Weges engagierter Gelassenheit. Ich gehe diesen Weg Schritt für Schritt, indem ich mir den Tag hindurch, morgens, mittags, abends, am Wochenende Zeit nehme, um nachklingen zu lassen, was ich erlebt habe. Denn in meiner Lebenslust, in meinen Enttäuschungen, meinen Visionen, meiner Unzufriedenheit höre ich die Worte Jesu: »Es ist alles bereit!« In diesem achtsamen Verweilen, im Ernstnehmen der Gegenwart gestalte ich aktiv und verantwortungsvoll meine und eine menschlichere Zukunft mit. Die Tiefe meiner Erfahrungen entdecke ich, wenn ich verweile, wenn ich anders sehe und wahrnehme. XI, 126f

Sorge tragen für mein Licht

Im Neuen Testament der Bibel steht das Gleichnis von den zehn Jungfrauen (Matthäus 25,1–13); darin sehe ich als ermutigende Bestärkung, Sorge zu tragen für mein Licht. Im Satz »dann reicht es weder für uns noch für euch« drückt sich der Lebensauftrag an jede und jeden aus, achtsam mit den eigenen Kräften, Gaben und Ressourcen umzugehen. Ziel eines verantwortungsvollen spirituellen Weges ist es, seinem inneren Feuer treu zu bleiben und darauf zu achten, dass es genährt wird:

Was brauche ich an Unterstützung, um mich entfalten zu können, um mich gut einzubringen? Wieviel Bewegung, wieviel Schlaf, wieviel Zeit der Stille brauche ich? Welche Hobbys wie Sport, Lesen, Kultur, Gartenarbeit verschaffen mir einen guten Ausgleich? Welche Ernährung tut mir gut?

Es lohnt sich, all das einmal aufzuschreiben. Daraus können auch Wünsche entstehen, die ich in der Familie oder im Freundeskreis einbringe, damit sie respektiert werden können. In all diesen Fragen suche ich nicht weit. Ich bemühe mich, meinen Erfahrungen zu trauen und darin die Spur zu meinem inneren Feuer zu entdecken.

V, 58

Sinn des Lebens

»Alle wollen immer nur mein Bestes, doch sie kriegen es nicht!« Dieser Satz, an irgendeine Wand gesprayt, kommt mir in den Sinn beim Nachdenken über die Bitte »Dein Wille geschehe wie im Himmel so auf Erden«, die nur bei Matthäus vorkommt. Denn als Jugendlicher hatte ich jahrelang Mühe mit der Frage nach dem Willen Gottes. Damit verband ich zuallererst eine Fremdbestimmung, und ich wollte doch endlich »frei« sein. Ich hatte genug, dauernd den Erwartungen anderer genügen zu müssen. Erwartungen, die leider zu oft mit dem Willen Gottes in Verbindung gebracht wurden. Auf der Suche nach Selbstbewusstsein war mir die Frage nach dem Willen Gottes im Weg. Wie sollte ich seinen Willen erkennen, wenn ich selber nicht wusste, was ich wollte? Gott sei Dank habe ich Menschen kennen gelernt, die mir durch die biblische Botschaft gezeigt haben, dass Gottes Wille nicht etwas Stures, Statisches ist, sondern dynamisches Handeln. Gott will keine unmündigen Marionetten oder kleinkarierte BeamtInnen, die »kopflos« seine Befehle übernehmen. Gott will aufrechte, selbstbewusste Menschen.

Religion wurde für mich zur inneren Befreiung, weil sie nicht eine Pflichtübung war, sondern ein Hineinwachsen in Werte und Ideale, die ich zutiefst in mir selber entdeckte und nach deren Verwirklichung ich mich sehnte. Mein Leben ausrichten auf den Willen Gottes heißt: zutiefst annehmen, dass ich Geschöpf und Abbild Gottes bin. Als Geschöpf werde ich nicht klein gehalten, sondern bin aufgerufen, immer in Rückverbindung (lat.: re-ligio) mit meinem Schöpfer zu leben. Gott hat mich geschaffen und gewollt, sein bedingungsloses JA verleiht meiner Existenz Würde und Sinn. Je mehr ich mich in Gottes Willen, d. h. im Aufbau des Reiches Gottes verwurzle, umso mehr werde ich so, wie Gott mich gemeint hat. Denn Urvertrauen und Selbstbewusstsein gehören zusammen – zwei Grunderfahrungen menschlichen Lebens, die ich bei Jesus ganz besonders stark zum Ausdruck kommen sehe.

Die Zeit der Wanderungen

Wenn Fragen mich bedrücken, dann gehe ich sie an im Wandern. Denn durch das Gehen bleibe ich nicht fixiert auf mich selber, sondern erlebe größere Weite, die nichts verharmlost, wohl aber in einem guten Sinne relativiert. Viele können sich im vertraulichen Gespräch zu zweit beim Wandern besser aussprechen, weil sie Schweigemomente nicht so bedrohlich empfinden wie in einem Raum und weil ihnen durch das Gehen neue Worte unerwartet zukommen. – Solche zutiefst spirituellen Erfahrungen der Weggefährtenschaft finde ich in vielen biblischen Weggeschichten: Das wandernde Gottesvolk, die Weggemeinschaft von Ruth und Noëmi, die Wanderungen Jesu mit seinen JüngerInnen, die heilende Erfahrung des Unterwegsseins nach Emmaus sind für mich keine Geschichten der Vergangenheit. Sie ereignen sich in all denen, die den Weg als Ziel erkennen. – Am meisten berührt mich die Weg- und Aufbrucherfahrung von Sara und Abraham. Sie machen sich auf den Weg in eine ungewisse Zukunft und trauen dem Wegweiser Gottes in sich, der Verheißung, den Weg zu finden, der sich ihnen immer zeigen wird (Genesis 12). Hier entdecke ich ein dynamisches Gottesbild: Menschen wird zugemutet, ihren eigenen Weg in Gemeinschaft zu gehen, auf dem sich mit all seinen Höhen und Tiefen Göttliches ereignet.

Diese religiöse Dimension entdecken heute viele Menschen auf dem uralten Jakobsweg nach Santiago de Compostela. Auf diesem Pilgerweg, auf dem zahllose Menschen mit ihrer Sehnsucht, ihren Ängsten und Sorgen, ihrer Hoffnung unterwegs waren, lässt sich die tiefe Verwurzelung erfahren, weder der Erste noch der Letzte zu sein. Zugleich ist es ein höchstpersönlicher Weg mit Sonne und Regen, Wärme und Kälte, Aufbruchstimmung und Müdigkeit. XVI, 94f

Weggeschichten

Der Weg ist das Ziel. Unsere Existenz wird oft als Weg gedeutet. Mir gefällt, dass sich auch in der Bibel viele Weggeschichten finden. Das Volk Israel ist unterwegs, erlebt Aufbruchstimmung und Durststrecken, Begeisterung und Murren. Sara und Abraham machen sich auf den Weg, ohne zu wissen, wohin er genau führt. Jesus ist oft unterwegs mit seinen Jüngerinnen und Jüngern. Darin sehe ich das tiefsinnige Symbol, dass jede und jeder aufgefordert ist, sein Leben und seinen Glauben vertrauensvoll zu durchschreiten, Schritt für Schritt uns bewegen zu lassen von dem, was uns unmittelbar angeht.

Die Mystikerin Madeleine Delbrêl (1904–1964) sieht unser Leben als einen Weg-Tanz: »*Wir haben aus unserem Leben eine Turnübung gemacht und vergessen, dass es in den Armen Gottes getanzt sein will.*« Beim Tanzen können wir nicht immer vorwärtskommen, wir gehen seitwärts, drehen uns, so bewegen wir uns mit Leib und Seele.

Aktion und Kontemplation

Mystische Menschen verstehen sich darauf, bei sich selbst zu Hause zu sein. Sie laden ein, innere Ruhe zu finden, den inneren Kraftort zu betreten, zu dem niemand Zutritt hat. Innere Sammlung ist die Grundbedingung dafür, sich immer wieder auf den Weg zu machen. Die Biografien vieler Mystikerinnen und Mystiker zeigen uns Menschen, die mit höchster Achtsamkeit und Aktivität mitten im Leben standen. Sie waren viel unterwegs und scheuten beschwerliche Reisen nicht, um in der Nähe der Menschen zu sein. Echte Mystik führt mitten auf die Straßen, auf die Marktplätze des Lebens. Der regelmäßige Rückzug hat den Sinn, noch entschiedener sich den Herausforderungen des Lebens zu stellen.

So war auch Teresa von Avila (1515–1582) viel unterwegs, um neue Klöster zu gründen. Sie hat den Staub des Alltags in ihre Mystik integriert und dabei auch den Humor kultiviert. Als sie auf einer ihrer Reisen nach tagelangen Regenfällen mit dem Gefährt im Straßengraben stecken blieb und dann sogar noch die Achse brach, nahm sie vorwurfsvoll ihr Gespräch mit Jesus auf. Sie meinte, mit ihren »Herzensohren« zu hören, wie Jesus sagt: »So behandle ich zuweilen meine Freunde ...« Ihr Überraschtsein drückte sie voller Schlagfertigkeit aus: »Genau darum habt Ihr so wenige!«

Sommer-Begegnungen (6)

... mit einem spielenden Jungen:

Du baust dir dein Haus von neuem auf mit größter Aufmerksamkeit, obwohl dein letzter Versuch gescheitert ist. Du wagst einen Neuanfang, weil die Hoffnung dich belebt, die stärker ist als Resignation. Du packst zu und gestaltest mit an deiner Zukunft. Deine Versunkenheit beeindruckt mich. Du bist voll da und gehst auf in deinem Lebensspiel.

Du erinnerst mich daran, dass Gott an Menschen nicht verzweifelt und uns alle zum alltäglichen Neuanfang bewegen möchte. Er hat ja nicht ein für allemal die Schöpfung erschaffen, sondern ist weiterhin Tag für Tag mit uns schöpferisch am Werk. Nicht nur wir brauchen Gott, sondern Gott braucht auch uns: Niemand ist zu klein, zu jung, zu unbeholfen, zu begrenzt, um nicht mitbauen zu können am Haus der Menschlichkeit und des Friedens.

Dein aufrechtes Dasein ermutigt mich, beim Arbeiten durchzuatmen, entlastet durch die Worte aus dem Psalm 127,1: »*Wenn du das Haus nicht baust, ist alle Mühe umsonst.*«

Sommertage in einem fremden Land

Kommunikation
kann ein heilendes Geschehen sein
Menschen erkennen einander
in ihrer Einmaligkeit
Menschen hören auf ihre Herzensstimme

Sprachverwirrung
trotz einer Fülle von Kommunikationsmittel
hören wir einander immer weniger zu
Menschen vereinsamen
weil niemand mehr sie direkt anspricht

Kommunikation
kann ein segnendes Geschehen sein
Gottes heilender Geist
inspiriert uns zu Kreativität
und zur universellen Sprache der Hoffnung

Sommer-Begegnung (7)

... mit einem Mahnmal in Freiburg im Breisgau – wie zufällig liegen geblieben scheint ein Mantel aus Bronze, der an einen jüdischen Menschen erinnert, der deportiert worden ist:

Nur dein Mantel ist zurückgeblieben und erzählt von der Hölle, die du erlebt hast – die Hölle der Angst in den Zeiten des Versteckt-seins. Die Hölle der Hoffnungslosigkeit, als du mit 6 503 anderen Juden und Jüdinnen aus Baden und der Pfalz auf Befehl der nationalsozialistischen Gauleitung in das südfranzösische Lager Gurs deportiert wurdest. Die Hölle der Verzweiflung, als man dich in Auschwitz ermordete.

Nun liegt dein Mantel da, in Bronze. Die Stadt Freiburg hat ihn am 20. Oktober 2003 als Mahnmal hingestellt. Nun spricht dein Mantel zu uns, damit wir all die himmelschreienden Ereignisse nie vergessen und mutig einstehen für mehr Menschlichkeit und Toleranz.

Nun erinnert uns dein Mantel daran, dass auch heute Menschen deportiert, gefoltert, missbraucht werden und auf unsere Solidarität warten.

Dein Mantel durchbricht meine Tagesordnung, fordert mich zum Innehalten heraus, damit in meinem Innehalten die Kraft zum Aufstand für Gerechtigkeit wächst.

Sich zum Teilen bewegen lassen

Glücklich
wer teilen lernt
seine Angst überwindet
zu kurz zu kommen

Glücklich
wer seinen Nächsten sieht
in seiner Bedürftigkeit
und ihn Gerechtigkeit erfahren lässt

Glücklich
wer Gott in sich träumen lässt
und sich zutiefst bewegen lässt
ein Gleichnis des Miteinanderteilens zu werden

Inspiriert von:
»Selig, die hungern und dürsten nach der Gerechtigkeit; denn sie werden satt werden« (Matthäus 5,6).

Auf der Alp

Im Wandern erfahre ich meinen spirituellen Weg. Schritt für Schritt genieße ich die Schöpfung und habe dabei die Möglichkeit, die Erlebnisse der letzten Zeit, die kraftvollen und die schwierigen, nochmals wahrzunehmen, um sie wieder loslassen zu können:

Kuhglocken
dasitzen auf der Alp
die Grünkraft tief anschauen
und einatmen

Alles steht bereit
für mich
wenn ich den Mut habe
aus der Hektik auszubrechen
aus dem Gefangensein in mir selber

Brot
Käse und Wein genießen
inmitten Deiner Schöpfung
wie wenig braucht es doch
um das Leben als Fest zu erfahren
Nach Lukas 14,7

V, 121

Wage den Weg in die Tiefe

Du traust deiner Intuition
lässt die vertrauten Hügel hinter dir
um den Weg in die Tiefe zu wagen
der dich in eine neue Weite führen wird

Die Zeit dieses Übergangs
wird nicht einfach sein
Durststrecken und Oasen
Verunsicherungen und
Weggefährtenschaft erwarten dich

Möge dir eine beharrliche Geduld geschenkt sein
ein wohlwollender Umgang mit dir selber
der dich aufrichten wird
mit größerer innerer Freiheit Beziehungen zu gestalten

Inspiriert von:
»Auch die Schöpfung soll von der Sklaverei und Verlorenheit befreit werden zur Freiheit und Herrlichkeit der Kinder Gottes« (Römer 8,21).

Sommer-Begegnung (8)

... mit einem Mann, der in einem kirchlichen Zentrum Brot verteilt:

Du sammelst Brot, das in Supermärkten übrig bleibt. Du verteilst es an Bedürftige in der Petruskirche von Schwerin.

Du lebst so zwei menschliche Grundwerte: Gerechtigkeit und Barmherzigkeit. In deinem Tun wird das Handeln Gottes sichtbar.

In deinem achtsamen Blick erinnerst du daran, dass es genügend Nahrungsmittel gibt für alle, wenn wir unser Glück im Teilen verwirklichen.

In deinem Einstehen für eine gerechtere Gesellschaft atmet der heilende Geist.

Du bestärkst uns, in Dankbarkeit unser Essen zum Gebet werden zu lassen. Darum erzählt auch Jesus in seinen Weisheitsgeschichten so oft vom Festmahl. So träumt er mit uns von einer solidarischeren, brüderlicheren Welt, die durch uns Wirklichkeit werden soll.

Sehnsucht nach Dir

Du mein Gott
Dich suche ich
in allen Ereignissen will ich Deine Spur entdecken
mitten im Alltag in Berührung kommen mit Dir
dem großen Geheimnis meines Lebens

Oft fehlt mir dieses Urvertrauen
die Gewalt
die Fremdenfeindlichkeit
die Intoleranz der Menschen
erdrücken mich oft

Grund
Dich noch mehr zu leben
Nach Psalm 63,2

IV, 71

Sommer-Begegnung (9)

... mit der neu errichteten Mauer in Israel:

Empört sind wir
über eine neue Mauer der Schande
die Konflikte nicht durch Dialoge
sondern durch Machtdemonstration lösen will

Entsetzt sind wir
über eine neue Diskriminierung
die himmelschreiendes Leid erzeugt
und zur Eskalation der Gewalt beiträgt

Erschüttert sind wir
über die Unfähigkeit
aus der Geschichte zu lernen
damit die Spirale des Misstrauens
durchbrochen werden kann

Empört
entsetzt
erschüttert
kommen wir zu DIR
entzünde in uns viele Friedenslichter
die auch durch Protestaktionen
dem Frieden neuen Raum schaffen

Mitfühlend da sein

Segnend-mitfühlend da sein
den Tieren mit Respekt begegnen
weil sie beseelt sind
Ausdruck des Ursegens Gottes

Segnend-mitleidend da sein
den Fremden mit Achtung begegnen
weil die Schöpfung keine Ausländer kennt
sondern nur Mitmenschen wie dich und mich

Segnend-lebensfroh da sein
mit allen Sinnen
sich zum Lebenstanz anstiften lassen
in staunender Dankbarkeit

II, 181

Sommer-Begegnung (10)

... mit einer Franziskanerin in Bethlehem:

Du gehst in die Geburtskirche in Bethlehem. Du gehst zwischen den Säulen hindurch, um deinem Leben im Hier und Jetzt mehr Tiefgang zu geben. Licht und Schatten begegnen dir auf deinem Weg. Darin ereignet sich die Geburt Gottes in dir, in deinem Hoffen, Zweifeln, Staunen und Ringen.

Du betest für den Frieden in einem Land voller Gewalt. Denn du hast bei Franz von Assisi gelernt, dass der böse Wolf von Gubbio nicht bekämpft werden will, sondern gezähmt.

Dein gewaltfreier Einsatz lässt in deinem Schreiten Hoffnungsschritte erkennen. Sie verstärken die Friedenskraft weltweit.

Augenblicke

Ich erhebe meine Augen zu Dir
lerne dadurch anderen in die Augen zu schauen
authentisch zu werden
meine Augen zu schließen
nach innen zu schauen

Da
wo Du längst schon lebst und wirkst

Anderen die Augen zu öffnen
für Dein Gesicht
das sich eröffnet durch unser Tun
Nach Psalm 123,1

IV, 131

Sommer-Begegnung (11)

... mit einem Neonsarg in einem Museum:

Schrecklich die Vorstellung, in einem Neonsarg begraben zu sein: äußerlicher Ausdruck einer beängstigenden Lebenseinstellung, die entfremdet vom natürlichen Eingebundensein in Erde, Wasser, Luft und Feuer.

Ich sehne mich nicht nach künstlichem, sondern ewigem Licht der Liebe.

Kürzlich habe ich in der Nähe von Paris das Grab von Romy Schneider besucht. Es liegt in aller Einfachheit auf einem kleinen Dorffriedhof in Boissy-sans-Avoir. Es hat mich berührt, dass auf der Grabplatte nicht ihr Künstlername stand, sondern ihr Geburtsname: Rosemarie Albach.

Danach sehne ich mich ganz tief im Leben und Sterben: ich selber sein zu können, aus der Kraft Gottes.

Das nährt meine Hoffnung: im Sterben hineingeboren zu werden in die Geborgenheit Gottes.

Mutter Erde erzählt von diesem Getragensein im Hier und Jetzt.

Aus seinen Ressourcen schöpfen

Atempausen
seien dir geschenkt
im Fördern deiner Erholungskompetenz

Atempausen
eröffnen sich dir
in der Selbsterkenntnis
dich nicht ausnützen zu lassen

Atempausen
seien dir geschenkt
im selbstbewussten Schöpfen
aus den inneren Ressourcen

II, 174

Sommer-Begegnung (11)

... mit einer Greenpeace-Demonstration und dem Plakat
»Stoppt Patente auf Leben!«:

Du
stehst da an einem regnerischen Tag.
Du verstehst die Welt nicht mehr:
maß- und grenzenlos ist sie geworden.

Du
findest dich nicht ab mit Grenzüberschreitungen.
Du stehst mit anderen auf für eine wirklich
menschlichere Welt,
in der wir uns nicht blenden lassen von
gefährlichen Experimenten,
die die Würde des Menschen nicht respektieren.

Dir
danke ich für deinen Aufstand für das Leben.
Du ermutigst mich, mich auch ein- und auszusetzen.
Du erinnerst mich, dass auf allen Kontinenten
Frauen und Männer einstehen für einen einfacheren Lebensstil.
Du bestärkst zu einem gewaltfreien Widerstand,
damit echtes Leben in all seiner Begrenztheit möglich wird.
In deinem Engagement erahne ich die Kraft der Auferstehung.

Heute ...

... fühle ich mich dünnhäutig und verletzlich, einfach so. Es ist mir ganz unwohl in meiner Haut. Ich bin außer mir. Immer wieder dieses unmögliche Theater: Wann werde ich mich endlich ändern? Wie werde ich all den Anforderungen des heutigen Tages gerecht?

Jetzt ...

... habe ich die Möglichkeit, mir selber und meinen Gefühlen gerecht zu werden. Ich werde sie nicht wie gewohnt überspielen, sondern versuchen, sie anzunehmen, ohne sie zu beurteilen und zu bewerten. Eine schwierige Gratwanderung, denn mein Anspruch, vollkommen zu sein, sitzt tief in mir.

Ich werde den anderen meine verletzliche Befindlichkeit mitteilen, damit der Druck weicht.

Ich wage die nächsten Wochen, Monate und Jahre einen Weg in die Tiefe, in dem ich mich verabschiede von all den Allmachtsfantasien, die unser Leben immer unmenschlicher werden lassen.

Ich suche mir Hilfe und lasse mich begleiten auf diesem Heilungsweg. Schritt für Schritt werde ich diese Reise nach innen gehen, im Verweilen im Augenblick.

Stunde für Stunde schließe ich einen Moment die Augen, atme tief durch, um klarer zu sehen, dass ich sein darf mit meinen Schwächen und Stärken.

Ich gönne mir Oasen – beim Schwimmen, Spazierengehen, Joggen, damit meine Lebensräume wachsen.

SEPTEMBER

Vertrauen

Dranbleiben

Nach der Sommerpause holt mich der Alltag mit all seinen Herausforderungen wieder ein. Im Urlaub konnte ich Kraft schöpfen; Dasein ohne Uhr und ohne Termine war für meine Seele eine Wohltat. Die Rückkehr zum Arbeitsplatz war dann sehr angenehm, weil viele andere noch in den Ferien waren und ich in aller Ruhe vieles aufarbeiten konnte – ein gesunder Arbeitsrhythmus, wie ich ihn mir wünschte: Entschleunigung, Verlangsamung, in denen Kreativität und Effizienz sich entfalten können.

In den ersten Septembertagen nimmt der Druck zu: das unbarmherzige Diktat, dass nun wieder alles viel schneller erledigt sein muss – eine subtile Versklavung, in der wir gelebt werden. Weil ich diesen ungesunden Zeitgeist verinnerlicht habe, will ich nicht jammern, sondern bewusst Widerstand leisten. Nicht ein für alle Mal, sondern immer wieder. Ich will dranbleiben auf meiner lebensfördernden Vertrauensspur, dass wir unser Glück nicht allein durch Leistung und schon gar nicht durch Hektik finden können.

Glücklich werde ich, wenn ich Tag für Tag hineinwachse in das große Urvertrauen, dass ich in einem größeren Ganzen aufgehoben bin. Darum ist es mir wichtig, »hinter« die Dinge zu schauen, um meine Arbeitsgrundhaltung, meine Lebenseinstellung zu durchschauen. Ich will nicht ein Leben lang auf ein großes Wunder warten, sondern schon beim Einschalten des Computers oder in der Warteschlange in der Post das Wunderbare im Alltäglichen entdecken. Ich kann die Welt nicht einfach so verändern, bevor ich in mir einen anderen Zugang zu diesen Mechanismen gefunden habe. Die Widerstandskraft für strukturelle Veränderungen beginnt in mir, im Zugang zu meinem Vertrauensort, der mich in die Mitte meines Alltags verweist.

Der Computer – mein spiritueller Begleiter (1)

Ich bin kein Mann der Technik; ohne den Druck der verschiedenen Redaktionen und Verlage hätte ich mir nie einen Computer gekauft. Die Widerstände waren sehr groß und die Ängste, als völlig unbegabt belächelt zu werden, auch. Irgendwann hatte ich keine andere Wahl mehr, und nun steht seit Jahren mein Computer an einem zentralen Platz auf meinem Schreibtisch. Allerdings habe ich erst seit einigen Wochen bemerkt, dass auch er mein spiritueller Begleiter sein kann. Beim Einschalten kann ich lernen, was wesentlich ist im Leben. Bevor ich von meinem PC etwas erhalte, nimmt er sich zuerst Zeit, um seine Programme zu sammeln. Es lässt sich durch meine Ungeduld nicht beirren, um zuerst den Zugang zu seinen Ressourcen zu finden. Er erlaubt sich sogar in Situationen, in denen ich auf eine schnelle Antwort angewiesen bin und wirklich keine Zeit zum Warten habe, besonders langsam ein Programm nach dem anderen aufzuladen!! Verlorene Zeit?

Was sich da abspielt, kann für mich jedes Mal eine Einladung sein, einen anderen Umgang mit mir selber, mit der Zeit und mit den Erwartungen an meine Mitmenschen zu fördern. Mein Gefühl, schon wieder Zeit zu verlieren, kann sich verwandeln, wenn ich diese 70 Sekunden nutze, um selber einen Moment innezuhalten, tief durchzuatmen, mit beiden Füßen auf dem Boden zu stehen, aufrecht dazusitzen und mich zum Beispiel mit Humor an die Worte von Franz von Sales zu erinnern: »Nimm dir jeden Tag eine halbe Stunde zum Gebet, außer wenn du viel zu tun hast, dann nimm dir eine Stunde Zeit!«

Mein Computer – mein spiritueller Begleiter (2)

Mein achtsames Warten wird zum Gebet, weil ich dadurch Widerstand leiste für eine menschenwürdigere Arbeitseinstellung, die uns Menschen nicht zu Kopien von Ansprüchen und Sachzwängen werden lässt, sondern zur Erneuerung der uralten Verheißung, ein Original, ein Abbild Gottes zu sein, das der Kraft des Sabbats mitten im Alltag traut.

Bei diesem Alltagsritual geht es mir nicht um einen esoterischen Trick und auch nicht um ein neues, vielsprechendes Rezept, das die Komplexität unseres Lebens verharmlost. Meine Ermutigung zu einer bewussteren Lebensgestaltung, in der die Leere, Langsamkeit und Achtsamkeit kultiviert werden, lebt von der Einsicht, dass wir in ganz unscheinbaren, täglichen Gesten und Gewohnheiten unsere Lebenseinstellung, unsere Grundhaltungen erkennen können.

So genannte lächerliche Erfahrungen wie das Einstellen meines Computers können mir zum Spiegelbild meiner inneren Unruhe werden und mich zugleich bestärken, mir Oasen im Alltag zu schaffen. An einer kleinen Begebenheit kann ich das Große, das Zusammenhängende entdecken. Martin Buber spricht vom Zwischenraum, der notwendig ist für jede echte Begegnung und Beziehung. Unsere Welt, unsere Pastoral, unsere Gottesdienste brauchen eine Kultur des Zwischenraums, eine Kultur der Leere, in der wir unsere Erfahrungen nachklingen lassen und vertiefen.

Das Einschalten des Computers kann mich immer wieder an diese befreiende Wirklichkeit erinnern, dass es wohl auf mich ankommt, jedoch längst nicht nur von mir abhängt.

Von der Kraft einer Randbemerkung (1)

Vor einigen Wochen erhielt ich einen Brief von einer siebzigjährigen Frau, die sich bedankte für einen Besinnungskurs, den ich vor fünf Jahren geleitet hatte. Mein erster Gedanke war natürlich, dass sie Bezug nimmt auf eines meiner Bücher, weil ich darin so viel Wesentliches und Wichtiges sagen möchte. Denkste! Sie bedankt sich für einen einfachen Satz, der ihr Leben entscheidend verwandelt hat. Sie erzählt mir, dass ich am Anfang einer Gruppenrunde auf sie zugegangen sei, und weil sie immer ein Stück außerhalb des Kreises war, hätte ich sie mit den Worten »*Du gehörst dazu!*« liebevoll-bestimmt ermutigt, in den Kreis zu kommen.

Eine Randbemerkung, die für einen Menschen zu einer zentralen Bedeutung werden kann. Durch dieses wohltuende Echo spüre ich nicht nur, dass es nie zu spät ist für einen Dank, sondern ich erfahre darin viel Entlastendes für meine seelsorgerliche Arbeit. Mein Vorbereiten, mein Organisieren und Planen sind wichtig und notwendig, doch das Wesentliche im Leben bleibt immer ein Geschenk.

Seither lassen mich diese drei Worte nicht mehr los. In der klösterlichen Tradition habe ich gelernt, dass wir das Wiederkäuen nicht den Kühen überlassen sollen. Worte, die uns unmittelbar angehen, biblische und auch unscheinbare Randbemerkungen, können in der Kraft der Wiederholung Nahrung für unsere Seele sein. »Ruminatio« nennt sich diese spirituelle Lebensgestaltung. So hole ich mir diese Worte immer wieder hervor und staune, wie viel Wesentliches sich darin verbirgt: »*Du gehörst dazu!*« bring ich in Verbindung mit den drei Urwünschen, die in uns leben und die wir in allen Kulturen, Religionen, Legenden und Märchen wiederfinden:

dem Urwunsch nach Anerkennung, Ansehen, Angenommensein,
dem Urwunsch nach Verwandlung, innerem Reifen und Wachsen,
dem Urwunsch nach Verwurzelung, Beheimatung, Gemeinschaft.

Von der Kraft einer Randbemerkung (2)

»*Du gehörst dazu!*« ist für mich eine der Kernaussagen, die Christen im Feiern der Sakramente einander hautnah erfahren lassen. In der Taufe verdichten wir jedem Menschen, dass er dazugehört, weil er einmalig ist und ohne Gemeinschaft nur schwer er selber werden kann. In der Eucharistie vergegenwärtigen wir die Wirklichkeit, dass wir zu Christus gehören, weil er längst vor all unserem Tun in unserem inneren Kloster, in unserer heiligen Zelle, in unserem Innersten wohnt und wirkt. In der Krankensalbung erfahren gebrechliche und sterbende Menschen, dass sie immer zu uns gehören werden, weil der große Kreis der Liebe auch nicht durch den Tod durchbrochen werden kann.

»*Du gehörst dazu!*« ist für mich eine Kernaussage diakonischen Handelns. Durch den Liebhaber des Lebens aus Nazareth wird der Rand zur neuen Mitte. Menschen am Rande, Frustrierte, Enttäuschte, Verletzte erhalten Ansehen und Anerkennung, ihnen wird Verwandlung zugesprochen, und sie werden zur Integration, zur Beheimatung bestärkt. Denn das Ethos einer Gemeinschaft zeichnet sich dadurch aus, wie sie mit den Schwächsten umgeht.

Die Randbemerkung, an die mich jene Frau kraftvoll erinnert hat, verstärkt meine Überzeugung, dass Seelsorgende Menschen sind, die Räume der Hoffnung, des Glaubens, der Liebe eröffnen, ohne sie selber durch zu viele Worte zu füllen. Wir brauchen dringend eine Pastoral der LEERE, in der die Zwischenräume neue Beachtung finden.

Martin Buber brachte es auf den Punkt: Zwischenräume, Leere sind entscheidend für jede echte Begegnung.

Räume des Vertrauens schaffen (1)

Vertrauen und Angst sind zwei Grundpole des Lebens. Aus der Spiritualität der biblischen Psalmen und dank der Mystik habe ich gelernt, mit dieser Grundspannung umgehen zu können. Im Psalm 4,2 lese ich verheißungsvoll: *»Du hast mir Raum geschaffen, als mir Angst war.«*

In solchen Worten wird das Motiv der Angst auf überraschende Weise entfaltet. Angst wird ernst genommen, soll nicht bekämpft, sondern verwandelt werden. Dazu braucht es Vertrauensräume, in denen Menschen einander von ihren Ängsten erzählen, damit sie die Angst vor der Angst verlieren. Wenn wir alleine bleiben mit unserer Angst, lähmt sie uns, ist unersättlich, entfremdet uns von uns selber und anderen. In meinen 150 Psalmenaktualisierungen erzähle ich meine persönlichen Ängsten, damit ihr Bann gebrochen werden kann:

Angst im Abfalleimer zu landen
ausgenützt
verbraucht

Angst
dass mein Lebensentwurf
in sich zusammenfällt
und inneres Chaos zurückbleibt

Angst
die mich entfernt von mir

Angst
die mich endlich zu mir führt
meinem wahren Gesicht
Nach Psalm 38,22

Räume des Vertrauens schaffen (2)

Das Eingeschlossensein in den Mauern der Angst nennt die Mystik das Ich-Gefängnis: ein Gefangensein in sich selbst, das genährt wird von der Vorstellung, durch Kontrolle, durch Leistung und Anpassung ließe sich das Leben für immer in Griff kriegen. In so einem einseitigen Lebenskonzept verbauen wir uns die Erfahrung, angenommen zu sein *vor* aller Leistung, weil das Wesentliche im Leben Geschenk, Gnade ist. Die Psalmenspiritualität zeigt eine Spur, wie wir authentische Menschen werden. Menschen, die all ihre Gefühle, ihre Ängste und auch ihr Grundbedürfnis nach Sicherheit ausdrücken, mit-teilen, um nicht darin stecken zu bleiben. Dabei wird der Glaube nicht als Absicherung verstanden, als perfekte Lebensversicherung, sondern als innere Kraft, um auch an Verunsicherungen und durchkreuzten Plänen zu wachsen und zu reifen. Die Vertrauensschule Jesu ist verwurzelt in den Psalmen. Die Heilungsgeschichten zeigen, wie jener Liebhaber des Lebens aus Nazareth unsere Blockierungen, Verhärtungen, Verwundungen nicht mit populistischen Parolen wegzaubert, sondern unser Selbstvertrauen und unsere Beziehungsfähigkeit stärkt.

Überversichert sind wir
ausgeliefert jener Manipulation
dauernd zu wenig zu haben
verschlungen vom Irrtum
Haben sei mehr als Sein

Lehre uns das Leben zu genießen
ohne uns daran zu klammern
lass uns ein Gleichnis des Teilens werden
berühre uns zur Kunst des Loslassens
Nach Psalm 49,7

Räume des Vertrauens schaffen (3)

Tag für Tag wird uns ganz subtil durch die Werbung ein Glückskonzept aufgedrängt, das im Fördern der Haben-Mentalität sich erfülle. Paradoxerweise entzieht sich uns immer mehr die Gabe des Glücks, weil sie sich stattdessen im Teilen von Macht und Besitz, von Hoffnungen und Ängsten, von Freude und Trauer ereignet. Es gehört zu unserer Grundbefindlichkeit, haben und festhalten zu wollen, ein Leben lang. Spirituelle Menschen nehmen dieses Bedürfnis nach Sicherheit wahr und zugleich versuchen sie, vom Haben zum Sein zu gelangen. – Der Psychoanalytiker Erich Fromm beruft sich in seinem höchstaktuellen Buch »Haben oder Sein. Die seelischen Grundlagen einer neuen Gesellschaft« auf Meister Eckhart: »Laut Eckhart ist unser Ziel als Menschen, uns aus den Fesseln der Ich-Bindung und der Egozentrik, das heißt dem Haben-Modus, zu befreien, um zum vollen Sein zu gelangen ... Sein ist Leben, Aktivität, Geburt, Erneuerung, Ausfließen, Verströmen, Produktivität.«

Sein bewegt mich zum Loslassen, um über mich selbst hinauszuwachsen. Dann erfahre ich Glück und Lebenserfüllung. Echtes Loslassen ist allerdings nur möglich, wenn ich mich zuerst einlasse auf alle Widerstände und Verlustängste. Dabei handelt es sich nicht um einen Zustand, sondern um ein tägliches Hineinwachsen ins Urvertrauen, gehalten zu sein in aller Zerbrechlichkeit. Die Mystikerin Teresa von Avila (1515–1582) umschreibt es so: »Nichts ängstige dich, nichts beunruhige dich. Gott allein genügt.« Das Leben Teresas zeigt, dass sie viele Ängste und Beunruhigen erfahren hat; ihr Lebensmotiv hatte sie nicht im Griff; man fand ihre Worte, die im bekannten Lied »Nada te turbe« vertont sind, erst nach ihrem Tod. Sie hat sie auf einem Zettel in ihr Klosterhabit eingenäht. Offensichtlicher ist nicht auszudrücken, dass das Bedürfnis, alles zu begreifen, befreit wird, wenn wir jeden Morgen neu jene Vertrauensworte sprechen.

Himmelsleiter zum Alltag

Entdecke
deine Himmelsleiter zum Alltag
zum authentischen Dasein
im Auf und Ab des Lebens

Entdecke
die kraftvollen Engel
die dich zur Lebendigkeit bestärken
zum Ausgerichtetsein zwischen Erde und Himmel

Entdecke
deine Himmelsleiter zum Alltag
zum mitfühlenden Dasein
im Lachen und Weinen

Entdecke
die heilenden Engel
die dich in deiner Verunsicherung
zum vertrauensvollen Aufbruch begleiten

Von Heldenmut und Kraftlosigkeit (1)

Beim Gottesdienst fällt mir der sechsjährige Samuel auf. Er ist mit seinen Eltern und seinen Geschwistern da; es scheint ihm ganz und gar nicht wohl zu sein. Weder das Anschauen eines Bilderbuches, noch das freie Herumlaufen oder die Einladung, beim Segen sich gegenseitig ein Kreuz in die Hand oder auf die Stirn zu zeichnen, begeistern ihn.

Als ich am Sonntagabend mit dem Zug unterwegs bin, kommt mir Samuel ganz unerwartet entgegen. Als er mit seinem Vater auf dem Weg zur Toilette ist, entdeckt er mich. Zu meinem großen Erstaunen gibt er mir die Hand und sagt: »Wir haben ja heute Morgen so schön miteinander gesungen!« – Ich traue meinen Ohren nicht. Ihm, der sich nach meinen Eindruck nur langweilte, hat das Singen gut getan! Während meiner Zugfahrt lächle ich dem Leben zu und »verkoste« diese Worte. Ich brauche nicht nur das tägliche Brot, sondern auch das tägliche gute Wort, die Zuwendung durch andere Menschen, die Gegenwart Gottes in allem. Dank dieser Erfahrung werde ich erinnert, wie vielschichtig und verschieden das Empfinden von Menschen sein kann.

Mein erster Eindruck ist wirklich sehr begrenzt. Die Sorgen, das Unwohlsein, die Müdigkeit, die die Menschen mitbringen – und die sie nicht so schnell loslassen können –, müssen nichts mit mir zu tun haben. Auch wenn ich mein Bestes gebe, ist es zum Glück begrenzt und kann kaum alle Menschen ansprechen. Der kleine Samuel ermutigt mich, beim Feiern und in meinen Kursen und Lesungen darauf zu achten, wem ich wie viel Macht gebe. [...] Manchmal habe ich die Kraft, kritische Äußerungen einerseits ernst zu nehmen und andererseits in den richtigen Relationen zu sehen. Manchmal bleibe ich hängen an einer unangenehmen Reaktion. Zum Glück bin ich nicht alleine mit dieser Erfahrung.

Von Heldenmut und Kraftlosigkeit (2)

In den Vaterunser-Meditationen der großen Mystikerin Teresa von Avila lese ich: »*Manchmal meine ich, dass ich einen beachtlichen Heldenmut habe und vor keiner Schwierigkeit, die im Dienste Gottes auf mich zukommen könnte, zurückschrecken würde. Das hat sich auch einige Male in der Tat bestätigt. Aber dann kommt wieder ein Tag, da bringe ich nicht einmal so viel Energie auf, um mit einer Ameise fertig zu werden, die mir über den Weg läuft. Ein andermal kommt es mir vor, als könnte es mir absolut nichts ausmachen, wenn andere über mich reden. Aber dann kommen Tage, an denen mich schon ein einziges Wort niederdrückt und ich am liebsten fortlaufen möchte, so zuwider ist mir alles. Und das ist nicht nur bei mir so. Das Gleiche habe ich auch bei vielen anderen beobachtet, die bessere Menschen sind als ich. Daher weiß ich, dass es stimmt.*«

Diese authentische Offenheit Teresas tut mir unendlich gut. Sie ermutigt mich, mich an meinen Stärken zu freuen und mir wohlwollend zu begegnen, wenn mir die Energie fehlt, um einer Ameise zu begegnen. Beides entdecke ich auch bei Samuel: sein Unwohlsein und seine Begeisterungsfähigkeit. Beides ist tägliches Brot, beides gehört zum echten Menschsein!

Voll da (1)

Ich gehe leidenschaftlich gerne ins Kino. Am liebsten schaue ich mir Filme an, in denen mir als Zuschauer Zeit gelassen wird, die Bilder wirklich anzuschauen. Solche Filme lassen sich durch ein besonderes Augenmerk für das beseelte Wirken von vielen Künstlerinnen und Künstler finden. Ich schaue gerne hinter die Bilder und erkenne darin viele verschlüsselte Botschaften, die für mich von religiöser Kraft sind. Ich verlasse oft ganz beglückt das Kino, weil mir diese Rückverbindung gut tut. Daher habe ich in der Zeitschrift »ferment« unter dem Titel »Kino als Kathedrale« verschiedenen Filmfiguren Briefe geschrieben, in dem ich der spirituellen Dimension Worte gebe. Ich entdecke sie in Szenen, in denen ich mich unmittelbar berührt fühle.

Im englischen Erstlingsfilm von Stephen Daldry »Billy Elliot« begegnen mir eine Fülle von kraftvollen Lebensweisheiten, die mir viele Spuren zu dem Liebhaber des Lebens aus Nazareth zeigen. Billy soll lernen – so will es sein Vater –, sich im wahrsten Sinne des Wortes durchs Leben zu boxen. Doch er hängt seine Boxhandschuhe an den Nagel und tauscht sie gegen Ballettschuhe ein. Er will durchs Leben tanzen. Das Geradestehen für seine Berufung bringt ihm viele Konflikte, doch er findet auch Verbündete. Nach vielen Widerständen anerkennt sogar sein Vater seine Gabe und begleitet ihn nach London, damit er im Royal Ballet vortanzt. Die Angst ist groß, vor dem kritischen Expertenteam zu tanzen. Noch schwieriger ist die Frage eines Experten: »Billy, was fühlst du beim Tanzen?« Der Junge verstummt, wie soll er das wissen? Er ringt um Worte, stammelt und will ganz entmutigt den Saal verlassen. In der Türe sagt er: »Am Anfang fühle ich mich noch ganz steif und unbeholfen. Wenn ich dann einfach anfange und tanze, dann vergesse ich mich immer mehr, und es ist, wie wenn ich verschwinden würde. Es ist, wie wenn ein Feuer meinen ganzen Körper durchdringt. Ich bin dann voll da und ganz weg!«

Voll da (2)

Diese tiefsinnigen Worte berühren mich sehr. In wenigen Worten spricht ein Junge aus, was ich mit Mystik im Alltag meine. Es sind jene Momente, in denen Raum und Zeit wie aufgehoben sind, wir in größter Achtsamkeit da sind und uns dabei ganz vergessen. Wir alle kennen solche Glücksmomente, weil wir alle Mystikerinnen und Mystiker sind. Wir feiern sie auch in den Sakramenten, in unserer Zerbrochenheit, in unserer Solidarität und in unserer Lebenskraft.

Wenn in Zukunft Menschen – jung und alt – mich fragen, wie sie die Wandlung in der Eucharistie verstehen sollen, dann werde ich mir die Worte von Billy Elliot ausleihen. Denn im Zusammenkommen als Menschen mit unserer Verwundbarkeit und unserer Sehnsucht, im Horchen auf uralte Lebensworte, im Beten und Singen und im staunenden Teilen, in der Communio erfahren wir mit Leib und Seele, wie Christus »voll da ist und ganz weg«. Diese geheimnisvolle Gegenwart ist es, die mich nährt und die meinen Blick schärft für den Lebensatem Gottes in allem.

Die Sehnsucht genügt (1)

Ein 70-jähriger, krebskranker Mann, der nicht mehr operiert werden kann und sich dadurch mit dem nahen Sterben auseinandersetzen muss, begegnet mir in einer Exerzitienwoche, die ich mit Texten von Mechthild von Magdeburg gestalte. Sein Gesicht und sein Gang sind gezeichnet von der Angst, vom Schmerz und zugleich von einer leisen Hoffnung, sich mit seinem Leben versöhnen zu können. Im Gespräch teilt er mir mit, dass ihn seit seiner Kindheit eine religiöse Sehnsucht bewohnt, die nie verloren ging, obwohl er durch all die Anforderungen des Lebens in Familie und Beruf ihr nicht nachgegangen ist. Darum mache er sich keine Illusionen, dass eben nur noch kleine Schritte im Glauben möglich seien.

Nach einem langen Schweigen sage ich ihm: »Diese Sehnsucht genügt.« Nach wiederum langen Momenten der Stille wiederholt er meine Worte: »Diese Sehnsucht genügt.« Sein Gesicht, sein Blick verwandeln sich. Er kann sich für Momente von seiner Angst befreien, seine Zunge löst sich, und ich darf Anteil nehmen an einer Lebensgeschichte, in der das Ungenügen immer im Zentrum stand ... – Die Sehnsucht genügt, damit ein Mensch angesichts des Sterbens seine kleinen Schritte nicht mehr abwertet, sondern sie als Ausdruck seines Vertrauens versteht, ganz im Sinne des Vaters eines besessenen Knaben, der stammelt: »Ich glaube, hilf meinem Unglauben!« (Markus 9,24).

Die Sehnsucht genügt (2)

In den Wochen danach holen mich jene drei Worte immer wieder ein. Es geht mir oft so, dass ich für andere Menschen kraftvolle Worte finde, die dann aber auch in mir selber Wirklichkeit werden möchten. Dies geschieht in einem dynamischen Prozess, in dem ich selber berührt bin von einer Aussage und danach selber zweifle, ob es wirklich so sei. Stimmt es wirklich, dass die Sehnsucht genügt? Braucht es nicht mehr? Mache ich es mir damit nicht zu einfach? In diesem Ringen, das mich in Verbindung bringt mit meinem eigenen Schmerz, nicht zu genügen, weil ich viel zu hohe Ansprüche an mich und an das Leben stelle, erinnere ich mich an die befreienden Worte Mechthilds von Magdeburg (1207–1282): *»Gott spricht zur Seele: Frau Seele, ihr seid so sehr in mich hinein geschaffen, dass zwischen mir und euch nichts sein kann.«*

Diese alten Lebensworte befreien damals wie heute. Sie erzählen von der tiefen Hoffnung, dass in uns allen ein Einheits-Ort ist, ein heiliger Ort, wo niemand Zutritt hat und wir einfach sein dürfen mit unserer Lebenskraft und unserer Verletzlichkeit, weil wir im Hier und Jetzt ganz in Christus sind. Ein heilender Ort des Aufgehobenseins, wo wir annehmen können, dass wir uns selber, den andern und Gott immer etwas schuldig bleiben, weil unsere Würde im Begrenztsein sichtbar wird und vieles Fragment bleibt.

Ja, es stimmt wirklich, dass die Sehnsucht genügt, um verwandelt im Leben zu stehen und er-löst zu werden von den vielen Allmachtsfantasien. Es stimmt wirklich, dass die Sehnsucht genügt, um toleranter mit dem Anderssein und dem Fremden umzugehen. Es stimmt wirklich, dass die Sehnsucht genügt, um angesichts des Todes die Kraft der Ewigkeit zu erahnen, auf dass all das Bruchstückhafte unseres Lebens in Gott vollendet werde. Es stimmt wirklich, dass die Sehnsucht genügt, weil wir alle priesterliche Menschen sind: Frauen und Männer, die mitten im Alltag Erde und Himmel miteinander verbinden können.

Beherztes Salatzubereiten (1)

Die Arbeit im Garten ist für mich eine wohltuende Erholung, auch wenn ich dabei ins Schwitzen komme. Es ist für mich nicht selbstverständlich, dass ich in den Klostergarten gehen kann, um verschiedene Gemüsesorten zu ernten. Der Gang durch den Kräutergarten wird für mich zur Meditation, weil mir da der große Segen Gottes entgegenkommt. All die Düfte lassen mich aufatmen und einen sinnlichen Glauben erfahren, der sich in einem großen Staunen, in einer tiefen Dankbarkeit ausdrückt. Natürlich steckt dahinter die große Arbeit von Frère Hans, der seit 45 Jahren diesen Garten hegt und pflegt. Doch gerade durch ihn habe ich gelernt, dass Wachstum nie allein in unseren Händen liegt, sondern ein Geschenk bleibt. Diese Gelassenheit begleitet mich in die Küche. So schaue ich beim Zubereiten der verschiedenen Gemüsesorten bewusster in ihr Inneres. Da wird das Salatzubereiten zu einem spirituellen Tun. Der Salat hat uns Menschen einiges voraus: Er hat sein Herz im Kopf!! Diese kleine Erkenntnis ermutigt mich zu einem beherzten Handeln, bei dem die Trennung zwischen Heiligem und Profanem aufgehoben ist. So wird ein achtsames Salatzubereiten zum Gebet, weil ich nicht noch schnell meine Hausarbeit hinter mich bringen muss, um danach mehr Zeit zu haben für Wesentliches. Das Wesentliche begegnet mir vielmehr in *allen* Dingen, wie Ignatius von Loyola sagt. So entdecke ich im Aufschneiden einer Zucchetti einen klaren Gang nach innen. Verschiedene Kern-Räume kommen mir da als Urbilder, als Mandala entgegen, die mich an Worte von Dag Hammarskjöld (1905–1961) erinnern: »*Die längste Reise ist die Reise nach innen.*« Sie ist für ihn übrigens die Grundbedingung, um politische Verantwortung zu übernehmen. – Beim Durchschneiden einer Zitrone nehme ich ein Rad wahr mit seiner leeren Mitte, das ich in Verbindung bringe mit den berühmten Worten von Lao Tse: »*Dreißig Speichen gehören zu einer Nabe, doch erst durch das Nichts in der Mitte bekommen sie ihren Sinn. Somit entsteht der Gewinn durch das, was ist, erst durch das, was nicht ist.*«

Beherztes Salatzubereiten (2)

Beim Aufschneiden einer Birne sehe ich, wie wichtig ihr Stil ist. Eine klare innere Linie ist entscheidend im eigenen Wachsen und Reifen. Sie fördert nicht Sturheit und Überheblichkeit, sondern weist über sich hinaus. Sie verdichtet die Grundbotschaft der Lebensschule Jesu, in der wir uns nicht durch unsere eigenen Leistungen profilieren, obwohl wir aufgerufen sind, durch unser tiefes Verwurzeltsein in IHM Leben spendende Früchte zu bringen.

Beim Zubereiten des Lauchs begegne ich dem inneren Licht, das uns alle bewohnt. Es lädt ein, Kreise zu ziehen, die hineinwirken in das Dunkel dieser Welt, damit unsere Hoffnung durch viele alltägliche Arbeiten genährt wird. Darum betone ich, dass nicht nur die Kapelle in unserer offenen Klostergemeinschaft ein heiliger Ort ist, sondern auch die Brunnenstube, in der die Quelle gefasst ist, die 1143 zur Gründung dieses Prämonstratenser-Kloster geführt hat, das 1530 durch die Reformation aufgelöst wurde und seit dem 15. Juni 1954 dem französischen Orden der christlichen Schulbrüder (Frères des Ecoles chrétiennes) gehört, sondern ganz sicher auch unsere Küche.

Versunken vor einem Hausnummernschild (1)

Dorothee Sölle sprach Ende April 2003, wenige Stunden vor ihrem Tod, in der evangelischen Akademie in Bad Boll zum Thema »Gott und das Glück«. Sie entfaltete ihren eindrücklichen Vortrag in drei mystischen Grundhaltungen: staunen – loslassen – widerstehen. Da kommt die ganze Komplexität der Mystik zum Ausdruck mit ihren persönlichen und politischen Postulaten. Da wird die Spannung angesichts der Schönheit und der Widersprüchlichkeit des Lebens nicht aufgehoben. Da ist von der »pax americana« die Rede, mit ihren unterdrückenden Mechanismen.

Eine engagierte Spiritualität, in der ich mich voll und ganz finde. Ich verdanke Dorothee Sölle, der ich in ihren letzten Jahren freundschaftlich begegnet bin, viel. Glück ist für sie nicht jene satte Konsumzufriedenheit, sondern die Gabe, sich selbst vergessen zu können. Sie konkretisiert diese mystische Lebenseinstellung anhand einer einfachen Erfahrung mit ihrem fünfjährigen Sohn: Vor über vierzig Jahren war sie mit ihm in der Aachener-Straße in Köln unterwegs. Auf einmal blieb der Junge stehen und bewegte sich nicht mehr. Dann sprach er: »Mama, Mama, sieh doch, guck mal: 537!« Zum ersten Male konnte er die Zahlen 5, 3 und 7 als ganze Zahl 537 wahrnehmen. Ein großer Moment des Staunens. Dorothee Sölle sah nun auch, wie wundervoll die Zahl 537 auf dem blauen Schild aufschien: »Ich sah plötzlich, wie schön sie war.« So sprach sie selber von der Versunkenheit ihres Sohnes vor einer Hausnummerzahl, von Verzauberung; dies war für sie Meditation: ein Innehalten, ein Verweilen, ein Betrachten, ein Einverständnis mit dem Hier-Sein.

Versunken vor einem Hausnummernschild (2)

»Hier sein ist herrlich. Nirgends wird Welt sein als innen. Unser Leben geht hin mit Verwandlung«, schreibt Rainer Maria Rilke in seiner siebenten *Duineser Elegie*. Geerdete Meditation verwandelt unseren Alltag, damit wir hinter die Dinge und Ereignisse sehen, um das Verbindende und Zusammenhängende wahrzunehmen. Im biblischen Buch Ijob heißt es: »Steh still, um die Wunder Gottes zu betrachten« (37,14). Der Schleier der Trivialität wird durch das achtsame Wahrnehmen eines blauweißen Hausnummernschildes durchbrochen. Die Gabe des Gegenwärtigsein eröffnet uns Fenster zur Ewigkeit. Diese Sammlung nährt unsere Widerstandskraft im Engagement für die Menschenrechte, für die Liebe zu den Tieren, für die Bewahrung der Schöpfung. Da gebiert sich Gott in unserem Seelengrund im ganz einfachen Dasein.

Diese Alltagsmystik fasziniert und belebt mich. Echte Meditation führt immer in die Kreativität und den Staub des Alltags. So spricht Teresa von Avila von Christus, der inmitten der Kochtöpfe anzutreffen ist. Meister Eckhart verdeutlicht, dass Momente des Aufgehobenseins und der Versunkenheit auch am Herd und im Stall erfahrbar werden. Thomas Merton versteht die schweigende Meditation als Eintauchen in die Gegenwart Gottes, damit alles, was er berührt, sich in Gebet verwandelt. So sind für ihn auch die Vögel, der Wind in den Bäumen meditatives Gebet.

Madeleine Delbrêl entfaltet eine Fahrradspiritualität, die zu einem gesunden Gleichgewicht von Aktion und Kontemplation einlädt: »Es ist wie mit einem Fahrrad, das sich nur aufrecht hält, wenn es fährt!« Im Arbeiten und im Innehalten sind wir aufgehoben im Fluss der Liebe. Er bewegt uns zum Engagement und zum Rückzug, weil beides echte Gemeinschaft stiftet.

Lass dich begleiten

Lass dich begleiten
in deiner Selbstwerdung
mute dich den anderen zu
mit deiner Lebenskraft und Verletzlichkeit

Lass dich unterstützen
in deinem Hunger und Durst nach Gerechtigkeit
such dir Verbündete
die dem Engel der Hoffnung folgen

Lass dich ermutigen
in deiner Krise
die zur Chance werden kann
im Verlassen von lebensfeindlichen Strukturen

Lass dich ermächtigen
zum heilenden Mitsein
mit aller Kreatur
im achtsamen Gestalten deines Alltags

Lass dich bestärken
zum Aufbruch ins Ungewisse
weil der Engel des Vertrauens dich begleitet
zu neuer Lebensqualität

Unerträgliche Nachrichten (1)

Beim Lesen von Tageszeitungen bin ich als spiritueller Menschen herausgefordert. Da begegne ich einer himmelschreienden Not, die mich immer wieder zweifeln lässt an der Güte Gottes. Es geschieht besonders, wenn ich mindestens einmal pro Woche ganz bewusst einen Hintergrundartikel lese. Da spüre ich nicht nur einen seelischen, sondern auch einen körperlichen Schmerz: eine Revolte, die meinen Glauben an das Gute im Menschen erschüttert.

So lese ich bei UNICEF, dass in den letzten 10 Jahren über 2 Millionen unschuldige Kinder in den weltweit 45 Kriegen gestorben sind. Da erfahre ich durch die Organisation »Ärzte ohne Grenzen«, dass in den nächsten Jahren in Afrika über 100 Millionen Menschen an Aids sterben werden. Billige Medikamente stehen nicht zur Verfügung, obwohl die Pharmaindustrie von Jahr zu Jahr enorme Gewinnsteigerungen meldet. Unglaublich ist in diesem Zusammenhang die Meldung, dass Regierungen Szenarien ausgearbeitet haben, um Millionen von Menschen aus Asien nach Afrika zu bringen, als billige Arbeitskräfte, um die Aids-Toten so schnell wie möglich ersetzen zu können!!!

Ich kann kaum beschreiben, was ich angesichts solcher menschenverachtenden Pläne empfinde. Meine Frage »Warum lässt Gott das zu?« hat sich schon lange verwandelt in den Aufschrei: »Warum lassen wir das zu?«

Unerträgliche Nachrichten (2)

Verunsichert leihe ich mir die Worte der Psalmen aus. In meinem ersten Buch »Du hast mir Raum geschaffen« habe ich sie alle aktualisiert. So bete ich nach Psalm 2,1:

Warum toben die Völker
warum machen die Nationen vergeblich Pläne
warum wird der Mensch
dauernd Opfer des Menschen
unerträgliche Schreckensbilder
lassen mich nicht mehr los
wie soll ich länger von Dir erzählen
wie von einem Menschen
den ich liebe

Psalmen sind mir Lebenshilfe, weil sie meine Fragen nicht verdrängen, sondern wach halten. Sie erinnern mich zugleich an die täglichen Wunder und lassen mich mitfühlend bleiben mit aller leidenden Kreatur. Sie verwandeln das resignierte Jammern in ein Leben förderndes Klagen, das Unrecht beim Namen nennt und zur solidarischen Verantwortung ruft. Sie zeigen mir, wie sich aller Ausbeutung zum Trotz unaufhaltsam ein Weg des Friedens in Gerechtigkeit erneuert.

Doch die Spannung bleibt. Ich empfinde sie dankbar auch in den Worten von Romano Guardini, die der 80-jährige Theologe gegen Ende seines Lebens gesprochen hat: »Wenn ich in die Ewigkeit komme, dann werde nicht nur ich mich vor Gott verantworten müssen, sondern dann werde auch ich fragen, wieso denn so viel unbegreifliches Leid, Schmerz, Sinnlosigkeit in der Welt sein könne.« Und dann müssten ihm die Engel und Gott antworten.

Schweigen für Tiere (1)

Es gibt Tage, da mich die Fülle der Prospekte mit all den Informationen von vielfältigen Organisationen erdrückt. Ich fühle mich überfordert, mich mit all den wichtigen Anliegen auseinanderzusetzen.

Und es gibt Tage, da spüre ich eine große Dankbarkeit für all die engagierten Projekte, die sich unaufhaltsam weltweit entfalten. Ich fühle mich entlastet, weil ich nicht überall mitwirken muss, sondern eine tiefere Verbundenheit spüre mit all den Menschen guten Willens.

So habe ich heute voll Freude die Initiative eines Einzelnen wahrgenommen, der dazu aufruft, überall schweigende Wanderungen entlang von Flüssen zu organisieren, aus Solidarität mit den Tieren. Der Initiator Roland Stiefel schreibt: »Mensch und Tier gehören geschwisterlich zusammen. Das Bewusstsein von Zusammengehörigkeit mit allem, was lebt, gibt dem menschlichen Leben Halt und Sinn. Schweigewanderungen für Tiere dienen dazu. Auf vielzähligen Flussstrecken soll sich ein unsichtbares Energienetz bilden, das ausstrahlt: in die Herzen vieler Menschen für einen aktiven, respektvollen Umgang mit der Kreatur.«

Dies ist eine wunderbare Umschreibung eines schweigenden Betens. Sie nährt meine Hoffnung auf die unsichtbare Kraft der Meditation, die eine Wirkung hat auf die ganze Welt. Sie erinnert mich an die Wirklichkeit, dass nicht nur der Kirchenraum das Haus Gottes ist, sondern die ganze Schöpfung. Sie bestärkt mich wieder zu vertrauen, dass es auch auf mich ankommt, jedoch nie allein nur von mir abhängt.

Schweigen für Tiere (2)

Die Mystikerin Madeleine Delbrêl (1904–1964), deren hundertsten Geburtstag wir 2004 feierten, ermutigt mich zu dieser Weite. Sie hat als Sozialarbeiterin in einem Vorort von Paris ihr soziales Engagement aus der Kraft des Evangeliums gelebt. Sie ruft alle LebenskünstlerInnen auf zum Mitfühlen:

»Ihr Künstler, euch hat Gott dazu erwählt,
die Frucht der Tränen einzusammeln …
Mit einer solchen Liebe sollt ihr lieben,
was Gott schuf,
dass alles Leiden euer Teil sein wird,
der Menschen Leid und das der Dinge …
Die Klage der Dinge soll euch vertraut sein,
die Kämpfe des Todes, die lautlose Not,
das Röcheln der Tiere, das Sterben der Wälder …
Hinabtauchen sollt ihr in des Elends unaussprechlicher Tiefe.«

Herausfordernde Worte, die wir nie ganz umsetzen können; doch auch das Bruchstückhafte genügt.

Es gibt Tage, da frage ich mich, was ich als Einzelner schon tun kann.

Es gibt Tage, da erfahre ich, wie viel eine einzelne Person verwirklichen kann. In dieser vertrauensvollen Weite kann jeder Ort zum heiligen Ort werden, zum Kraftort, der uns innerlich aufrichtet und zur Solidarität bewegt.

Lob der Unvollkommenheit (1)

Was für ein Tag!? Schon am Morgen ist mein Aufstehen voller Schwere. Eine diffuse Unzufriedenheit will mich umzingeln. Mein Beten und Meditieren sind voller Zerstreuung. Dann quäle ich mich am Computer, weil mein wöchentlicher Artikel für das »Kath. Sonntagsblatt Rottenburg-Stuttgart« einfach nicht gelingen will. Auf einmal kommt mein Schreiben in Fluss, doch ein Schrei vor meiner Haustür unterbricht ihn. Ich stehe auf, öffne die Tür und entdecke meine 75-jährige Nachbarin, die gefallen ist. Ich schaffe es nicht, sie alleine in ihre Wohnung zu führen. Ich klingle an verschiedenen Haustüren, doch niemand öffnet. Was für ein Morgen!? Zum Glück finde ich in der Waschküche jemanden, der uns hilft. Meine Nachbarin findet sich wieder zurecht. Ihre Augen sind voller Tränen und Dankbarkeit. Trotzdem rufe ich ihre Tochter an, die dann bald vorbeikommt.

Zurück an meinem Schreibtisch, finde ich einen blockierten Computer vor mir. Da ich meine ersten Gedanken nicht gespeichert habe, sind sie nun für immer weg. Was für eine Stunde!?

Ich versuche mühsam, meinen Gedanken zu rekonstruieren, doch der Ärger blockiert mich. Ich will mir eine Tasse Kaffee holen, doch meine gestaute Energie lässt mich voller Unbeholfenheit den Krug zerbrechen. Was für eine Zeit!? Ich könnte schreien, doch nicht einmal dies gelingt. Nun holen mich all die destruktiven Gedanken ein, die mich voller Härte belehren wollen, dass mir so etwas nicht passieren dürfe: »Wie kannst du von einer Spiritualität der Achtsamkeit schreiben, wenn du so ungeduldig und nervös bist? – Irgendwann müsstest doch auch du weiter, anders, gelassener sein! – Du bist völlig unglaubwürdig, wenn du dich durch solche Kleinigkeiten verunsichern lässt«, tönt es in meiner Über-Ich-Stimme.

Lob der Unvollkommenheit (2)

Zum Glück bleibe ich nicht gefangen in diesem Irrtum, dass ich über den Dingen stehen sollte. Wie ein Geschenk fallen mir die Worte des Apostels Paulus zu: »*Meine Gnade genügt dir; denn sie erweist ihre Kraft in der Schwachheit*« (2 Korinther 12,9). Es ist für mich wie ein leises Öffnen der Tür aus meinem Ich-Gefängnis. So kann ich mich im tiefen Durchatmen erinnern, dass ein spiritueller Mensch Gott in *allen* Dingen sucht, in Stärken *und* Schwächen. Meine Unstimmigkeit ist aber nicht einfach weg: Ich kann mich den ganzen Tag hindurch nicht richtig befreien von meinem lähmenden Gefühl. Doch ich erahne die verwandelnde Kraft biblischer Lebensworte, die mir meine Probleme zwar nicht wegzaubern, aber mich ermutigen, meiner Unvollkommenheit wohlwollend zu begegnen. Es gelingt mir erst vor dem Einschlafen dank der Worte des Trappistenmönchs Thomas Merton: »Heilig werden heißt: ich selber werden.«

Dies ist kein Zustand und keine Lebensversicherung, sondern meint ein tägliches Annehmen meiner Lebenskraft und Verletzlichkeit.

In einem Zuge (1)

Der ICE-Zug von Basel nach Hannover ist total überfüllt. Viele Reisende stehen und sitzen in den Gängen, und es ist echt schwierig, zur Toilette zu gelangen. Der Lärmpegel ist sehr hoch, und ich spüre einen wachsenden Ärger. So habe ich mir meine Reise wirklich nicht vorgestellt. Ich wollte in aller Ruhe die neue Biografie von Katja Boehme über Madeleine Delbrêl lesen (Freiburg i. Br. 2004).

Vieles stelle ich mir vor und bin dann überrascht, wenn ich mir selbst im Wege stehe! Ich bin frustriert, weil die Reise nicht so verläuft, wie ich sie gedacht habe: als Ruhezeit zwischen zwei Vorträgen. Zuerst nehme ich meine Enttäuschung gar nicht wahr. Sie macht sich allmählich als diffuses Gefühl der Unzufriedenheit breit. – Das Planen, Organisieren und Vorstellen von Abläufen ist wohl wichtig im Leben. Zugleich bin ich aufgefordert, mit den alltäglichen, durchkreuzten Plänen und Vorstellungen konstruktiv umzugehen. Im bewussten Wahrnehmen meines Ärgers – der ja immer zu meinem Leben gehören wird, solange ich lebendig bleibe! – geschieht etwas Erlösendes.

Mystische Menschen stehen nicht über den Dingen, sondern suchen in allen Erfahrungen des Lebens die göttliche Spur.

In einem Zuge (2)

Über mich selber und meine Ungeduld lachen zu können ist befreiend und lässt mich einen anderen Umgang mit Störungen finden. So gelingt es mir, mich trotz des Lärms in die spannende Lektüre zu vertiefen. Ich bin auch dank der vielen Fotos immer mehr in Ivry, jenem Vorort von Paris, wo Madeleine Delbrêl als Sozialarbeiterin gewirkt hat. Ich traue meinen Augen nicht, als ich ihre Worte zur überfüllten Metro lese. Sie vergleicht die Einsamkeit der Wüste mit der Einsamkeit in einer Menschenmenge, die auf die Untergrundbahn wartet. Sie bezeichnet die Menschenmenge als »Wüste der Masse«. Wie ein Eremit über die weite, weiße Fläche einer Sandwüste blickt, so schauen wir heute »oben an der Treppe zur Untergrundbahn, zur Stoßzeit über eine Fläche von Menschenkörpern hin, ihre bebende Fläche von Mützen, Hüten, Haaren jeglicher Farbe. Köpfe zu Hunderten: Seelen zu Hunderten. Wir ganz oben. Weiter oben und überall: Gott ... durch die Wüsten der Massen macht der Christ sich auf, um seinem Gott zu begegnen« (64).

In meinem überfüllten ICE spüre ich eine tiefe Verbundenheit, ein Verstandensein in meiner Erfahrung und ein Hinausgeführtwerden aus meiner kleinlichen Enge. Sternstunden des Verweilens in einem hervorragenden Buch. Ich lese es in einem Zuge!

Gegenwärtig sein (1)

Die Warteschlange in der Poststelle ist heute unendlich lang. Über zwanzig Personen stehen an, und nur zwei Schalter sind offen. Wer kann sich heute noch leisten zu warten? Durch all die Bücher, Karten und Süßigkeiten, die nun auch hier verkauft werden, soll unser Warten abgelenkt werden. So entdecke ich ein vierjähriges Mädchen, das mit größter Aufmerksamkeit vor einem Süßwarenregal steht. Über dreißig verschiedene Schokoladen-, Bonbon- und Kaugummisorten haben sie dahin gelockt. Mit höchster Konzentration berührt sie jede Sorte, eine nach der anderen. Ein Bild von größter Andacht, das mich herausholt aus meiner Ungeduld. Ein Bild, das meiner Seele gut tut, weil es mich zum Verweilen im Hier und Jetzt einlädt.

Dann erblicke ich ihren Vater, dessen Spannung sich verstärkt, weil er immer kribbeliger wird. Bei jedem Betasten der Süßigkeiten seiner Tochter besteht ja wirklich die Gefahr, dass sie etwas in die Hand nimmt, öffnet und isst.

Das ruhige, bedachte Dastehen der Tochter und die wachsende Ungeduld des Vaters sind zwei Seiten meines Lebens, die ich gut nachvollziehen kann. So faszinierend der Anblick dieses Verweilens eines Kindes ist, er bringt mich auch mit der ganzen Problematik unserer Konsumgesellschaft in Verbindung ...

Gegenwärtig sein (2)

Diese Ambivalenz wird immer zu meinem Leben gehören und auch zu meinem Beten. Da gelingt es mir, in meiner täglichen Schweigemeditation einfach da zu sein, und da erkenne ich ein anderes Mal voller Ernüchterung, dass ich während dem Dasitzen meinen ganzen Tag durchorganisiert habe. Diese Spannung werde ich nie auflösen können. Ich kann und muss mich nicht selber erlösen. Denn ich darf Tag für Tag in allen Schönheiten und Widersprüchlichkeiten meines Lebens jene Vertrauensspur erkennen, die mich löst von mir selber, damit ich gegenwärtig sein kann im Hier und Jetzt. Mich bestärken darum die Worte des Mystikers Meister Eckhart, die er im zwölften Kapitel seiner Reden der Unterweisung festgehalten hat: »*Gott ist ein Gott der Gegenwart. Wie er dich findet, so nimmt und empfängt er dich, nicht als das, was du gewesen bist, sondern als das, was du jetzt bist.*«

Sich in Gott als Urgrund allen Lebens zu verwurzeln heißt: täglich einüben, vermehrt im Augenblick zu leben. Bei Gott zählt nicht, wer wir waren, sondern wer wir sind. Diese entscheidende Grundhaltung verdichtet sich in der Lebensschule Jesu. Er stellt ein Kind in die Mitte, um zu zeigen, dass wir immer wieder neu und ganz klein anfangen können – bis open end! Diese Begegnung, wie wir sie bei Markus 10,13–16 entdecken, erzählt nicht nur von schönen Gefühlen, sondern auch von Widerstand und Ärger. Darum erinnere ich mich gerne an das kleine Mädchen vor dem »Süßwarenaltar«!

OKTOBER

Verwandlung

Den Herbst begrüßen (1)

Den Herbst begrüßen in mir
voll Dankbarkeit das kraftvolle Ernten feiern
sich erinnern wie das Wachstum nie in unseren Händen liegt
weil es immer geheimnisvoll und unberechenbar bleibt

Den Herbst begrüßen in mir
die heilsame Farbenpracht genießen
die von der Fülle des Lebens erzählt
und zugleich zur Kunst des Sterbens einlädt

Den Herbst begrüßen mit dir
aufmerksam den Blick nach innen richten
gemeinsames Wachsen und Reifen annehmen
damit ich auch unsere Verschiedenheit sein darf

Den Herbst feiern in Gemeinschaft
Brot und Wein als Ursymbole erkennen
die zur Gastfreundschaft bewegen
um kreative Erntedankfeste zu feiern

XVI, 87

Teile deine Macht

Bei einem Fernsehinterview sagte mir die Redakteurin vor laufender Kamera: »Ich war bei einer ihrer Lesungen. Da habe ich gespürt, wie sehr Ihnen die Menschen zuhören. Sie haben eine große Macht. Wie gehen Sie mit ihr um?« Volltreffer! Mir stockte der Atem, fühlte mich durchschaut. In Bruchteilen von Sekunden tauchten alte Denkmuster auf: »Macht ist schlecht, einzig Dienen ist gut!«

Glücklicherweise ließ ich mich nicht von der Angst blockieren, sondern sprach offen über das, was ich in diesem Moment wahrnahm: »Ja, ich spüre diese Macht mit zunehmendem Erfolg; manchmal macht sie mir Angst. Darum lerne ich, mit ihr umzugehen, in dem ich mit anderen und in meiner geistlichen Begleitung oder Supervision darüber spreche. Macht ist ja an sich nicht schlecht; ohne Lebensmacht und -kraft könnten wir gar nicht leben. Zugleich ist die Gefahr eines Machtmissbrauches immer gegenwärtig. Im Gleichnis von den Talenten (Matthäus 25,14–30) sehe ich, dass das Schlimmste im Leben geschieht, wenn ich meine Kraft, meine mir geschenkten Gaben, meine Macht vergrabe. Ich entfremde mich von mir, von den anderen, von Gott, wenn ich aus Angst, etwas Falsches zu tun, gar nichts mehr tue. Da verpasse ich meine Berufung, und ich erfahre im Hier und Jetzt ›Heulen und Zähneknirschen‹, das ich als zunehmende Unzufriedenheit und Verbitterung deute. Besonders in der kirchlichen Gemeinschaft hilft es nicht weiter, dauernd nur vom Dienen zu reden. Entscheidend ist, die Macht zur Sprache zu bringen, sie transparent zu machen. Dies gilt auch für Eltern in Beziehung zu ihren Kindern und umgekehrt oder in der Partnerschaft, am Arbeitsplatz, im Umgang mit Autoritäten. Meine Macht darf sein, wenn sie kultiviert und hinterfragt werden kann. Wenn wir unsere Macht verdrängen, tabuisieren oder überspielen, sind wir in Gefahr, subtilen Machtspielen ausgeliefert zu sein.«

Spirituelle Menschen danken jeden Tag für ihre Macht, für ihre Talente, und verinnerlichen, dass diese Gaben nie eigener Besitz sind.

Fördere dein Selbstwertgefühl

Die Erzählung von der Wanderung Jesu mit seinen Jüngern nach Kafarnaum (Markus 9,30–32) fasziniert mich immer wieder. Die Jünger streiten, rivalisieren untereinander, jeder will der »King«, der Größte sein. Die Sehnsucht, ein großer Star zu sein, besser als andere dazustehen, ist wohl nicht nur ein Phänomen der heutigen Zeit. Es begegnet uns als existenzielles Thema in der ganzen Menschheitsgeschichte. In der Lebensschule Jesu kann ich lernen, dass er als einfühlsamer Wegbegleiter in der Konfrontation mit unseren Schattenseiten nicht wertet und nicht verurteilt, sondern die Menschen in ihre Ursehnsucht nach Anerkennung führt. Er stellt ein Kind in die Mitte als Zeichen, dass jede und jeder von uns Ansehen braucht. Ich finde sie allerdings nicht, wenn ich mich dauernd mit anderen vergleiche, sondern indem ich dankbar bin für meine einmaligen Gaben. Der Therapeut aus Nazareth öffnet den Blick auf das innere Kind, wenn Menschen miteinander rivalisieren. Im liebevollen Beachten meiner verletzten Seiten geschieht echte Erlösung, echte Selbstannahme. Dann brauche ich meine Wünsche und Sehnsüchte nicht mehr auf andere zu projizieren, um mich im Rivalisieren zu verlieren, sondern erkenne meinen besonderen Lebensauftrag in dieser Welt. So kann Neid mir helfen, auf das zu achten, was ich in mir zu wenig entfaltet habe, und meine Eifersucht wird mir zum Signal, wohlwollender mit mir selbst umzugehen, um selbstbewusster den anderen mehr Raum zur Entfaltung einzugestehen.

Allein komme ich mit solch existenziellen Fragen nicht weiter, eine spirituelle Begleitung kann mich unterstützen. Denn es braucht viel Geduld und Gesprächsbereitschaft im Umgang mit den wunden Punkten meines Charakters. Laut Jesus ereignet sich gerade darin Wundervolles: Im Annehmen des inneren Kindes und im Engagement für die Rechte aller Kinder wird Gottes Traum von einer gerechteren Welt Wirklichkeit.

Entdecke dein Mitgefühl

Der 2003 verstorbenen Theologin Dorothee Sölle verdanke ich sehr viel. Die letzten Jahre hatte ich das Glück, ihr freundschaftlich zu begegnen. In den Gesprächen kam immer wieder ihre Empörung über die zunehmende Gleichgültigkeit in unserer Gesellschaft zum Ausdruck. Sie erzählte von jener schrecklichen Antwort eines Taxifahrers in New York. Als sie einem frierenden Obdachlosen helfen wollte, sagte er: »That's not your business – das geht dich nichts an – was kümmert dich dieser Fremde?!«

In unserer Angst, zu kurz zu kommen, verstärken wir die ohnehin zunehmende Einsamkeit auf dieser Welt. Unsere Distanz zu den Fremden, den Andersdenkenden, den Hungernden entfernt uns vom tiefen Glück. Wirklich glücklich ist, wer das Verbindende spürt mit aller Kreatur und teilen kann. Als ich in Hamburg mit vielen anderen am offenen Grab von Dorothee stand, hörte ich in mir ihr Vermächtnis, eine Kultur des Mitgefühls zu fördern. So endet unser Gefangensein in uns selber, unsere Umnachtung wird verwandelt in Wärme und Lebensfreude. Die Nacht der Gleichgültigkeit wird laut einer chassidischen Überlieferung erhellt, wenn ein Mensch dir entgegenkommt und du in seinem Gesicht deinen Bruder, deine Schwester erkennen kannst. Dann ist die Nacht zu Ende, und ein neuer Tag der Achtsamkeit beginnt.

Den Herbst begrüßen (2)

Den Herbst begrüßen in mir
verinnerlichen wie Sonne und Nebel zum Leben gehören
intensivstes Leben und Sterben nahe beieinander sind
Dankbarkeit und Melancholie einander ergänzen

Den Herbst feiern als
Zeit der Annahme unserer Endlichkeit
um jeden Tag noch kostbarer erleben zu können
als Geschenk und Kraft im Augen-Blick

Den Herbst begrüßen in mir
voller Faszination und Widersprüchlichkeit
im dankbaren Annehmen meines inneren Wachstums
im Ja-Sagen zu Begrenztheit und Scheitern

Den Herbst meditieren
als staunende Zeit des Erntens
als gelassenheitsstiftende Zeit des Aufräumens
als nährende Zeit des Loslassens

XVI, 88

Aufrechter Gang

Im australischen Film »Das Piano« von Jane Campion erleben wir den Befreiungskampf von Ada, die sich dank ihres Klaviers für ihre Würde wehrt:

Liebe Ada,

wohin schaust du mit deiner Tochter Flora? Zu deinem Klavier, das für dich zum Zeichen deiner Befreiung geworden ist? Du bist stumm und drückst dich mit deinem Blick und mit deinem Klavier aus. Dein Vater hat dich mit einem Mann verheiratet, den du gar nicht kanntest. Als er sich weigert, dein geliebtes Klavier von Schottland nach Neuseeland mitzunehmen, entfaltest du deine ganze Widerstandskraft. Keine Macht dieser Welt kann dich davon abhalten, dein Klavier mitzunehmen. Es ist dein Zugang zur Welt, zur Schöpfung, zu deinen Beziehungen. Wer dir dein Klavier nimmt, nimmt dir deine Ausdruckskraft. – Du erinnerst mich an die Syrophönizierin im Markusevangelium (7,24–30), die sich durch nichts abhalten lässt von ihrer Sehnsucht.

Du hast erkannt, was echte Demut ist. Es ist nicht der feige Rückzug oder das Verstecken deiner Gaben, die dir seit Geburt geschenkt worden sind. Echte Demut bedeutet einzufordern, was du brauchst zum Leben. In deinem Klavier verdichtet sich, was deine Lebensaufgabe ist. Du ermutigst alle Frauen, sich nicht ausbeuten und unterdrücken zu lassen. Dein besorgter Blick lebt auch von dieser Hoffnung, vom aufrechten Gang aller Menschen.

Danke, Ada, für deinen Widerstand.

Auseinandersetzungen wagen

Wut, Ärger, Aggressionen gehören zum Leben. Je mehr ich diese Seiten in mir bekämpfe, umso mehr werden sie mich terrorisieren. Sie möchten wie all unsere Schattenseiten angenommen, integriert und verwandelt werden. In der Wut, im Ärger und in meinen Aggressionen zeigt sich nicht vorrangig ein destruktives Potential, sondern eine Lebenskraft, ein lebensbejahender Aufstand beispielsweise für mehr Gerechtigkeit. In der Tradition spricht man vom »heiligen Zorn«, von der Empörung Gottes über himmelschreiende Ungerechtigkeiten. Die ursprüngliche Bedeutung des Wortes Aggression geht zurück auf das lateinische Wort »aggredi = ad-gredi«, was bedeutet: »auf jemanden zugehen, herangehen, in Beziehung zu jemanden treten«.

Diese Erkenntnis hat meinen Umgang mit meiner Wut, meinem Ärger, meinen Aggressionen grundlegend verändert. Sie sind für mich zu Seismographen geworden, die mir zeigen, was nicht stimmt, was ungerecht ist, wo Einspruch erhoben werden muss gegen Diskriminierungen und Ausgrenzungen. Wir brauchen eine Spiritualität der Konfliktfähigkeit, in der wir einüben, Auseinandersetzungen zu wagen und Meinungsverschiedenheiten fair miteinander auszutragen. Nur so ereignet sich echte Versöhnung, die nicht mit einem faulen Frieden zu verwechseln ist. Solange Kinder missbraucht, Arbeitsplätze wegrationalisiert, Minderheiten unterdrückt, Kranke und Behinderte abgeschoben werden, so lange braucht es geistbewegte Frauen und Männer, die ihre Empörung ausdrücken, um miteinander nach konstruktiven Lösungen zu suchen.

Finde deine Wurzeln

Vor mehr als vierzig Jahren, am 28. August 1963, versammelten sich 260 000 Menschen in Washington, um dem Traum von Martin Luther King zuzuhören: »*Ich habe einen Traum, dass meine vier kleinen Kinder eines Tages in einer Nation leben werden, in der man sie nicht nach ihrer Hautfarbe, sondern nach ihrem Charakter beurteilen wird. Jetzt ist es Zeit, Gerechtigkeit für alle Kinder Gottes Wirklichkeit werden zu lassen.*«

Dieser gefährliche Traum hat Martin Luther King das Leben gekostet, er wurde am 4. April 1968 ermordet. Bis heute sucht dieser Traum seine Verwirklichung, denn die Intoleranz und Diskriminierung von Minderheiten sind leider noch längst nicht überwunden. – Spirituelle Menschen verwurzeln sich immer tiefer in Gott, dem Schöpfer *aller* Menschen. Dadurch wächst echte Identität, die das Fremde nicht mehr durch Ausgrenzung und Diffamierung bekämpfen muss, sondern das Verbindende in der Verschiedenheit entdeckt. Je mehr ich mich in Christus verwurzle, umso weiter werden mein Glaube und meine Sicht auf die Welt. Voll Dankbarkeit entdecke ich Gemeinsamkeiten mit anderen Religionen, ohne meine christliche Identität einer Beliebigkeit preisgeben zu müssen. Echte Toleranz wächst, wenn ich meine Angst vor Fremdem und Ungewohntem ernst nehme und mich zugleich frage, was mich in meiner Tiefe trägt, wo meine tiefen Wurzeln sind. So kann ich mich immer mehr auf die Äste hinauswagen, und meine Freude an der Vielfalt wächst.

Versöhnung mit dir selber

Versöhnung mit dir selber
wünsche ich dir
jene tiefe Selbstannahme
die sich ereignet
im Ja-Sagen zu deinen Gaben
und Begrenzungen

Versöhnung mit dir selber
wünsche ich dir
jene tiefe Einsicht
deinem Verhalten auf den Grund zu gehen
um dich besser verstehen zu können

Versöhnung mit dir selber
wünsche ich dir
jenes Wohlwollen
dir Fehler und Scheitern einzugestehen
weil du auch daran wachsen und reifen kannst

Versöhnung mit dir selber
wünsche ich dir
im Integrieren deiner Behinderungen
damit deine Verletzungen aus der Tiefe heilen können

Versöhnung mit dir selber
wünsche ich dir
jene Momente des Glücks
in denen du die göttliche Spur
in deinem Leben entdeckst und feierst

XIII, 101f

Sehr geehrte Wut! (1)

Ob dies die richtige Anrede ist? Sollte ich es nicht doch wagen zu schreiben: »Liebe Wut«? Oder vielleicht beides? Wie auch immer – was längst ansteht, tue ich nun: »Ich schreibe DIR. Jahrzehntelang warst du mir fremd, und ich hatte große Angst vor dir. Ich war überzeugt, dass du sicher nicht in mir anzutreffen bist. Ich begegnete dir höchstens durch andere Menschen, die ihre Wut ausdrückten durch eine lautere Stimme oder sogar einen Wutanfall. Auch sie machten mir Angst, und ich fühlte mich unwohl und mied solche Menschen.

Zu Beginn meines Lebens warst du mir noch vertrauter. Ich habe viel gestritten, und du hast mir oft geholfen, mich zu wehren, vor allem für andere. Doch je älter ich wurde, umso mehr habe ich mich entfernt von dir, weil ich lernte, dass du gefährlich seist und Menschen trennst. Diese Überzeugung wurde vertieft durch christliche Sozialisation, dass ein guter Christ nie wütend ist, nicht streitet, sich zurücknimmt und sich immer in die anderen hineinfühlt. Darum habe ich dich tief vergraben, und wie stolz war ich, dass es mir gelang, dich zu beseitigen. Ich war dich los!

Meinte ich! Dass du in meiner jahrelangen Arbeits-WUT einen zentralen Platz in meinem Leben einnahmst, war mir nicht bewusst. Und hätte es mir jemand gesagt, dann hätte ich mit einem Lächeln diese boshafte Unterstellung zurückgewiesen.

Sehr geehrte Wut (2)

Plötzlich hast du es dann gewagt, aus deinem Verließ in mir hervorzutreten. Anfangs in intensiven Träumen, die mich aufschrecken ließen. Zulange habe ich dann gekämpft gegen dich, weil du mich, mein Menschen- und Gottesbild völlig durcheinandergebracht hast. Weil ich es mir streng verboten hatte, aggressiv zu sein, wurde ich depressiv. Anstatt mich mit dir anzufreunden, um miteinander Gestaltungsformen zu finden, richtete ich die Lebenskraft, die durch dich sichtbar wird, gegen mich. Ich wurde krank. Ein mühsam-befreiender Prozess war not-wendig: im Lernen zu schreien, mich auch für mich zu wehren, meinen Ärger auszudrücken. Dies entfernte mich nicht von den Menschen, sondern brachte mich ihnen näher. Obwohl ich mich immer noch schwer tue mit dir, bist du mir zum lebensfördernden Begleiter geworden. Immer wenn du dich bemerkbar machst, hat es seinen berechtigten Grund. Dabei ist uns beiden klar geworden, dass auch dir Grenzen gesetzt werden müssen. Doch dies geschieht nicht mehr aus Angst, sondern für echte Beziehungen. Hilfreich ist bei diesem Annäherungsprozess die Erkenntnis, dass Gott sich ereifert und zornig wird, wenn die Rechte der Menschen, besonders der Kleinen bedroht sind. Auch bei Jesus kann ich lernen, konfliktfähiger zu werden, indem ich nicht nur meine Trauer, sondern auch meine Wut spüre. Denn darin zeigt sich uns die schöpferische Lebenskraft, die entfaltet werden möchte, damit unsere Welt menschlicher wird.

Auch dank dir, Schwester Wut!

Pierre

Das Kind in mir

Bei einem Besuch im Atelier des Künstlers Hugo Heule in Matran entdeckte ich in einer Ecke eine Skulptur, zu der ich mich hingezogen fühlte. Der Bildhauer hatte ihr noch keinen Namen gegeben. Die Holzfigur erinnerte mich an das innere Kind in mir ...

Mehrere Jahre steht sie nun in meinem Zimmer und belebt mich jeden Tag neu auf meinem spirituellen Weg. Ich sehe in dieser Skulptur nicht nur zwei Personen dargestellt, sondern vor allem zwei Grundhaltungen im Menschen symbolisiert: einerseits das liebevolle Halten des inneren Kindes, der kleinen unscheinbaren, zerbrechlichen und verletzlichen Seiten von mir. Täglich werde ich durch diese Plastik erinnert, Geduld mit mir zu haben, sorgsam mit mir umzugehen, auf die zarten Seiten in mir zu achten, ohne dabei den Blick für das Ganze aus den Augen zu verlieren.

Zum andern fasziniert mich der Blick der haltenden Figur in die Weite. Dieser Blick durchbricht eine symbiotische, erdrückende Zuwendung und holt heraus aus dem Gefangensein in Selbstmitleid und Selbstverstrickung. Zwei Seiten meiner Menschwerdung finden einen Ausdruck: die Zuwendung nach innen und die gerade Ausrichtung nach außen, das innere Kind umarmen und zugleich offen sein für unsere Mitwelt, wie ich in Anlehnung an Psalm 42 formuliert habe:

Das ausgesetzte Kind in mir
wird endlich schreien
Ich versuche es in meine Arme zu nehmen
um mit ihm den Weg in die Tiefe zu gehen
wo mein Schmerz leben will
wo Du Gott anzutreffen bist

Nähe und Distanz – umarmen und loslassen – mitfühlen und Freiraum eröffnen – einfühlsam und bestimmt sein. Dem inneren Kind Beachtung schenken.

Mehr Mensch werden

Meine Aggressionen nicht mehr
gegen mich selber richten
meine Lebenskraft entdecken
die sich darin zeigt und mehr
Entfaltung erfahren möchte

Falsche Schuldgefühle loslassen
im Verabschieden von der Vorstellung
keine Bitterkeit und keinen Unfrieden
mehr zu spüren im Leben

Durch Dich
Leben in Fülle erfahren
im alltäglichen Suchen
von Frieden im Unfrieden
von Freude in Trauer
von Gelassenheit in Unbeständigkeit
von Trost in Bitterkeit

Mit Dir
mehr Mensch werden
jeden Tag neu

XIII, 111

Lieber Irad (1)

Herzlichen Dank für deinen Brief. Ich freue mich, dass du mir, deinem Großvater, geschrieben hast. Dein Vertrauen und deine Ehrlichkeit berühren mich.

Du fühlst dich verunsichert und fragst mich, was dir eine Perspektive in deinem Leben eröffnen kann. Warum wendest du dich gerade an mich? Nachdem ich meinen Bruder Abel ermordet hatte, habe ich ein Leben lang um meine Zukunftsperspektiven ringen müssen.

Ich möchte dir dennoch schreiben, weil ich glaube, aus deinen Zeilen herauszulesen, dass du von mir nicht einfach eine Antwort auf dein Problem erwartest, sondern vielmehr meine Erfahrungen hören und von ihnen lernen möchtest. Gerne will ich sie dir deshalb erzählen.

In meiner Jugend besaß ich ein sehr geringes Selbstwertgefühl. Ich verglich mich ständig mit meinem Bruder Abel. Täglich rivalisierte ich mit ihm. Ich fühlte mich immer in der Opferrolle ihm gegenüber und badete mich förmlich im Selbstmitleid. Mit dem Mord an Abel erhoffte ich, diese Ohnmacht durchbrechen zu können. Laut schrie ich hinaus: Bin ich der Hüter meines Bruders?

Doch ich spürte zutiefst, dass dadurch meine Probleme nicht gelöst sein würden, und meine Zukunftsperspektiven schienen mir für immer verloren.

Kalt lief es mir dabei den Rücken hinunter. Kennst du das? Die eigenen Worte lassen dich aufschrecken, weil du auf einmal weißt, dass die Antwort auf deine Frage in der Frage selbst liegt? Damals habe ich Gott als innere Stimme in mir vernommen. Diese Stimme hat mich gewarnt, mich aus meiner Verantwortung herauszustehlen.

Lieber Irad (2)

Mein Leben war voller Widersprüchlichkeiten. Aber ich habe Gott immer wieder als lebensfördernde Kraft begriffen, die mir Selbstvertrauen schenkt, wenn ich wage, mich dem Leben zu stellen. Dies hieß für mich aber nicht, dass ich ständig unter dem moralischen Zwang lebte, unfehlbar sein zu müssen. Nein vielmehr: dass ich Verantwortung trage für mein Tun und dass ich auch scheitern kann.

Schon als kleiner Junge hast du mich gefragt, was die Narbe auf meiner Stirn bedeute. Ich konnte dir damals keine klare Antwort geben, weil ich es selber nicht wusste. Heute, aus einer größeren Distanz heraus kann ich eine Antwort versuchen: Ich wollte buchstäblich mit dem Kopf durch die Wand. Ich wollte mir nicht helfen lassen und immer Recht haben. Ich konnte die Narbe nicht anschauen, bis ich eines Tages begriff, dass sie mir zum Lebenszeichen geworden war: mein blinder Fleck, mein wunder Punkt, der mich menschlicher machte. In dieser Narbe wurde für mich mit einem Mal der Gott der Gerechtigkeit und Barmherzigkeit sichtbar.

Darum sage ich dir, lieber Irad: Übe täglich, dich anzunehmen mit deinen vielfältigen Gaben und deinen Grenzen und Fehlern. Habe Vertrauen in dich, in deine Fragen. Gott ist in deinen Fragen. Trage Sorge für sie und gib dich nicht mit billigen Antworten zufrieden. Dein Leben wird Tag für Tag eine Antwort sein. Ist das nicht eine vertrauensvolle Perspektive?

Ich freue mich, von dir zu hören, und bin gespannt auf deinen Brief,

dein Großvater Kain.

Inspiriert von Genesis 4,1–18

Krise als Verwandlungsweg

Ich erinnere mich, als sei es gestern gewesen. Vor neun Jahren überfiel mich eine wochenlange Schlaflosigkeit. Meine Stärke, überall gut und tief schlafen zu können, wurde von einem Tag auf den andern zu meiner Schwäche. Nächtelang lag ich wach, weil meine Seele sich nicht mehr länger vertrösten ließ. Dieser Verunsicherung begegnete ich mit einer klaren Kampfansage. Ich wollte nicht wahrhaben, dass sich bei mir etwas verwandeln sollte. Ich vertraute weiterhin auf meinen starken Willen, der mich bis jetzt nie im Stich gelassen hatte. So führte ich Krieg gegen mich, was die Situation nur noch verschlimmerte. Im Nachhinein tut es mir immer noch weh, wie hart ich gegen mich selbst war, weil ich nicht wahrhaben wollte, dass nicht nur Nächstenliebe, sondern auch Selbstliebe zu einem geglückten Leben gehört. Drei Monate kämpfte ich gegen diese Schlaflosigkeit, die ein klarer Ausdruck dafür war, dass ich nicht mehr loslassen konnte. Todmüde zu sein und doch nicht schlafen zu können – ein Zustand, der schwer zu beschreiben ist.

In dieser Erschöpfung kam mir eines Nachts ein kraftvolles Bild entgegen, das mich die Krise als Chance zur Verwandlung annehmen ließ. Ich sah mit meinen inneren Augen zwei Bilder: Entweder ich entscheide mich jetzt selber, aufrecht aus dem Zimmer zu gehen, und gestehe mir eine Sabbatzeit ein, oder ich werde spätestens in 1–2 Wochen von anderen hinausgetragen, um allenfalls in einer Schlafklinik zu landen. Diese Erkenntnis weckte in mir eine unglaubliche Kraft des Loslassens: die Kraft der eigenen Würde in größter Schwachheit, die Kraft, selber Grenzen anzumelden und Hilfe anzunehmen, die Kraft, meiner Verwandlung zu trauen, auch wenn es schmerzvoll sein wird.

Kurz vor Weihnachten war ich fähig, meine Kündigung einzureichen, um danach in einem jahrelangen Prozess einen wohlwollenden Umgang mit meinen Leib einzuüben. Die Begegnung mit MystikerInnen sind mir dabei zur Lebenshilfe geworden. Denn sie deuten die Krise als Durchgang zu mehr Lebensqualität.

Dem Hinweis Gottes trauen

Mitten im Entscheidungsprozess
meine ganze Ambivalenz spüren
Wo soeben noch Klarheit
und ein sicheres Gefühl sich zeigten
herrschen jetzt Verunsicherung und Chaos
Dabei mir wohlwollend begegnen
ist unglaublich schwer

Begleite mich
klärender Geist
indem ich in mein Verspanntsein hineinatme
und dadurch meinen Kopf entlaste
um mit Leib und Seele vertrauen zu können
dass die Lösung schon in mir ist
Allen Widersprüchlichkeiten zum Trotz
vertraue ich dem Hinweis Gottes in mir

V, 79

Aus dem Tagebuch der Hannah

»Welch ein Tag! Alles drunter und drüber gegangen. So viel hatte ich mir vorgenommen am Morgen, und dann kam alles anders als geplant. Ich habe Mühe, das anzunehmen. Ich bin unzufrieden mit mir und all den unerledigten Aufgaben. Warum eigentlich? Was ist es? Meine zu hohen Ansprüche an mich selber? Mein Perfektionismus? Meine Ungeduld? Und warum kann ich mich nicht abfinden mit so viel Ungerechtigkeit? Andere können das ganz gut. Ist mein Hunger und Durst nach Gerechtigkeit die Wurzel meiner Unzufriedenheit?«

Hannah, du. Hannah, du zerfleischst dich wieder selber. Stopp! –

»Ich stehe dazu, die Unruhe gehört zu meinem Leben. Doch es ist mehr, sonst könnte ich nicht beten: ›Den Schwachen hebt er empor aus dem Staub und erhöht den Armen, der im Schmutz liegt …‹ Dahinter steht auch die tiefste Grenzerfahrung meines Lebens. Unfruchtbar war ich, kinderlos. Durch diese Erfahrung stieß ich auf das Grundgeheimnis jeglichen Lebens: Das Wesentliche ist nicht machbar, es ist ein Geschenk, Gnade. Je mehr ich mich verkrampfte in dem Wunsch, schwanger zu werden, umso schwieriger war die Gestaltung meines Lebens, meiner Beziehung, meiner Sexualität. Und dann, als ich scheinbar aufgab, loslassen konnte, nichts mehr erwartete, weil ich spürte, ›dass ich nicht stark bin aus eigener Kraft‹ – da geschah das Wundervolle: Ich kam in Berührung mit meiner Lebenskraft, der göttlichen Kraft in mir. Ich vertraute darauf, und so konnte neues Leben entstehen. Jetzt habe ich nichts mehr zu verlieren. Ich kann Unrecht beim Namen nennen, Widerstand leisten, weil Gott größer ist als mein Herz, mich übersteigt. Samuel, mein Kind, gehört nicht mir. Ich will mich bemühen, es von Anfang an loszulassen, damit es mir bleibe. Ich will erzählen von jenem Gott, der eine Umkehr meiner Werte ermöglicht hat. – In Momenten des erneuten Zweifelns wünsche ich mir, dass ich diese Zeilen hervorhole.« – Gute Nacht, Hannah.

Inspiriert von 1 Samuel 2,1–10

Zukunftsfragen

Die kurze Fahrt im Taxi löst bei mir eine lange Kette von Fragen aus. Kurz nach Mitternacht fragt mich ein junger Taxifahrer: »Was meinen Sie, hat unsere Welt Zukunft? – Meinen Sie, dass wir Menschen aus der Geschichte lernen können? – Lässt sich die Zerstörung unserer Lebensgrundlagen, Luft und Erde, noch aufhalten? – Haben wir Menschen Zukunft?«

Was soll ich sagen, mitten in der Nacht? Zuerst erzähle ich, wie vertraut mir diese Fragen sind. Ich kenne dieses Ringen nach Sinn, wenn vieles frag-würdig erscheint, und ich erzähle von hoffnungsvollen Ansätzen, von Greenpeace, von vielen Menschen, die einen einfacheren Lebensstil suchen. Argumente, die mein Fahrer ohne große Anstrengung abschwächen und relativieren kann. Unerwartet kommt mir die jüdische Dichterin Rose Ausländer mit folgenden Worten in den Sinn: »Mein Atem heißt JETZT.« Sie ermutigen mich, im tieferen Ein- und Ausatmen schweigend unser Gespräch weiterzuführen. Erstaunlicherweise entsteht so eine persönlichere Ebene mit diesem Unbekannten als im Hin und Her der Argumente. Plötzlich teilt er mir den tieferen Sinn seines Fragens mit: »Wissen Sie, mich beschäftigt all das wirklich, weil meine Freundin ein Kind möchte und ich nicht weiß, ob ich es verantworten kann, Kinder in diese bedrohte Welt zu stellen.«

Bis heute geht mir diese Begegnung nach. Trotz aller ungelösten Fragen bestärkt sie mich, in Diskussionen nicht bei Sachargumenten stecken zu bleiben, sondern einen inneren Diskussionsraum zu öffnen, in dem die existenziellen Berührungspunkte des Fragens auch ihren Platz erhalten. So können wirkliche Begegnung und ein bereichernder Dialog stattfinden, in dem auch Verschiedenheiten bleiben können. Diese Begegnung lehrt mich zudem, dass in der Kraft der Gegenwart meine Zukunft liegt.

Türen öffnen

An der Person Jesus beeindruckt mich, dass es ihm um eine höchstpersönliche und zugleich zutiefst soziale Befreiung geht. Beides gehört untrennbar zusammen. Wir mehr oder weniger Reichen können es uns leisten zu sagen, dass wir zuerst uns selber finden müssen, dass wir uns zuerst von unseren persönlichen Ängsten, von unseren erdrückenden Verhaltensmustern der Erziehung befreien wollen. Zugleich geht die Welt der Unterdrückung weiter. Der Befreiungsprozess muss in einer Wechselwirkung gesehen werden. Natürlich wirkt mein Engagement für den Frieden nicht sehr glaubwürdig, wenn ich mit mir und meinem Innern unzufrieden bin. Wirklich innere Befreiung werde ich jedoch nur erfahren, wenn ich in diesem Prozess immer auch die soziale Dimension und das Engagement fördere. Jesus ging unermüdlich auf die Suche nach dem göttlichen Kern im Einzelnen. Zugleich zeigte er Zusammenhänge auf und stellte mit seiner Botschaft das gesellschaftliche und religiöse System in Frage. Er stellte den Menschen über die Reinheitsgebote, griff die Verfilzung von Geld, Macht und Religion an, indem er die Händler aus dem Tempel jagte. Das alles kostete ihn sein Leben.

Dieser Weg eröffnete jedoch vielen einen Lebenssinn. Sinn, wo ich meinen ureigensten Weg finden kann, indem ich mich zugleich gegen alle unmenschlichen Systeme wehre. Der Weg der Befreiung kommt nicht am Leiden vorbei. Der Weg zum Land der Hoffnung führt durch die Wüste. Niemand kann und muss diesen Weg jedoch alleine gehen. Gemeinsam können wir lernen, dass Befreiung, Auferstehung ohne Kreuz (Konfliktfähigkeit) nicht möglich sind. Erlösung vom Bösen geschieht, wo wir erfahren, dass nur die Solidarität zu echtem Menschsein befreit. Solidarität, die uns seit der Auferstehung mit Gott und untereinander verheißen ist. Wer mit dieser Zusage sein Leben wagt, dem öffnen sich, wie den verängstigten JüngerInnen, die verschlossenen Türen. Eine neue Gesellschaft wird möglich, wo partnerschaftlich das Leben für alle gewählt wird.

Ganz werden

Im letzten Sommer habe ich stundenlang zwei jungen Kätzchen zugesehen und mit ihnen gespielt: Dies ist eine Wohltat für sich. Und wenn ich dadurch meine Beziehung zu Tieren vertiefe, dann fühle ich mich nicht nur als Beschenkter, sondern auch als Mitleidender an all den schrecklichen Tierversuchen und Tierschlachtungen. Das ist ein kleines Beispiel dafür, warum meine Verwurzelung in Gott, dem Schöpfer allen Lebens, mich immer auch zum Engagement führt. Natürlich braucht es dazu manchmal Überwindung, doch ich kann ohne Zögern sagen, dass ich dank diesem Austausch von Geben und Nehmen heute so lebendig bin. Mit vielen Menschen teile ich die Sehnsucht nach Ganzheit.

Doch ganzheitliches Leben werde ich nicht erfahren, wenn ich Schwieriges ausklammere und die Hoffnung auf Gerechtigkeit und Zärtlichkeit resignierend aufgebe. Ganzheit wird nie spürbar, wenn ich nur an mich denke! Sie kann nicht zum Tragen kommen, wenn ich meine, unberührt bleiben zu können von der Zerbrechlichkeit in mir und um mich herum. Lukas Niederberger erinnert daran: »In den chassidischen Geschichten gibt es den Ausdruck: ›Nur ein gebrochener Leib ist ein ganzer Leib.‹ Wir können diesen Satz auf verschiedenen Ebenen betrachten und meditieren: Nur ein gebrochenes Herz ist ein ganzes Herz. Erst durch die Erfahrung von Trennung und Leid lerne ich, worauf es in einer Beziehung ankommt. Nur eine gebrochene Kirche als Ausdruck des Leibes Christi ist eine ganze Kirche, weil sie nicht in Versuchung gerät, sich fehlerlos und übermächtig zu gebärden. Und nur ein gebrochener Christus-Leib ist ein ganzer Leib. Nur im Verschenken, in der Ganz-Hingabe an die Welt ist Jesus zu Christus, zu seiner Ganzheit, zu seiner wahren Aufgabe und Erfüllung gelangt.« V, 136f

Versöhnung feiern

Tiefste Versöhnung mit mir geschieht in der Annahme meines Sterbens. Wir alle machen die Erfahrung täglichen Sterbens – es geschieht in kleinen und größeren Enttäuschungen. Ich kann lernen, realistisch anzunehmen, dass nie alles so läuft, wie ich mir das wünsche. Auch wenn ich mein Bestes tue, wird es immer begrenzt sein, und das darf so sein. Ja sagen zum Leben heißt Ja sagen zum Sterben.

In der christlichen Tradition wird uns im Sakrament der Versöhnung zugesprochen, was immer schon tiefste Wirklichkeit ist: das versöhnende Entgegenkommen Gottes, damit wir immer wieder neu anfangen können. Gerade in Zeiten, wo wir uns verletzlich und dünnhäutig fühlen und spüren, was wir uns selber, anderen und dabei auch Gott schuldig geblieben sind, brauchen wir versöhnende Vertrauenszeichen. Im persönlichen Feiern des Sakramentes und in Versöhnungsfeiern der Gemeinde hören wir erneut, was unsere tiefste Sehnsucht ist: das Ja des Lebens an uns, Gottes Ja, das nie mehr zurückgenommen wird. XIII, 100

Die Weisheit des Alters (1)

Die letzten Jahre hatte ich das Glück, vielen älteren Menschen zu begegnen, die mir die Angst vor dem Altwerden genommen haben.

Menschen, die eine innere Freiheit ausstrahlen, weil sie nichts mehr beweisen müssen und auch nichts mehr zu verlieren haben.

Menschen, die trotz Gebrechlichkeit und großer Schmerzen nicht bitter werden, sondern in allem Auf und Ab versuchen, im Augenblick zu leben.

Durch diese Begegnungen ist mir bewusst geworden, wie sehr in unserer Gesellschaft die Weisheit des Alters fehlt.

Die Weisheit, aus den Wurzeln zu schöpfen im Kultivieren eines Geschichtsbewusstseins.

Die Weisheit, die Würde des Lebens nicht durch Leistung zu definieren, sondern durch das Sein und Werden.

Die Weisheit, alte Werte zu bewahren, die durch neue Formen lebendig gehalten werden.

Die beiden biblischen Menschen, Hannah und Simeon (siehe Lukas 2,21–40), sind mir da wegweisend. Sie halten ihre Sehnsucht wach, ein Leben lang und entdecken im Kleinen, Unscheinbaren das Geheimnis und das Erlösende des Lebens. Die befreiende Botschaft, dass wir bis zum letzten Atemzug und über den Tod hinaus immer wieder ganz klein anfangen. Diese Verheißung, ein Leben lang wachsen und reifen zu können, steht im Zentrum der Botschaft Jesu. Sie stellt all jene alten und jungen Menschen in Frage, die aus Angst vor Machtverlust, nichts verändern wollen im Leben.

Die Weisheit des Alters (2)

Wir brauchen dringend eine Spiritualität des Alterns, in der alte Menschen mehr Raum erhalten, um erzählen zu können, was sie erlebt haben, was sie geprägt hat, was sie an die kommende Generation weitergeben möchten.

Wir brauchen ältere Menschen, die das Prophetische in Gesellschaft und Kirche pflegen, indem sie sich unbequem und mutig einmischen, weil sie sich das erlauben können.

Wir brauchen neue Formen des Zusammenlebens, damit alte, gebrechliche, behinderte Menschen nicht isoliert werden. So können alle das Kraftvolle und Zerbrechliche des Lebens integrieren. Es bedeutet, dass alte Menschen sich nicht beirren lassen durch den Jugendlichkeitswahn unserer Zeit und immer freier zu ihrem Altsein stehen, wie dies der Theologe Fulbert Steffensky schreibt: »Wir Alten sollten uns von niemanden einreden lassen, wir seien eigentlich noch nicht alt. Wir sollten es uns auch nicht selber einreden. Wir sind es der eigenen Würde und der Gesellschaft schuldig, nicht zu protzen mit dem Wenigen, was wir noch haben – mit dem bisschen Gesundheit, mit dem geistigen und physischen Vermögen. Es ist lächerlich und abstoßend, wenn wir uns als Siebzigjährige wie Fünfzigjährige benehmen, die Haare färben, kleiden. Wir sollten allmählich die große Lebenskunst gelernt haben, uns nicht durch uns selber zu rechtfertigen. Das wäre auch unsere eigene Vorbereitung auf den Tod. Denn am Ende des Lebens ist man durch gar nichts mehr gerechtfertigt außer dem Blick der Güte, der uns schöner findet, als wir sind und je waren.«

Diese Worte ermutigen zu einer selbstbewussten Lebensgestaltung, obwohl es nicht lächerlich sein muss, wenn auch ältere Menschen etwas Ungewohntes wagen oder sogar etwas Verpasstes nachholen. Der Blick der Güte kann ermutigen im hohen Alter, hier und da nochmals ganz klein anzufangen und sich jugendlich-weise zu fühlen!

Anhalten und das Wesentliche erkennen

Im deutschen Film »Lola rennt« von Tom Tykwer entdecken wir, wie es im Leben immer verschiedene Lösungen geben kann:

Liebe Lola,

du rennst und rennst und rennst. Dein Freund ist in einer schwierigen Situation, und du rennst um sein und dein Leben. 20 Minuten hast du Zeit. Es kommt auf dich an! Du bist gefragt und nimmst den Ernst der Stunde wahr. In all deiner Entschiedenheit und in deinem Engagement erfährst du, dass es jetzt auf dich ankommt, jedoch nicht nur von dir allein abhängt. Einige Sekunden früher oder später können so vieles verändern. Zufälle, Begegnungen, die dir zufallen oder eben nicht, geben deinem Lebens-Lauf eine andere Richtung. – Ich kann mich so gut finden in deiner Schnelligkeit, in deinem unermüdlichen Einsatz. Unsere Welt braucht mehr denn je Frauen und Männer, die das Leben nicht verschlafen, sondern zu einer neuen zärtlichen Achtsamkeit aufbrechen. Dazu braucht es auch den Mut, einen Moment anzuhalten, um zu erkennen, wie viel Wesentliches schon da ist. Dies ist nicht nur die Frage an den hektischen Menschen von heute, sondern eine Lebensgrundfrage, erkennbar auch beim Mystiker Angelus Silesius:

»Halt an, wo läufst du hin?
Der Himmel ist in dir!
Suchst du Gott anderswo,
du fehlst ihn für und für.«

Mich verwandeln lassen

Gelassen der Mensch
der den Sprung in seine eigene Tiefe wagt
im Einüben des Alleinseins
um entschiedener im Leben zu sein
und Prioritäten setzen zu können

Gelassen der Mensch
der Grenzen setzen kann für das
was aus seiner tiefen Lebenskraft
mehr Entfaltung sucht

Gelassen der Mensch
der in den unscheinbaren Entscheidungen
seiner Alltagsgestaltung
jene Möglichkeit sieht
er selber zu werden
um sich von sich selber lösen zu können

Gelassen der Mensch
der das Habenwollen
jeden Tag neu verwandeln lässt
im Vertrauen ins Dasein und Mitsein
darin lebt und wohnt Gott

XI, 63

Eine lange Versöhnungsreise

Im amerikanischen Film »The Straight Story – Eine ungewöhnliche Geschichte« von David Lynch werden wir erinnert, dass Versöhnung immer möglich ist:

Lieber Alvin,

du fährst mit dem Rasenmäher durch Amerika. Du suchst deinen Bruder, um dich mit ihm zu versöhnen. Obwohl du ihm im Kopf schon längst verzeihen wolltest, war dein Herz noch nicht so weit. – Konfliktfähigkeit und Versöhnung gehören zu einem spirituellen Weg. Es ist so wichtig, daran zu arbeiten, obwohl echter Friede nicht machbar ist. – Dein Rasenmäher erlaubt dir, nochmals viel Zeit zu haben. Deine lange Versöhnungsreise ist für mich eine Wohltat. Ich selber habe jahrelang gebraucht, um mich mit meiner Familie auszusöhnen.

Du brichst auf und durch-fährst nochmals die Straßen deines Lebens. Dabei ergeht es dir, wie uns allen, du begegnest vielen Hindernissen und Rückschlägen. So wie Israel aus der Opferrolle in Ägypten aufgebrochen ist, erlebst du auf deiner Wüsten-Fahrt Begeisterung, Zweifel, Verunsicherung und die Versuchung, wieder umzukehren. Zum Glück bleibst du dran, weil du dir eine neue Lebensqualität ersehnst, die durch den inneren Frieden sich auftun kann.

Endlich kommst du an und erntest die Frucht deiner beharrlichen Geduld. Als du deinen Bruder siehst, sagst du nur noch ein einziges Wort, das genügt. Du nennst ihn beim Namen: Lyle.

Schwierige Beziehungen verwandeln lassen

Das Gefangensein, das Abhängigsein in Beziehungen hindert mich in meiner Lebendigkeit. Solche Erfahrungen gehören zu unserer Entwicklung. In der Fülle der Emotionen ist es manchmal gar nicht so leicht zu spüren, welche Beziehungen mich hindern und welche mich fördern. Darum nehme ich mir Zeit, um aufzuschreiben, welche Begegnungen für mich lebensfördernd und welche lebenshindernd sind. Vielleicht gelingt es mir nicht auf Anhieb, und ich ergänze die Liste während einiger Wochen. Zugleich versuche ich, in einer zweiten Spalte aufzuschreiben, was es denn genau ist, das meine Lebenskraft in einigen Fällen verstärkt, und was mich andererseits lähmt oder blockiert. Denn es gibt Beziehungen, die in meinem Leben wenig Zeit einnehmen und die doch unglaublich viel Energie kosten ... Wenn ich lebensbehindernde Beziehungen entdecke, gilt es, Möglichkeiten der Verwandlung zu erkunden:

Ich räume mir zeitliche und/oder örtliche Distanz ein, um mehr aus meiner Mitte, aus innerer Freiheit Begegnungen zu wagen. Da liegt auch die Chance, vorerst in mir selber zu entfalten, was ich zu sehr in/bei der anderen Person suche.

Ich gebe dieser Person weniger Macht, indem ich mich bewusst darin übe, nicht dauernd hintenherum über sie zu reden, sondern versuche, sie zu lassen.

Ich gehe in der Meditation einen Versöhnungsweg in der Erinnerung, dass dieser Mensch in den Augen Gottes ganz anders ist und ich immer nur einen Teil von ihm wahrnehme. V, 116f

Dem Glück auf der Spur

In dem französischen Erfolgsfilm »Die fabelhafte Welt der Amélie« werden wir »verzaubert« von Amélie, die sich eines Tages dazu entscheidet, andere Menschen glücklich zu machen:

Liebe Amélie,

deine Kreativität steckt an zum herzhaften Lachen. Du erkennst, dass Himbeeren genau auf die Fingerspitzen passen. Wie langweilig, sie mit dem Löffel zu essen! Mit deinen originellen Einfällen eröffnest du deiner Nachbarschaft und der Kundschaft im »Café des 2 Moulins« ein Stück Himmel im Alltag. Du kannst nicht mit ansehen, wie Menschen hinter ihren Entfaltungsmöglichkeiten stecken bleiben. Du bist wie eine Hebamme und hilfst nach, um in ihnen den richtigen Geschmack am Leben zu wecken. Dabei berührt mich ganz tief, dass deine Stärke aus deiner Schwäche, deinem Schicksal gewachsen ist. Deine Eltern wollten dich schonen und haben dich ohne jeden Kontakt zu anderen Kindern aufwachsen lassen. Gut gemeint, schrecklich für dich! In deiner Isolation blieb dir nichts anderes übrig, als dir deine Welt zu erfinden. Da liegen die Wurzeln deiner ansteckenden Sensibilität, deiner schöpferischen Kraft und deiner zärtlichen Mitmenschlichkeit. Du wählst das Leben und entscheidest ganz bewusst, andere glücklich zu machen. Deine Lebensweisheit zeigt, dass Wunder nicht machbar sind. Doch mithelfen können wir schon.

Herbstlicher Freundschaftsspaziergang

Die Kraft der Freundschaft kann reifen, wenn wir uns freuen über die gemeinsamen Wachstumsprozesse und zugleich das gegenseitige Loslassen einüben. Denn wir sind nicht füreinander zu haben, sondern immer im Werden und Sterben. Folgende Impulse regen zur gemeinsamen Ernte an:

Welche Farbe entspricht mir selber, meiner Partnerin, meinem Partner, und welche Farbe symbolisiert die Kraft in unserer Beziehung?

Wie sehen die Früchte unseres gemeinsamen Weges aus? Wie können wir die Ernte miteinander feiern? Welches Wachstum überrascht mich am meisten auf unserem gemeinsamen Weg?

Wie heißen unsere wunden Punkten, an denen wir uns immer wieder reiben? Was könnte uns helfen, einander in unserer Verschiedenheit in einem guten Sinn zu lassen?

Welche gemeinsamen Perspektiven oder Wünsche konnten wir nicht umsetzen? Wo haben wir uns überfordert? Was ist gestorben an Erwartungen?

XVI, 115

Segenswünsche

Gesegnet sei
euer Wandern
durch Täler und Höhen
durch Wiesen und Wälder
durch Schluchten und Irrwege

Gesegnet sei
euer Ringen nach Sinn
im Aushalten von dunkeln Stunden
der Verzweiflung und der Empörung

Gesegnet sei
euer dankbares Ernten
von Früchten der Achtsamkeit
die zu einer bewussteren Lebensgestaltung bewegen

Gesegnet sei
euer Gestalten von Zwischen-Räumen
damit echte Begegnungen gefördert werden
die zur Tiefe des Lebens führen

XVI, 121

NOVEMBER

Trauer

Heilig werden

Heilig werden
heißt ich selber werden
wachsen und reifen können
im Entfalten meiner Stärken
und im Annehmen meines Schattens

Heilig werden
heißt sich selber lassen
Hingabe wagen
um mit Rückgrat Partei zu ergreifen
für die Entrechteten und Ausgebeuteten

Heilig werden
heißt leer werden
um sich täglich erfüllen zu lassen
von der zärtlichen Gegenwart Gottes
die sogar stärker ist als Tod

Heilig werden
heißt ein Leben lang ja sagen
zum Licht und zum Schatten
zum Leben und zum Sterben
zum Schweigen und zum Engagement

Hoffnungslichter

Menschen stehen mit Schirmen an den Gräbern. Sie schützen sich nicht nur vor dem Regen, sondern ich sehe darin auch ein Sinnbild für den Schutzraum, den Trauernde brauchen. Der regelmäßige Weg zum Grab kann so zu einem inneren Weg werden, in dem die gemeinsamen Erfahrungen vertieft, verarbeitet und mit der Zeit in Frieden losgelassen werden können. Der Allerseelen-Tag oder andere Totengedenktage verdichten unser Bedürfnis nach Trauer- und Klageräumen, die wir ein Leben lang brauchen.

Gräber können uns helfen, das Sterben in unserm Leben zu integrieren. Gräber sind wie Geburtsorte von Menschen, sie lassen uns erahnen und vertrauen, dass wir im Sterben in Gottes Geborgenheit hineingeboren werden.

Sie erzählen vom Durchgang durch das Dunkel, den Schmerz, den Tod, um zum Licht zu gelangen.

In einem kleinen Dorf in der Nähe von Salzburg, in Faistenau, habe ich entdeckt, dass jeden Samstagabend auf allen Gräbern eine Kerze angezündet wird. Das Bild dieser Hoffnungslichter lebt tief in meiner Seele weiter. Eine dunkle Winternacht wird erhellt durch die Lichter, die Menschen auf den Gräbern anzünden. Sie erzählen von der tröstenden Wirklichkeit, dass die Dunkelheit der Gräber nur Schatten sind des ewigen Lichtes. Sie erzählen von der kraftvollen Wirklichkeit, dass die dunklen Stunden der Trauer erhellt werden, wenn wir im Pflegen der Gräber unserer Seele Raum und Zeit zur heilenden Trauer schenken.

Hoffnungslichter verbinden Menschen aller Kulturen. Sie erzählen von der verbindenden Sehnsucht nach ewigem Licht.

Sich mit dem Abschied anfreunden

Kaum etwas ist schwerer zu lernen im Leben als der Abschied – und der endgültige Abschied, der Tod. Wenn ich auf mein Leben zurückschaue, habe ich angesichts des Todes eines Menschen das Leben immer besonders intensiv erfahren. Beim Begleiten meiner Mutter zum Sterben ist mir diese Erfahrung geschenkt worden. Sie starb innerhalb weniger Monate an Krebs. Obwohl ich durch diese brutale Krankheit oft an die Grenzen meiner eigenen Kräfte kam, möchte ich doch auch keine Sekunde dieses Abschieds missen. Tiefste Lebensschule hat sich da für mich ereignet. Ich habe das Zentrum christlichen Glaubens – Kreuz und Auferstehung – erlebt, habe erfahren, dass Tod und Leben, Lachen und Weinen, Angst und Vertrauen nahe beieinander sind.

Nachdem meine Mutter gestorben war, hatte ich wochenlang schreckliche Träume, in denen ich das Schreckliche dieser Krankheit nochmals durchlitt. Ich wich diesen Bildern nicht aus, sondern lernte, sie auszuhalten, bis ich einige Monate später – es braucht viel Trauerzeit – folgenden Traum hatte: In aller Deutlichkeit sah ich meine Mutter auf dem Balkon, wie sie Blumen goss. Ganz erschrocken sprach ich sie an und fragte sie, was sie denn da mache, sie sei doch tot. Mit kraftvollen Augen schaute sie mich an und erwiderte mir: »Ich bin doch da!« Leibhaftig habe ich ihre Nähe gespürt – und das Gießen der Blumen erzählte mir von der Leben spendenden Kraft, die ich über ihren Tod hinaus erfuhr.

Aus diesem Überzeugtsein von der Kraft des Lebens, die sich angesichts des Todes erfahren lässt, wünsche ich allen Menschen die Begleitung von Sterbenden: Dabei können wir ungeahnte Lebendigkeit erfahren!

I, 161f

In Zeiten des Schmerzes

In deinen schlaflosen Nächten
in denen dein Schmerz unendlich scheint
und du durchgeschüttelt wirst
durch die Härte des Lebens
da möge dich der Engel der Trauer
wohlwollend begleiten
im Fließenlassen deiner Tränen

In deinen dunklen Stunden
in denen alles fragwürdig wird
und du auf dich selber zurückgeworfen bist
durch den plötzlichen Tod
da möge ein Hoffnungsfunke in dir aufscheinen
ganz leise und unscheinbar
im tiefen Ein- und Ausatmen

In deinen verzweifelten Momenten
in denen deine Lebenskraft bedroht ist
und du deiner eigenen Todessehnsucht begegnest
durch den endgültigen Abschied
da mögest du innerlich angerührt sein
von den uralten Lebensworten:
Fürchte dich nicht, ich bin bei dir

VI, 43

Sich mit dem eigenen Tod anfreunden

Durch die Begegnung mit dem Sterben in meiner Familie oder meinem Freundeskreis setze ich mich in Büchern, Filmen, Radio- und Fernsehsendungen mit diesem Lebensthema auseinander. Danach nehme ich mir Zeit für folgende Übungen:

Was würde ich tun, wenn ich nur noch einen Tag zu leben hätte?

Welche Grabinschrift wünsche ich mir, und/oder was möchte ich in meiner Todesanzeige lesen?

Alleine und mit anderen nehme ich mir ab und zu, aber sicher einmal im Jahr Zeit, um mich diesen Fragen zu widmen. Eine sinnvolle Unterstützung kann der regelmäßige Besuch eines Friedhofes sein. Dabei konfrontiere ich mich mit der Tatsache, dass auch ich einmal dort sein werde.

Was will ich bis zu meinem Tod nicht verpasst haben? Die entscheidende Frage lautet: Gibt es ein Leben *vor* dem Tod? I, 168f

Sag ja zu deiner Endlichkeit

Ein Satz in der Todesanzeige von Dorothee Sölle begleitet mich: *»Sie hatte große Träume, und sie hat eingestimmt in die Endlichkeit des Lebens.«*

Wenige Worte, die mich tief berühren, weil ich darin den Sinn unseres Lebens erahne: ein Leben lang an das Unmögliche zu glauben, Gottes Traum von einer neuen Welt in uns träumen zu lassen und zugleich Tag für Tag zu verinnerlichen, dass wir sterblich sind. Darum leiste ich Widerstand gegen all die Allmachtsfantasien und die große Schattenseite des Machtbarkeitswahns in unserer Welt. Wenn alles machbar wird, wenn die Grenzen unseres Menschseins nicht respektiert werden, dann entsteht nicht noch mehr Lebensqualität, sondern eine tödliche Atmosphäre, in der der Mensch immer mehr Opfer des maßlosen Menschen wird.

Intensivstes Leben in Achtung und Liebe ereignet sich, wenn wir das Sterben und den Tod wieder mehr in unser Leben integrieren. Wirklich glücklich wird, wer ja sagen kann zu seiner Endlichkeit. Beim Begleiten von Sterbenden, beim Verweilen auf dem Friedhof, beim Meditieren des Sterbens der Natur im Herbst kann unsere tiefe Dankbarkeit über den Geschenkcharakter des Lebens wachsen. Dann hinterfragen wir unsere Fortschrittsgläubigkeit und lernen, einen anderen Zugang zu unseren Grenzen zu finden, und fördern einen einfacheren Lebensstil. So vertiefen wir unseren Glauben, dass wir im Sterben nicht am Ende sind, sondern am Anfang eines vollendeten Lebens in Christus.

Sag ja zu deiner Endlichkeit
damit jeder Tag noch kostbarer wird
integriere das Sterben in deine Beziehungen
damit deine Lebensqualität wachsen kann

Leidenschaftlich leben

Bei einem Spaziergang in der Nähe von Salzburg kommen mir ein Mädchen und ein Junge entgegen, beide sind fünf-sechs Jahre alt. Das Mädchen springt mit strahlenden Augen auf mich zu und sagt: »Der Florian ist verliebt!« Florian bleibt hinter ihr stehen und entgegnet: »Die spinnt völlig.« Doch das Mädchen lässt sich nicht beirren und flüstert mir zu: »Und morgen wird die Hochzeit sein.«

Beglückt bleibe ich sprachlos stehen, jedes Wort wäre zu viel. Meine strahlend-lachenden Augen sind Antwort genug. Das spüren auch die Kinder. Sie winken mir noch zu und spielen weiter. Ich genieße diese Begegnung, sie lässt mich nicht mehr los. Ich erzähle sie überall, wo ich hinkomme. Es ist so wohltuend für mich, wenn ich Anteil nehmen darf am Lebensfluss, am Geschenkcharakter einer unerwarteten Begegnung. Leidenschaftlich leben!

Einige Tage später besuche ich eine junge, krebskranke Mutter im Spital. Die dritte Chemotherapie bringt nicht die tief erhoffte Heilung. Ein Moment voller Schmerz, Ohnmacht und Empörung, verdichtet in ihren Worten: »Ich finde es einfach nicht fair, dass ich sterben muss, meine beiden Kinder brauchen mich so sehr.« Sprachlos bleibe ich da, schaue ihr in die Augen, damit die Tränen leichter fließen können. Nach einem langen, beredten Schweigen wiederhole ich ihre Worte: »Ja, es ist nicht fair.« Auch diese Erfahrung begleitet mich seither, und ihre Worte des Aufschreis klingen in mir nach. Ich will sie nicht vergessen. Ich sage sie laut nach, stammelnd-hoffend, dass sie erweitert und verwandelt werden. Wie, weiß ich auch nicht. Ich muss es gar nicht wissen. Entscheidend ist das Drinbleiben im Fluss des Mitleidens. Leiden-schaftlich leben!

Aus der Tiefe rufen

Aus der Tiefe rufen
mit letzter Lebenskraft
den Schrei der missbrauchten Kinder verstärken
den Schrei der Gefolterten ausdrücken
den Schrei der Wegrationalisierten bekräftigen
den Schrei der Verzweifelten fördern

Aus der Tiefe rufen
den Verwundeten nahe sein
den Verzweifelten die Hand reichen
den Abhängigen die Würde zurückgeben
den Kriegsopfern Solidarität bekunden

Aus der Tiefe rufen
im solidarischen Mitfühlen
die Geburt Gottes erahnen
im Schreien nach Lebenssinn
einander nicht alleine lassen
einfach mitsein

Lieber Bartimäus (1)

Seit drei Jahren habe ich ab und zu Lust, dir zu schreiben. Dass ich es nicht getan habe, hängt mit dem zusammen, was ich dir schreiben will. Ich tue mich schwer, von meinen persönlichen Ängsten und Unsicherheiten zu schreiben. Vor etwa drei Jahren bei einem Bibliodrama, wo ich mich sehr mit dir identifiziert habe, habe ich entdeckt, dass es viel mit meinem Mannsein zu tun hat. Das wird dich sicher erstaunen, berichtet doch Markus nur in einigen Zeilen von dir (10,46–52). Doch diese sechs Verse haben es mir angetan. Immer wieder lese ich sie und finde mich darin wieder. Vor allem, wenn ich an mir zweifle, es mir nicht gut geht, denke ich an dich und deine Begegnung mit Jesus. Sie ist für mich ein Stück zu einer Schlüsselstelle geworden. Unglaublich, wirst du denken, doch es ist so. Lass mich dir ein wenig erzählen, was mich so bewegt, berührt an dir, deiner Geschichte und deiner Heilung. Wie dein Name ja sagt, bist du, lieber Bartimäus, der Bar, der Sohn des Timäus. In diesen zwei Worten finde ich mich und meine Geschichte auch wieder. Ich meine es auf jeden Fall und bin gespannt, was du dazu meinst. Ich habe in meiner Kindheit erlebt und erfahren, was es heißt, der Sohn eines Gemeindepräsidenten zu sein. Obwohl mir mein Vater sicher sehr viel von seinem sozialen Gespür mit auf meinen Weg gegeben hat, so hat mich dieses Sohnsein – und zu wenig ich selber sein – geprägt. Es hat mich hart gemacht. Mit vielen Problemen und Ängsten blieb ich allein, weil es sich nicht gehörte, Schwäche zu zeigen. Es hat mich ein Stück weit heimatlos gemacht, hat mich auf die Straße getrieben, zu all jenen, die auch blind geworden sind für die feinen sensiblen Seiten des Lebens. Ob du mich verstehst?

Lieber Bartimäus (2)

Ich möchte mit meinem gestrigen Brief an dich weiterfahren. Als du von Jesus gehört hast, hast du geschrieen, heißt es im Text. Die Sehnsucht nach diesem Schreien hat sich bei mir in den letzten Jahren verstärkt. In meiner Familie habe ich die Rolle übernommen, stark zu sein, Verständnis zu haben, dies hat mich sehr geprägt. So fest, dass ich bis heute nicht schreien, nicht weinen kann. Als mein Vater starb, stand ich stumm an seinem Grab. Mein Patenkind stand vor mir und weinte. Ich konnte nur durch ihn weinen. Ich hatte meine Hände auf seine Schultern gelegt, und all meine Trauer floss durch ihn. Als ich nun las, dass du geschrieen hast, kam mir diese Szene am Grab sofort in den Sinn. Männer weinen nicht? Du musst gespürt haben, dass Jesus dir ein anderes Mannsein vorlebt. Am Grab von Lazarus weinte er nicht nur, sondern revoltierte gegen den Tod. Weil er diese Gefühle voll zuließ, entstand eine Leben spendende Kraft, die alles Starre, Harte, Tote zu neuem Leben erweckte. Die Widerstände, die so ein gefühlvolles Verhalten bei den andern Männern auslösen, hast du auch zur Genüge erfahren. Viele wurden ärgerlich und befahlen dir zu schwiegen. All jene, die das Durchbrechen der Tagesordnung in Gefahr sahen, wollten dich hindern. Wie oft habe ich schon versucht, meine Not auszudrücken und wie oft wurde das Thema gewechselt. Auf die Frage, wie es mir geht, wird nur eine Antwort erwartet: »Gut.« Alles andere ist hinderlich und passt nicht zu einem Mann. Du wirst für mich zum Vorbild, weil du dich nicht beirren ließest und noch lauter geschrieen hast: »Hab Erbarmen mit mir!« – Ich rede viel von Solidarität und meine damit vor allem eine Solidarität, für andere um Gerechtigkeit zu kämpfen. Bei dir beeindruckt mich, dass du dich durchringen konntest, nun vor allen Jesus um Hilfe zu bitten. Ich will dich nicht idealisieren, denn ich kann mir vorstellen, dass du auch Jahre gebraucht hast, um nun endlich klar und deutlich ICH zu sagen.

Lieber Bartimäus (3)

Du wagst den Sprung in den Brunnen und wirfst all das weg, das dich hindert, um einen neuen Schritt zu wagen. Du springst auf, du setzt auf alles. Oder anders gesagt, du vertraust, dass es auf dich ankommt und doch nicht von dir allein abhängt. Dieses Vertrauen wird dann gleich massiv auf die Probe gestellt, als dich Jesus fragt: »*Was willst du, das ich dir tue?*« Genau dieser Satz hat in mir unglaublich viel bewirkt. Meine Bedürftigkeit und meine Bedürfnisse sind gefragt. Ich bin nicht erst wertvoll, wenn ich hart arbeite und gute Leistungen erbringe, sondern wenn ich zu meiner tiefen Sehnsucht stehe. Diese Sicht der Dinge hat auch mir die Augen geöffnet. Es ist ein neuer Horizont. Doch er zeichnet sich ganz klein ab. Was ich über Jahre nicht zugelassen habe, kommt nun ganz vorsichtig zum Vorschein. Dir wird es wohl nicht anders ergangen sein.

Du kannst dir nicht vorstellen, wie gerne ich mehr von dir lesen möchte. Wie ging es dir wohl am Tag danach? Von deinem Ringen, deinen Rückfällen möchte ich etwas wissen. Hast du dich mit andern zusammengefunden, die auch diese heilende Zuwendung erfahren haben? Habt ihr euch regelmäßig getroffen, um einander in einem neuen Bewusstsein zu stärken? Wie hat deine Umgebung reagiert, als du nicht mehr Mitleid, sondern ein Akzeptieren deiner Bedürfnisse wolltest. Fragen über Fragen habe ich an dich. Mir würde es sehr gut tun, wenn ich von dir mehr erfahren könnte. Von dem, was dir wirklich passiert ist und was du zu meiner Geschichte meinst.

Jetzt bin ich froh, dass ich es endlich gewagt habe, dir von mir, meiner Verbundenheit mit dir zu erzählen. Ich lese den Brief nicht mehr durch und will ihn sofort abschicken. Wer weiß, sonst zerreiße ich ihn noch.

Dankbar für dein Mitgehen,
Pierre

Klage- und Trauerräume

Klage- und Trauerräume
brauchen wir
um dem Spiel der Beziehungen
gerecht zu werden

Klage- und Trauerräume
brauchen wir
wenn unsere Seele schreit
und der Schmerz uns an
die Grenzen des Erträglichen führt

Meine inneren Schreie
lassen mich behutsam
das innere Kind in meine Arme nehmen
damit mir die tiefe Verwurzelung
auch im Leiden aufscheinen kann

Klage- und Trauerräume
brauchen wir
wo der Stoff unseres Lebens
und des Lebens aller Leidenden
ausgebreitet wird

Abschiedsfeste gestalten

Im Wort »Abschiedsfest« kommt die Nähe von Freude und Leid unseres Lebens zum Ausdruck. »Ich will kein Abschiedsfest feiern, weil ich schweren Herzens weggehe«, ist oft eine erste Reaktion. Sich dem Abschied nicht zu stellen bedeutet, sich den gemeinsamen Lebenserfahrungen zu entziehen. Viele von uns kennen Beziehungen in ihrem Leben, die nicht gut abgeschlossen sind, wo kein richtiger Abschied gefeiert wurde, wo Konflikte nicht ausgetragen werden konnten. Wie tief solche Erfahrungen in unserer Seele eingeprägt sind, zeigt sich mir immer wieder, wenn Menschen im hohen Alter noch an unverarbeitetem Auseinandergehen leiden.

Zwanzig, dreißig Jahre später sehen wir eine Person, die wir seither nie mehr gesehen haben, zu-fällig wieder – und wir möchten ihr am liebsten ausweichen und tun es auch oft, weil wir schlagartig spüren, dass diese Beziehung keinen klaren Abschluss finden konnte.

Darum lohnt es sich, eine Abschiedskultur zu entwickeln und sich längere Zeit vorher auf einen Abschied einzustimmen. Folgende Fragen können eine Hilfe sein, um eine Person besser lassen zu können:

Was muss noch ausgesprochen werden an Aufbauendem und Schwierigem, damit ich dich lassen kann?

Was können wir miteinander lernen, was ist mir durch diese Beziehung so wichtig geworden, dass ich es auch weiterhin im Leben pflegen möchte?

Was sind wir einander schuldig geblieben? Inwiefern hat das Zusammenspiel unserer Charaktere und der Familien- / Teamkonstellation Entwicklungen gefördert bzw. behindert?

Wie kann ich in einem Satz ausdrücken, was mir bleibt von diesem Menschen?

Was wünscht sich die Person, die geht, für ein Abschiedsritual?

In jedem Abschied können wir das Sterben im Leben annehmen.

XI, 145f

Sterben lernen

Verstärke deine Lebensqualität
im Integrieren deiner Grenzen
im Fördern eines gesunden Maßes
im Annehmen des Sterbens

Jeden Tag sterben wir viele kleine Tode
in unseren durchkreuzten Hoffnungen
in unseren schmerzvollen Enttäuschungen
in unserem Leiden an Ungerechtigkeiten

Vertiefe deinen Sinn des Lebens
im Einüben des Loslassens:
nichts ist wirklich zu haben
echtes Leben ist immer im Werden

Jeden Tag stehen wir auf zu neuem Leben
in Dankbarkeit über das Geschenk des Atmens
im Erfahren der heilenden Kraft der Trauer
im Spüren unserer Sehnsucht nach Vollendung

Verwurzle deinen Glauben
im Erahnen wie sich intensivstes Leben ereignet
im Verinnerlichen der Hoffnung
im Sterben in Gott hineingeboren zu werden

Nicht gegen mich kämpfen

Mich beeindrucken Menschen, die zu ihren Grenzen stehen und in ihren eigenen Abgrund hinuntersteigen. Ruedi Josuran und Verena Hoehne aus der Schweiz gehören zu ihnen. Beide sind erfolgreich tätig in der Medienbranche, beide leiden unter Depressionen. Er ist ein beliebter Radiomoderator, sie arbeitet vorwiegend als Moderatorin, Filmemacherin und Sprecherin beim Fernsehen. In ihrem Buch »Mittendrin und nicht dabei« schreiben sie einander gegenseitig Briefe, in denen sie vom Umgang mit dieser Krankheit erzählen. So schreibt Ruedi: »Es kann also nicht darum gehen, meine Trauer und meine Schwermut wegzubringen, indem ich mir einrede: Ich darf nicht traurig sein. Positives Denken hat bei mir nie funktioniert, obschon ich lange Zeit versuchte, es einzusetzen. Ich muss in meine Traurigkeit, in meine Gefühlsarmut hinuntersteigen, muss sie zulassen, zu Ende fühlen; dann kann es sein, dass sich das Ganze von selber verwandelt, dass ich auf dem Grund meiner Traurigkeit einen tiefen Frieden verspüre, und auf einmal entdecke ich die Tiefe des Daseins, das Leben, eine neue Quelle. Ich bin in Berührung mit dem Geheimnis des Lebens, des wahren Selbst. Wenn ich mich dem stelle, mich aussöhne mit der Situation, kann das Ganze eine Quelle von Kraft werden.«

Der Weg zu mehr Lebendigkeit führt durch die Durststrecken, durch das Aushalten meiner Ohnmacht. Jede und jeder muss den eigenen Weg finden durch diese Nacht. Doch wir können einander kraftvoll unterstützen, wenn wir das mit-teilen, was möglich ist.

V, 69f

Lieber Jakobus (1)

Ich spüre fest, dass ich bald sterben werde. Meine Kräfte lassen nach, und ich will noch mehr als sonst das Loslassen üben. Dabei werden in mir einige Erlebnisse wach. Erinnerst du dich noch, wie wir Jesus gebeten haben, er möge uns im Himmel rechts und links von sich sitzen lassen? Weißt du noch, wie wir es kaum erwarten konnten, ihm diese tiefe Sehnsucht vorzutragen? Welch eine Enttäuschung, als er uns auf uns selber zurückwarf und die anderen sich über uns ärgerten! Heute kann ich sagen, dass dieses Erlebnis meinem Leben eine ganz neue Ausrichtung gegeben hat. Die Worte Jesu »Bei euch soll es anders sein!« haben mich ein Leben lang begleitet. Vor diesem einschneidenden Ereignis habe ich geglaubt, dass Macht etwas Negatives sei. Darum wollte ich vordergründig auch keine ausüben. Doch Jesus hat diesen Irrtum entlarvt. Er wirkte, heilte und lehrte mit voller Macht. Seine machtvolle Lebenskraft ließ eine neue Art des Miteinander entstehen. In diesem Aufbruch zeigte er mir, dass es einen neuen Umgang mit der Macht braucht. Ein Transparentwerden der Macht, der Motivationen von denjenigen, die Macht ausüben. Machtvolles Tun soll im Dienst der Gemeinschaft stehen.

Seit jener Auseinandersetzung um die ersten Plätze ist mir klar geworden, dass es darum geht, mich sowohl mit all meinen Fähigkeiten einzubringen und andererseits mich zurückzunehmen. Dieses Grundgeheimnis unseres Lebens ist in unserem Atem angelegt. Wenn ich jetzt infolge meiner Krankheit oft bewusster ein- und ausatme, dann spüre ich, was Jesus mit dem Dienen gemeint hat: meinen Platz finden auf dieser Welt, meiner Lebensaufgabe nachgehen, ohne mich daran festzuklammern. Ein- und ausatmen, mich einbringen und mich zurücknehmen, leben und sterben ...

Lieber Jakobus (2)

Mit dir, Jakobus, will ich diese grundlegenden Gedanken meines Lebens teilen. Denn ich habe den Traum von einer solidarischeren Menschenwelt seit jenem Tag nie aufgegeben. Glauben heißt: eine Welt mitgestalten, in der jede und jeder seinen Platz hat. In der die Kleinen, Ausgegrenzten, Einsamen, Entmutigten ernst genommen werden. In der jede und jeder spürt, dass das Leben bis zur letzten Sekunde und über den Tod hinaus einmalig und kostbar ist.

Darum gehören auch das Leiden und Sterben zu unserem Leben. Wir müssen alles tun, um das Leiden zu verhindern und zugleich es in unser Leben integrieren – eine Liebe ohne Leiden gibt es nicht. So verstehe ich nun die Worte Jesu »den Leidenskelch mit mir trinken«. Durch ihn ist leibhaftig sichtbar geworden, dass Gott sich in Solidarität ereignet, in konkreten politischen Taten für die Menschenrechte.

Ja, am Ende meines Lebens habe ich das Bedürfnis, dir, Jakobus, diese Gedanken zu schicken. Ich werde auch nach meinem Tod weiterhin diesen Solidaritätsweg gehen und mit euch allen beten und hoffen.

Dies lässt mich leichter Abschied nehmen, auch wenn dabei sicher meine Tränen fließen. Auch darin ereignet sich Gott.

Ich umarme dich brüderlich,
dein Johannes

Inspiriert von Markus 10,35–45

Die Kraft der Ewigkeit

Die Kraft der Ewigkeit erahnen
im bewussten Gestalten
meines Trauerweges
mit seinen unendlichen Stunden
der Einsamkeit
mit seinen kraftvollen Zeiten
der freundschaftlichen Nähe

Die Kraft der Ewigkeit erfahren
im achtsamen Wahrnehmen des Augenblicks
mit seinen hellen und dunklen Seiten
mit seinen kraftvollen und schmerzlichen Momenten

Die Kraft der Ewigkeit erleben
im aufmerksamen Dasein im Alltag
mit all seinen Herausforderungen und Sternstunden
mit all seinen Verunsicherungen und Lebensfreuden

Die Kraft der Ewigkeit entdecken
im intensiven Begehen eines Heilungsweges
mit seiner Solidarität zu allen kranken und
sterbenden Menschen
mit seiner Verwurzelung
in der Kraft der Liebe

VI, 80

Die Zeit der Melancholie

Die Novembertage mit ihrem Nebel, ihrem Regen sind für viele Menschen unangenehm. Gefühle der Melancholie, der Traurigkeit und depressive Stimmungen möchten ihren Raum einnehmen. Je mehr unsere Gesellschaft diese verletzlichen Seiten unseres Lebens verdrängt oder bekämpft, umso mehr nehmen sie zu. Der Psychologe Carl Gustav Jung soll die Depression mit einer Dame in Schwarz verglichen haben. Wenn sie in unserem Leben auftaucht, dann sollen wir sie zu Tisch laden und aufmerksam hören, was sie uns zu sagen hat. Die dunklen Stunden gehören zum Leben. Sie lassen uns sensibler, menschlicher und auch spiritueller werden. Ich kenne keine Biografie eines mystischen Menschen, die nicht von schweren Krisen, Verunsicherungen und Depressionen weiß. Diese Wirklichkeit lässt sich auch bei vielen künstlerischen Menschen finden. Darum sind die Novembertage, denen wir schon mitten im Sommer begegnen können, nicht eine peinliche Panne, sondern Ausdruck unserer Verwundbarkeit, die ein Leben lang zu uns gehören wird, wenn wir menschlich bleiben wollen.

Im ersten Jahrtausend vor Christus wurde in der Körpersäftelehre von der »Melancholie« gesprochen, die als »Schwarzgalligkeit« umschrieben wurde (melan = schwarz, cholos = Galle). Der Psychiater Daniel Hell schreibt dazu: »Die bildliche Vorstellung einer Schwarzgalligkeit gibt das Leiden treffend wieder. In diesem Zustand ist alles dunkel, ›schwarz‹. Die Zeit ist wie angehalten, ›zähflüssig wie Galle‹. Es ist einem Menschen in diesem dunklen, zähflüssigem Zustand nicht möglich, unbeschwert voranzuschreiten. Der zur Verfügung stehende Lebensraum ist eingeengt, ›krustig wie eingetrocknete Galle‹.«

Die herbstlichen Tage, die die Sicht vernebeln, lassen uns einen mitfühlenden Umgang mit der Dunkelheit, der Verletzlichkeit, den Behinderungen und Krankheiten in unseren Beziehungen entwickeln.

XVI, 100

Durchbrich meine Todesmächte

Du
such mich auf
und bring mir Hilfe

Keine Geschichte
noch so schön
kann meinen Schmerz wegtrösten
Undank
erlebe ich jeden Tag

Zurückgeworfen in meine Urverwundungen
ausgeliefert meiner verdammten Geschichte
in der ich nie etwas recht machen konnte

Jetzt weiß ich
warum ich zu oft auf das schaue
was nicht gelungen ist
zu wenig Kräfte habe
um mich dem zuzuwenden
was mir täglich gelingt

Such mich auf
bring mir Hilfe
durchbrich meine Todesmächte
begleite mich durchs Schwere
zu neuem Leben in Fülle
Nach Psalm 106,2

IV, 114

In dunklen Stunden

Licht und Schatten gehören zu jedem Leben. Unsere Lebensaufgabe besteht darin, unseren Schatten zu integrieren, unsere Angst vor der Dunkelheit verwandeln zu lassen. Im Dunkel des Mutterleibes wächst neues Leben, in dunklen Stunden der Selbstwerdung kann sich neues Leben gebären, in verdunkelten Beziehungs-Wegen kann sich eine neue Lebensqualität formen. In Zeiten, in denen ich das Gefühl habe, alles verloren zu haben, Zukunftsperspektiven und Sinn, da kann ich durch meinen Atem erinnert werden, wie ich immer begleitet bin im Leben. Ich sehe diese innere Begleitung nicht, doch sie ist da als Atem des Lebens, der mich durch das Dunkel der Ohnmacht in meinen tieferen Grund führt, wo ich vorerst ohne Ansprüche sein darf. So wie die Augen sich an die Dunkelheit gewöhnen müssen und ich mit der Zeit auch im Dunkeln immer mehr sehe, so kann mein achtsames Atmen mir in Zeiten der Krise eine Lebenshilfe sein. Im Atmen kann ich jene uralten Lebensweisheiten verinnerlichen, die mich ermutigen, Schritt für Schritt einen schweren Auf- oder Abstieg zu begehen. Der Weg ist das Ziel. Ich nehme sehr oft erst im Nachhinein wahr, was da wirklich geschehen ist. So wie ich erst in der Kälte meinen Atem wirklich sehe, obwohl er mich immer schon belebt, so geht mir erst später ein Licht auf ...

II, 147

Hoffnungsspur in der Dunkelheit

In meinen dunklen Stunden
die Hoffnungsspur erahnen
im liebevollen Ein- und Ausatmen
da sein können im Hier und Jetzt

In meinen dunklen Stunden
meinen Schatten umarmen
im authentischen Dasein
mit meiner Begabung und Verletzlichkeit

In meinen dunklen Stunden
mich begleiten lassen
miteinander die Dunkelheit durchschreiten
um immer klarer sehen zu können

Unerträglicher Schmerz

Der Film »Das Zimmer des Sohnes« von Nanni Moretti erzählt von der Trauer eines bekannten Psychotherapeuten, dessen Sohn auf einem Tauchausflug tödlich verunglückt:

Lieber Giovanni,

mit deinem Sohn Andrea hast du oft dem Leben zugelacht. Die Kraft, die du in deiner Familie schöpfen konntest, hast du als begabter Psychotherapeut vielen Menschen zufließen lassen. Du hast zugehört, mitgelitten, Konflikte ausgehalten, Hoffnung gestiftet. Mitten in dieser Fülle verunglückt dein Sohn tödlich beim Tauchen.

Deine Welt bricht zusammen. Dein Schmerz ist unendlich. Deine Beziehung zu deiner Frau und deiner Tochter wird schwer, zerbrechlich, manchmal unerträglich. Der Tod deines Sohnes hat dich mitten ins Herz getroffen. Allein dies ist schon genug an Leid und Verunsicherung.

Doch das Leben schüttelt dich noch mehr. Du leidest am meisten an dir selbst. Du tust dich so schwer anzunehmen, dass du so vielen Menschen helfen konntest und nun dir selber nicht helfen kannst. All die unzähligen Hoffnungsworte, die du Menschen in furchtbaren Situationen zusprechen konntest, tragen nun bei dir selber nicht mehr. Du zweifelst an allem. Ich weine mit dir und wünsche dir ab und zu die Erinnerung an die uralte griechische Weisheit: »Nur der Arzt, der selber verwundet ist, kann wirklich heilen.« Das lässt uns so menschlich bleiben, dass wir zutiefst auf Beziehung angewiesen sind und echte Freundschaft erfahren, wenn wir ohnmächtig und schwach sein können.

Tränen fließen lassen

Die mit Tränen säen
sind wenige heute

Tränen sind kaum erlaubt
Trauer und Schmerz
bringen unsere Tagesordnung durcheinander
vermindern die Produktion

Klageräume brauchen wir
um unsere Tränen fließen zu lassen
tröstend-befreiende Erfahrungen machen zu können
wo auch Männer weinen dürfen

Dann werden wir mit Jubel ernten
auch im Schreien und Klagen
die Fülle des Lebens erahnen
Nach Psalm 126,1

IV, 134

Seine Würde behalten

Im Film »Dancer in the Dark« von Lars von Trier begegnen wir Selma, einer Mutter, die für die Rettung ihres Sohnes alles wagt:

Liebe Selma,

du sitzt in der Todeszelle. In einigen Minuten wirst du erhängt, weil du deinen Nachbarn umgebracht hast. Du hast es für deinen Sohn getan. Selber fast blind, hast du als Fabrikarbeiterin jahrelang gespart, damit du eine Augenoperation für deinen Jungen bezahlen kannst. Er soll eine bessere Zukunft haben als du. Nur deinem Nachbarn erzählst du von der großen Geldsumme. Er nützt dein Vertrauen aus und stiehlt deine Ersparnisse. Du stellst ihn zur Rede, flehst ihn an und nimmst dein Geld zurück. Es kommt zum tödlichen Kampf.

»Du hast getan, was du tun musstest«, sagst du immer wieder. Unbeirrbar gehst du deinen Weg, gehst durch die Menge hindurch und schweigst. Nichts soll die Operation deines Sohnes gefährden.

Grausam kann das Leben sein. Du behältst deine Würde. Beim Gang zur Hinrichtung schreist du, weinst du. Dann bleibt dir nur noch der Gesang. Du singst für uns alle: »Es ist nicht mein letztes Lied.«

Meine Angst verwandeln lassen

Alltäglich sterben einüben
im tiefen Ein- und Ausatmen
die Angst vor dem Tod
verwandeln lassen in Vertrauen

Alltäglich sterben einüben
im bewussten Durchatmen
die Angst vor dem Abschiedsschmerz
verwandeln lassen in Hoffnung

Alltäglich sterben einüben
im tiefen Ein- und Ausatmen
die Angst vor der Endlichkeit
verwandeln lassen in Liebe

II, 162

Grenzenlose Trauer

Im Film »Bleu – Drei Farben Blau« von Krzystof Kieslowski erleben wir den eindrücklichen Trauerweg einer Frau, die bei einem Autounfall ihren Mann und ihre Tochter verliert:

Liebe Julie,

deine Trauer ist grenzenlos. Du hast einen Verkehrsunfall überlebt, bei dem dein Mann und deine Tochter gestorben sind. Dein Schmerz sitzt so tief, dass deine Tränen in dir blockiert bleiben. Du willst nicht mehr leben und stellst dich zugleich mit größter Intensität deiner zerbrochenen Existenz, indem du deiner Trauer einen großen Raum öffnest. Du entziehst dich den anderen, verlässt deine vertraute Umgebung, suchst eine Dachwohnung, um in größter Radikalität deinen Trauerprozess leben zu können.

Eine Gratwanderung, die du überlebst, weil du immer eintauchst ins Wasser. Stundenlang schwimmst du, um den Zugang zu deinem Tränenmeer zu finden. Durch dich erahne ich die Kraft der heilenden Worte aus der Bergpredigt: »Selig die Trauernden, denn sie werden getröstet werden.« Es ist kein billiger Trost, den du dir aufschwatzen lässt, sondern du tauchst ein in den Schmerz. Du weigerst dich, zur Tagesordnung überzugehen, und nimmst dir den notwendigen Klageraum. Daraus entsteht jene Kraft, die dir zur Neugeburt wird.

Wer eintaucht in den Todesschmerz, erahnt die Kraft der Ewigkeit, die zum Hier und Jetzt befreit.

Da sein genügt

Einfach da sein –
in der Begleitung von Sterbenden
nichts mehr tun müssen
miteinander dem Atemfluss folgen

Einfach mitfühlend sein –
angesichts des Todes
die Tränen fließen lassen
im schmerzvoll-befreienden Aufatmen

Einfach da sein –
Sterbenden zärtlich begegnen
einander zum Loslassen bestärken
Dankbarkeit und Schmerz teilen

II, 163

Mein Credo

In Momenten des Verletztseins
in denen ich die Welt nicht mehr verstehe
und mich innerlich verhärte
da folge ich der Spur meines Atems
um darin das Geheimnis
des Lebens und Glaubens zu entdecken:
Christus der jeden Menschen bewohnt
damit wir uns alltäglich
zum Guten wandeln

In Momenten des Aufschreis
über all die Ungerechtigkeiten
die Menschen einander zufügen
erinnere ich mich an die große
jahrhundertelange Weggefährtenschaft
von Frauen und Männern
die hoffen in aller Hoffnungslosigkeit
bewegt von Gottes Geist in uns

In Momenten der Sprachlosigkeit
über die Ausbeutung und Zerstörung der Schöpfung
spüre ich Mutter Erde unter mir
mit meinen beiden Füßen
Bild jenes wohlwollenden Gottes der mich trägt
und sein *Ja* zum Menschen nie mehr zurücknimmt

Darum glaube ich an Christus
der in uns jeden Tag neu geboren wird
und uns Menschen zur Solidarität verwandelt

XIII, 73

Innehalten voll Dankbarkeit

Am Ende eines Kirchenjahres innehalten
miteinander voll Dankbarkeit vertiefen
wie sich der Weg vieler Frauen und Männer
guten Willens unaufhaltsam erneuert hat

Am Ende eines Kirchenjahres innehalten
einander in aller Ehrlichkeit mitteilen
wie viele enttäuschte Hoffnungen
uns verunsichert und empört haben

Am Ende eines Kirchenjahres innehalten
in der Tiefe verinnerlichen und annehmen
wie die Spannung zwischen Licht und Schatten
auch zur Volk-Gottes-Bewegung gehört

Am Ende eines Kirchenjahres innehalten
Christus als allerinnersten König feiern
der jede und jeden in aller Begrenztheit
an aller Menschen königliche Würde erinnert

DEZEMBER

Warten

Du bist ein Abbild Gottes

Adventliche Menschen
wagen persönliche Begegnungen
um einander zu erinnern
dass das Wesentliche schon da ist
sie warten nicht auf große Wunder
sondern erkennen das Wunderbare im Alltag

Adventliche Menschen
sehen ihre durchkreuzten Wege
im Licht der Versöhnung
das aufscheint in allen
Frauen und Männern guten Willens
die Gott in sich Mensch werden lassen

Adventliche Menschen
gehen einen Weg in die Tiefe
zum inneren Ort der Geborgenheit
wo sie sein dürfen
vor aller Leistung
als unverwechselbares Abbild Gottes

Mein Vertrauensweg

»Es ist der Schmerz und es ist die Freude, die die Gemütsbewegung der Seele und mit ihr das ganze Leben durchziehen: der Schmerz über den abwesenden, die Freude über den gegenwärtigen Bräutigam. Ihre einzige Erwartung ist die Freude, ihn ohne Unterlass zu sehen. Dies geschieht nicht nur einmal und in einer einzigen Weise, sondern häufig und in vielerlei Weisen.« Wilhelm von St. Thierry (1085–1148)

Mystische Menschen lassen sich vom Hohenlied der hebräischen Bibel (Erstes Testament) inspirieren. Das Motiv der Erwartung, der Sehnsucht nach dem Bräutigam, wird existenziell entfaltet als Deutung der vielfältigen Gefühle der Lebensfreude und der Angst, der Hoffnung und der Zweifel, die uns auf einem inneren Weg begegnen können. Ein engagierter Glaubensweg ist kein Zustand, keine Absicherung, sondern ein täglicher Vertrauensweg. Der Mystiker Wilhelm von St. Thierry stand lange im Schatten von Bernhard von Clairvaux. Seine Vertiefung ins Hohelied ist für mich eine Ermutigung, ein adventlicher Mensch zu werden, der die Menschwerdung Gottes erahnt in der Vielfalt der Lebenserfahrungen: Erfahrungen des Glücks, des Aufgehoben- und Beflügeltseins und auch Erfahrungen der Dunkelheit und Durststrecken, wie sie Wilhelm von St. Thierry offenlegt: *»Das innere Licht ist geschwunden, beengende Finsternis umhüllt mich, es schmachtet der Glaube, die Hoffnung stammelt, die Liebe erlahmt, das Gebet wird unstet, die Lesung stockend, die Meditation ist ohne Kraft …«* In solch authentischem Selbstwerdungsprozess werden wir christusförmig, weil in unserer Ohnmacht Hoffnungsfunken aufscheinen, die uns mitfühlend machen und zur solidarischen Sym-pathie mit den Entrechteten bewegen. Adventliche Menschen vertrauen Tag für Tag auf das vielfältige Entgegenkommen Gottes.

Warten können

Unglücklichsein beginnt damit, nicht warten zu können. Wir möchten alles haben und möglichst sofort. Erfülltes Leben lehrt eine andere Sprache. Wesentliche Grundwerte wie Liebe, Versöhnung, Sinn und Glück sind weder käuflich noch wie ein Eigentum zu besitzen, sie werden geschenkt. Der Alltag besteht dann im achtsamen Erwarten, in der Offenheit für den Geschenkcharakter des Lebens. Die Adventszeit – Zeit der Erwartung – stellt sich darum quer zum gnadenlosen Zeitgeist, zum Schnelligkeitswahn und vermeintlichen Konsumzwang.

Die Adventszeit will auf den Geschmack des Wartens bringen, auf die Qualität der Vorfreude, auf die Kraft der Überraschung. Die französische Philosophin, gebürtige Jüdin, ungetaufte Christin und Mystikerin Simone Weil (1909–1943) entfaltet ihre Lebensgestaltung als »attente«, als Erwartung, als Aufmerksamkeit. Adventliche Menschen begeben sich zusammen mit anderen auf einen Weg der Aufmerksamkeit, der ohne Langsamkeit kaum eine Chance hat. Adventliche Menschen nehmen aufmerksam wahr, was das Leben noch alles mit uns vorhat. So entdecken sie Tag für Tag eine tiefe Dankbarkeit und nehmen zugleich das Leiden der Mitmenschen, der Tiere, der Schöpfung achtsam wahr. So entwickeln sie wie die Prophetinnen und Propheten eine konstruktive Kritik und eine lebensbefördernde Vision einer zärtlich-gerechteren Welt.

Vertrauen und Selbstzweifel

Die Leuchtkraft meines inneren Sternes
lässt mich zu meiner Verunsicherung stehen
von innen her werde ich aufgerichtet
zu meiner einzigartigen Einmaligkeit

Die Vertrauenskraft meines inneren Sternes
befreit mich zu einem Menschsein
in dem auch meine Widersprüchlichkeit
als Wachstumschance gesehen wird

Die Hoffnungskraft meines inneren Sternes
stärkt mein Mitgefühl mit all den Menschen
die auch an sich selbst zweifeln
weil sie zu oft verbogen worden sind

Die Leuchtkraft unseres inneren Sternes
erzählt vom großen JA in unseren Herzen

So werden, wie ich von Anfang an gemeint bin

Adventszeit ist Erwartungszeit, nicht Vertröstungszeit. Sie will zum Aufbruch bewegen, zu mehr Menschlichkeit. Gottes Ankunft ereignet sich in jedem Menschen, der mehr er selber wird, mehr seine Aufgaben in dieser Welt entdeckt und lebt. Da kommt Gott mir entgegen als innere Lebenskraft, die immer schon da ist! Doch ohne bewusste Achtsamkeit lebe ich an dieser Hoffnung stiftenden Wirklichkeit vorbei. Darum ist für mich ein adventlich-spiritueller Mensch – eine Frau, ein Mann, ein Jugendlicher, ein Kind –, jeder, der täglich wahr-nimmt, was sie erlebt, was ihn beängstigt, was sie ermutigt, was ihn verunsichert, was seine Hoffnung nährt, was ihn empört. Adventliche Menschen stiften einander an, den Alltagserfahrungen zu trauen, ohne sie zu bewerten oder zu beurteilen – ein anspruchsvolles Unterfangen, das wir nie im Griff haben, sondern jeden Tag neu im Werden ist. Es bedeutet, mit einem wohlwollenden Blick sich, den anderen, der Welt zu begegnen. Dieser Blick für das Wesentliche und für das Verbindende lebt aus dem Vertrauen, dass das Bild Gottes in uns allen wirkt und wohnt. Der holländische Mystiker Jan van Ruusbroec (1293–1381), dessen Gedenktag am 2. Dezember gefeiert wird, spricht von dieser sehr persönlichen und zugleich verbindenden Gegenwart Gottes in allem:

»Das Bild Gottes ist in allen Menschen
wesentlich und persönlich vorhanden.
Auf diese Weise sind wir alle eins,
innig vereint in unserem ewigen Bilde,
welches das Bild Gottes
und der Quell
all unseres Lebens in uns ist.«

XIV, 17f

Nikolaustag

Wenn wir unseren Sehn-süchten nicht auf den Grund gehen, besteht die Gefahr, in der Sucht stecken zu bleiben. Wir leben in einer süchtigen Gesellschaft, in der immer neue Bedürfnisse geweckt werden, die nur selten mit den tiefen Bedürfnissen nach mehr Menschwerdung übereinstimmen. Miteinander-Teilen ist zum Beispiel das Licht, das in und um uns durchscheinen möchte. Adventliche Menschen sind Teilende, Menschen, die ihre Wünsche und Ängste mitteilen, Menschen, die ihre Macht teilen und andere ermächtigen, sich einzubringen, Menschen, die einen Teil ihres Einkommens teilen mit Menschen in Not.

Der Nikolaustag eignet sich gut, um als Alleinstehende oder als Familie die Kraft des Teilens zu erfahren, indem wir eine Patenschaft übernehmen für ein Kind. Mit € 25.- pro Monat können wir einem hungernden Kind Essen schenken, einem Jugendlichen eine Ausbildung ermöglichen oder einem kranken Kind einen Spitalaufenthalt. Verschiedene Organisationen wie »Terre des Homme«, »Caritas« oder »World Vision« helfen uns, in Beziehung zu treten mit einem bedürftigen Kind. So wird der Nikolaustag nebst der Freude über die Erdnüsse, Mandarinen, Lebkuchen auch zur tiefen Erfahrung, dass unsere Sehnsucht Herz, Hände und Füße bekommt.

Am Nikolaustag die Kraft des Teilens erfahren
die Angst überwinden zu kurz zu kommen
einander bestärken im Vertrauen
als teilende Menschen glücklicher zu werden

Am Nikolaustag Gottes lachenden Segen erfahren
im Genießen der Nüsse und Süßigkeiten
im Aussprechen von Anerkennung
einander ermutigen in der Zuversicht
als teilende Menschen sinnerfüllter zu leben

XIV, 28ff

Heute ...

... erlebe ich meine Beziehungen als besonders schwierig. – Was soll das? Ich fühle mich wie abgeschnitten von den anderen: Ärger schon am Frühstückstisch, mühsame Begegnungen mit der Nachbarschaft, nervöses Getue anderer beim Einkaufen, und wie könnte es heute anders sein: eine Computerpanne. Nichts geht mehr! Was ist los?

Jetzt ...

... habe ich die Möglichkeit, mit einem wohlwollenden Umgang mit mir selber anzufangen. Wann, wenn nicht jetzt?

Ich kann andere nicht ändern. Doch ich kann in mir einen anderen Zugang zu ihnen finden, der uns alle verändert. Es ist der innere Gang zu den eigenen Ressourcen, zur göttlichen Quelle in mir.

Ich nehme meinen Ärger und meine Ungeduld wahr und versuche, im tiefen Ein- und Ausatmen durch diese Gefühle hindurchzuatmen.

Ich bin nicht überrascht und enttäuscht, wenn dies nicht einfach so gelingt. Jedes Mal, wenn meine destruktiven Anteile mich lähmen wollen, dann atme ich tief durch.

Ich bewege mich, lockere stündlich meine Schultern. So bleibe ich nicht gefangen in der Frage »Was ist los?«, sondern versuche, wirklich los-zulassen, indem ich mit beharrlicher Geduld daran gehe, mich zuerst einzulassen auf das, was ist, nicht auf das, was ich gerne hätte – eine Entdeckungsreise!

Mit Maria unterwegs

Wie Maria sich von der Hoffnung berühren
Gott in sich träumen lassen –
aktiv warten auf die Gabe der Intuition
die Wesentliches im Herzen bewahren kann

Wie Maria sich zum Aufbruch bewegen
Gott in sich wachsen lassen –
aktiv warten auf freundschaftliche Begegnungen
die uns unerwartet entgegenkommen

Wie Maria sich zur Solidarität anstiften
Gott in sich aufstehen lassen –
aktiv warten auf eine menschlichere Welt
im friedlichen Widerstand für Frieden in Gerechtigkeit

Wie Maria nach Bethlehm-Haus des Brotes gehen
Gott in sich wirken lassen –
aktiv warten auf seine Geburt
die sich in jedem Seelengrunde ereignet

Lass dich zum Teilen bewegen

Adventliche Menschen
spüren ihren Hunger nach Gerechtigkeit
sie lassen sich inspirieren
durch prophetische Hoffnungsworte
die Durststrecken benennen
und trotzdem vom Blühen der Wüste sprechen

Adventliche Menschen
lassen sich bewegen
von den aufgebrochenen Lebenswelten
die Menschen in große Not führen
sie erkennen Bethlehem als Haus des Brotes
das sich im solidarischen Teilen öffnet

Adventliche Menschen
schöpfen Kraft aus der Stille
um mit neuem Elan
Gott in sich träumen zu lassen
von einer gerechteren Welt
in der alle gesättigt sind

Menschenrechtstag

Amnesty International ruft jedes Jahr auf, eine Menschenrechtskerze zu kaufen, um sie am Abend ans Fenster zu stellen. Damit unterstützen wir nicht nur finanziell eine glaubwürdige und lebensnotwendige Institution, sondern auch unsere tiefe Sehnsucht nach mehr Menschlichkeit in dieser Welt. Das Entzünden der Kerze wirkt noch kraftvoller, wenn wir vorgedruckte Briefe an Regierungen auf der ganzen Welt senden, um die Freilassung von »politischen« Gefangenen einzufordern und Folterungen zu unterlassen.

Gott ist der erste Menschenrechtler. In der jüdisch-christlichen Tradition begegnen wir einem Gott, der sich einmischt und Partei ergreift für die Kleinen, Entrechteten, Missbrauchten. Darum sind spirituelle Menschen Menschen mit Rückgrat, die ihre Sehnsucht im vielfältigen Einsatz für die Menschenrechte entfalten. XIV, 52f

Alles und nichts erwarten

Wenn mir jemand im Gespräch sagt, dass er im Leben nichts mehr erwartet, dann tut mir dies zutiefst weh. Beim aufmerksamen Zuhören versuche ich, dieser Resignation auf den Grund zu gehen, und ich kann manchmal die Verbitterung verstehen. Trotzdem traue ich jedem Menschen bis zur letzten Sekunde des Lebens und über den Tod hinaus Verwandlung zu. Darum liebe ich die Adventszeit als die Zeit, die jedem Menschen Großes verheißt im Entdecken der kleinen täglichen Wunder!

Das Glück des Menschen liegt darin, dass eine tiefe Sehnsucht nach dem Göttlichen in ihm wohnt, das im Schönen und im Schweren entdeckt und gefeiert werden möchte. In einer adventlichen Lebensgestaltung lerne ich, das Paradoxe im Leben anzunehmen, indem ich mehr als alles erwarte und zugleich nichts erwarte, um offen zu sein für den gegenwärtigen Augenblick:

Tag für Tag durch regelmäßige Atempausen den adventlichen Ort in mir betreten, wo ich sein darf und im Hier und Jetzt lebe.

Tag für Tag mich vom Atem Gottes bewegen lassen, damit ich voller Mitgefühl mit anderen einen adventlichen Weg der Versöhnung und des Teilens gehe.

Tag für Tag der Kraft des Augen-Blicks trauen, um mich kraftvoller für Reformen in Kirche und Gesellschaft einzusetzen.

Tag für Tag leer werden, einfach da sein, damit Gottes Advent mich erfüllen kann.

Vom Seelenfünklein

Hoffnungsfunken sind für mich Momente, wo Fragen nach dem Sinn des Lebens oder der (Un-)Ordnung der Welt nicht einfach verdrängt werden oder – noch schlimmer – in klug durchdachten Systemen aufgehoben und erklärt werden, sondern wo ich durch das Fragen hindurch in Verbindung komme mit meiner Herzensstimme, die mich das wirklich Lebensfördernde sehen lässt, das jeden Tag geschieht. Hoffnungsfunken ereignen sich, wenn ich in die tiefere Verbundenheit mit allen Lebewesen eintauche und dadurch Dankbarkeit spüre über meinen Atem, mein Aufstehenkönnen, mein Essen und Trinken, meine Liebeskraft, meine Ausdrucksmöglichkeiten, mein Engagement. Diese Hoffnungskraft erneuert sich und leistet der Zerstörungskraft klaren Widerstand. Das rede ich mir nicht ein, sondern es geschieht, obwohl in den Zeitungen und in der Tagesschau wenig davon gesprochen wird. Weihnachtliche Menschen nehmen täglich Verbindung auf mit dieser inneren Kraft, um daraus die Hoffnung zu schöpfen für eine friedliche Widerstandskraft. Meister Eckhart spricht von dieser tiefen Kraft im wundervollen Bild des Seelenfünkleins: »Und es gibt eine Kraft in der Seele, die spaltet das Gröbste ab und wird mit Gott vereint: Das ist das Fünklein der Seele.«

Es gibt eine göttlich-heilende Kraft, die unaufhaltsam wirkt als Hoffnungsfunke in allen persönlichen, politisch-sozialen und ökonomischen Zusammenhängen. Sie wahrzunehmen und zu verstärken ist unser aller Aufgabe. Realistischerweise spricht der Mystiker nicht nur von dieser Seinsverbundenheit, sondern auch vom »Gröbsten, das abgespaltet wird«. Ich verstehe dies nicht im psychologischen Sinn der Abspaltung, wenn ich destruktive Teile von mir nicht integriere, sondern verdränge, bekämpfe, abspalte. Ich sehe darin vielmehr die nüchterne Aufgabe, durch Ungereimtes und Schmerzvolles, sogar durch Fehler und Scheitern hindurchzugehen, damit sie verwandelt werden.

XII, 11f

Der Kraft des Engels trauen

Trau
dem Engel der Ehrlichkeit
der dich auf dich selbst zurückwirft
damit du dir und anderen nichts mehr vormachst
was dir zutiefst widerspricht

Trau
dem Engel der Leichtigkeit
der deinen Handlungsspielraum weitet
damit deine Kreativität wachsen kann
und eine heilvolle Atmosphäre entsteht

Trau
dem Engel der Beharrlichkeit
der dein inneres Feuer nährt
damit Solidarität und Toleranz spürbar werden

Trau
dem Engel der Sinnlichkeit
der uns zur wohltuenden Zärtlichkeit berührt
zum Genießen all der Früchte der Schöpfung

Mystische Menschen

»Gott gebiert seinen eingeborenen Sohn in dir, sei es dir lieb oder leid, ob du schläfst oder wachst; er tut das Seine«, schreibt Meister Eckhart.

Gott gebiert sich in dir im Lachen und Weinen, in der erotischen Kraft der Liebenden, im Durchbrechen der Spirale der Gewalt durch die Feindesliebe, im Genießen der Schöpfung, im fairen Austragen von Konflikten, im Mitgestalten einer Welt, wo auch die Kleinen, Behinderten, Ausgegrenzten, Kranken, Flüchtenden ihren Platz haben, – im Rückzug in die Stille, im schweigenden Mitsein. Unsere Hoffnung wird neu geboren, wenn wir im gemeinsamen Feiern vergegenwärtigen, was immer schon tiefste Wirklichkeit ist: Christus – Quelle des Lebens.

Mystische Menschen trauen ihrer Intuition, sie holen ihre innere Sehnsucht wieder hervor, hören auf ihre innere Herzensstimme. Doch sie bleiben nicht bei sich selber stehen, sondern suchen das Verbindende, das Gemeinschaftliche, die Verwurzelung in dem, was sich in der Tradition schon entfaltet. So ist die Botschaft der Geburt Gottes in der Seele nicht eine Erfindung von Meister Eckhart, sondern er stellt ins Zentrum seiner Mystik, was der johanneische Jesus im Gespräch mit Nikodemus verdeutlicht: Lebendig bleibt nur, wer immer wieder neu geboren wird. Der Glaube ist keine Lebensversicherung, keine Absicherung, sondern ein tägliches Hineinwachsen in die Kraft des Vertrauens in das Leben: »Wer nicht aus Wasser und Geist geboren wird, kann nicht in das Reich Gottes eingehen« (Johannes 3,5).

XII, 19

Gottes Entgegenkommen

Dein Blick
schaut ängstlich in die Zukunft:
Wer sieht dich an?
Wer schenkt dir Beheimatung?
Wie erfährst du Verwandlung?

Ansehen wünsche ich dir
mitten in der Großstadt
das Entdecken deiner einmaligen Würde

Beheimatung wünsche ich dir
mitten in den vielen Wohnungen
Erfahrungen der Geborgenheit

Verwandlung wünsche ich dir
mitten in den starren und eintönigen Formen
Raum für deine Kreativität

Gottes Advent wünsche ich dir
sein zärtliches Entgegenkommen
in all deinen Lebensvollzügen

Inspiriert von:
»Als aber die Güte und die Menschenliebe Gottes, unseres Retters, erschienen, hat er uns gerettet – nicht weil wir Werke vollbracht hätten, die uns gerecht machen können, sondern aufgrund seines Erbarmens« (Titus 3,4f).

Was nährt meine Hoffnung?

Mit jedem neugeborenen Kind wird für mich die Hoffnung neu geboren.

Mit jedem neugeborenen Kind spüre ich, wie verletzlich und bedroht die Hoffnung ist.

Mit jedem neugeborenen Kind erhält die Hoffnung ein Gesicht, Füße und Hände und ein sensibles Herz.

Mit jedem neugeborenen Kind erinnere ich mich, dass die Rechte der Kinder und aller Menschen zu wenig verwirklicht sind.

Mit jedem neugeborenen Kind wird die Hoffnung neu buchstabiert.

Mit jedem neugeborenen Kind holt mich die Wirklichkeit ein, dass jeden Tag 24 000 Kinder, Frauen und Männer an den Folgen der Armut sterben.

Mit jedem neugeborenen Kind wächst die tiefe Dankbarkeit über den Geschenkcharakter des Lebens, der mich staunend durchs Leben gehen lässt.

Mit jedem neugeborenen Kind stellt sich uns die Frage, wie wir die Botschaft von dem göttlichen Kind im Stall in unser Leben hineinholen können.

Mit jedem neugeborenen Kind erneuert sich das kraftvolle Ereignis jener Nacht in Bethlehem, das Erde und Himmel verbindet.

XII, 3

Hoffnungsfunken

Hoffnungsfunken
bestärken in dir das Vertrauen
in das Gute im Menschen
ohne dadurch die Ungerechtigkeit
und die Eskalation der Gewalt
zu verharmlosen
sondern um den Traum Gottes
von einer gerechteren und zärtlicheren Welt
Wirklichkeit werden zu lassen:
Weihnachten hier und jetzt

Hoffnungsfunken
bewegen dich zum langen Atem des Vertrauens
der dich das Leben in seiner Tiefe durchschauen lässt
um in allem das göttliche Licht zu erahnen
das zur Solidarität bestärkt
und zum leidenschaftlichen Mitsein bewegt:
Weihnachten alle Tage unseres Lebens
sichtbar in allen Menschen guten Willens

Hoffnungsfunken
berühren dich im Innersten
damit du deine Vision erkennst
für die es zu leben lohnt
deinen Lebensauftrag
der deine Gaben
zum Leuchten bringt:
das Erscheinen
der Menschenfreundlichkeit Gottes

XII, 14

Kein Mensch ist gottlos

Der zwanzigjährige Michael hat genug von all den religiösen Festen wie Weihnachten, Ostern. Zu viele Erwartungen verhindern für ihn das spontane Zusammensein, wo jeder er selbst sein kann. Michael hat genug von organisierter Religion.

Ohne ihn vereinnahmen zu wollen, ist Michael für mich ein sehr religiöser Mensch. Kürzlich war er mit Gleichaltrigen zusammen. Zufällig hörte er im Radio ein altmodisches Lied, das ihm als Kind sein verstorbener Großvater oft vorgesungen hatte. Er konnte seine Tränen nicht halten, obwohl ihm das vor seinen Freunden echt peinlich war. – In seinen Tränen lebt die Sehnsucht nach seinen Wurzeln, nach dem Verbindenden zwischen den Generationen, die auch über den Tod hinaus wirksam bleibt. Ich entdecke darin die hoffnungsvolle Zusage, dass die göttliche Quelle in jedem Mensch fließt. Eine uralte Botschaft, die ewig jung bleibt. So schreibt schon der Prophet Jesaja: »Du wirst wie ein wohlbewässerter Garten sein, wie eine Quelle, deren Wasser nie versiegt« (58,11). Es gibt keinen gottlosen Menschen, denn kein Mensch kann Gott loswerden. Dies erfüllt mich mit innerer Freiheit und eröffnet mir eine Weite, die Gottes Spuren in allen Ereignissen des Lebens sucht. Hoffende Menschen öffnen immer wieder ihren Blick, um im Alltag die Gegenwart dieser Quelle in jedem Menschen zu erahnen. Dabei werden sie staunen, wie der »Hauch der Liebe Gottes« unaufhaltsam wirkt. – Davon spricht auch der Filmregisseur Pier Paolo Pasolini: »Ich glaube nicht an Gott. Wenn aber in meinen Werken ein ›Hauch‹ christlicher Liebe für die Dinge der Welt und ihre Menschen überdauert – ich will damit sagen, eine irrationale, auf Eingebung beruhende Liebe – dann, glaube ich, brauche ich mich dessen nicht zu schämen.«

Auch wenn es mich schmerzt, dass die Entfremdung zwischen Jugendlichen und »ihrer« Kirche zunimmt, halte ich Ausschau nach den vielen Gesten, die von der auf »Eingebung beruhenden Liebe« erzählen.

Geh dem Licht entgegen

Adventliche Menschen
lernen mit Kälteeinbrüchen umzugehen
sie lassen sich nicht gefangen halten
in den Mauern der Resignation
sondern beleben die Gastfreundschaft

Adventliche Menschen
lernen bei sich selber zu Hause zu sein
um trotz Verunsicherungen
einander beistehen zu können
in der Herberge der Hoffnung

Adventliche Menschen
gehen vom Dunkel zum Licht
sie entdecken miteinander
wie die Kraft der Ewigkeit
hineinstrahlt in alle Lebensvollzüge

Das Verbindende mit anderen Religionen entdecken

»Das Schönste an der Weihnachtszeit sind die vielen Lichter«, sagt eine muslimische Familie, die zur Weihnachtszeit den Fastenmonat Ramadan gläubig mitvollzieht. So wie die Adventszeit die Erneuerung des Weihnachtsfestes ermöglichen will, so ist Abschluss und Höhepunkt des Fastenmonats das dreitägige Ramadan-Fest. Auch zum Ramadan-Fest beschenkt man sich gegenseitig. – Rund um die Advents- und Weihnachtszeit feiern jüdische Menschen das Chanukka-Lichterfest. In Erinnerung an die Tempelweihe in Jerusalem im Jahr 164 vor Christus und an das Wunder, dass das Öl aus dem einen Krug acht Tage lang nicht ausging, wird auf dem achtarmigen Chanukka-Leuchter täglich ein Öllämpchen oder eine Kerze angezündet.

In der Begegnung mit Menschen aus anderen Religionen sind wir gerufen, die eigenen Wurzeln christlicher Tradition zu entdecken. Im Erleben der Gastfreundschaft, nicht nur in der Weihnachtszeit, sondern das ganze Jahr hindurch, können bereichernde Begegnungen zwischen Menschen verschiedener Religionen entstehen. Diese Begegnungen rufen uns die verbindenden existenziellen Fragen in Erinnerung, die in der Weihnachtsgeschichte auftauchen:

Was möchte in mir mehr geboren werden?

Wie sieht meine Beziehung zu meinem inneren Kind aus? Meinem verletzten Kind?

Welche Gaben und Fähigkeiten sind noch so klein und möchten mehr ans Licht kommen, wachsen und reifen?

Meinen Stall als inneres Bild entdecken: meine Lebenskraft, mein Mist! Darf beides zu mir gehören?

Hirten lebten am Rande der Gesellschaft, und genau sie erkannten das Wesentliche. Wie gehe ich mit Menschen am Rande um? Am Rand die Mitte finden!

Den Engel im Alltag entdecken, das Wunderbare im Alltäglichen.

Dem Engel begegnen – selber Engel sein. XIV, 93f

Einander Herberge sein

»Kann es etwas Schlimmeres geben, als dass wir uns im eigenen Haus nicht zurechtfinden?«, fragt die Mystikerin Teresa von Avila (1515–1582) in ihrem genialen Hauptwerk »Die innere Burg«. Sie bringt damit auf den Punkt, dass die beglückende Erfahrung der Gastfreundschaft mit der befreiend anspruchsvollen Erfahrung zusammenhängt, in sich selber zu ruhen. Nur wer bei sich selber zu Hause sein kann, kann auch anderen Herberge sein. Diese Hoffnung stiftende Spur erkenne ich in der Vertrauensschule Jesu. Das Wunder der Brotvermehrung geschieht für mich durch die wundervolle Gabe Jesu, die Menschen er-lösen zu können von ihrer Angst, zu kurz zu kommen oder zu wenig zu haben. Dies gelingt ihm, weil er zuerst ganz bei sich selbst ist, was zugleich bedeutet, dem Himmel ganz nahe zu sein: »Er blickte zum Himmel auf« (Mt 14,19). Unsere Lust, gastfreundlich zu sein und auch multikulturelle Begegnungen zu wagen, wird nicht durch moralisierende Appelle gefördert, sondern durch die Grundausrichtung, wirklich wir selber zu sein, mit allen Stärken und Schwächen. Denn im Einladen von Menschen werden wir ganz subtil mit vielen Lebensthemen konfrontiert: alles im Griff haben zu müssen, perfekt zu sein, besser sein zu wollen. – Dies wurde mir bei einer Einladung zu einer Geburtstagsfeier bewusst. Ein originell gedeckter Tisch erwartete uns, wir wurden von der Gastgeberin herzlich empfangen. Dann verblüffte sie uns mit folgenden Worten: »Während dem Kochen habe ich mich vom Stress befreit, auch das Fleisch anbraten zu müssen. Wer hilft mir?« Dieses Eingeständnis trug wesentlich zu einer gelösten Atmosphäre bei. Sein, nicht Schein zählt. Persönliche Gespräche wurden möglich, weil wir sozusagen zu uns selbst befreit waren, zu unserer Sehnsucht, auch das teilen zu können, was uns noch fehlt. – Ich erinnerte mich an die uralten, weisheitlichen Worte aus dem Hebräerbrief: »*Vergesst die Gastfreundschaft nicht; denn durch sie haben einige, ohne es zu ahnen, Engel beherbergt*« (13,2).

Fürchte dich nicht

Fürchte dich nicht
dich dem Lebensfluss anzuvertrauen
damit dein wahres Gesicht aufscheint
und deine Ausstrahlung Kreise zieht

Fürchte dich nicht
deine Angst wahrzunehmen
mit ihr ins Gespräch zu kommen
damit sie sich vertrauensvoll verwandelt

Fürchte dich nicht
dich einzusetzen für eine zärtliche Gerechtigkeit
in der kraftvollen Erinnerung
an eine weltweite Solidarität

Fürchte dich nicht
auf deine Herzensstimme zu hören
die dich zu dir selber führt
zum Erahnen des göttlichen Atems in allem

Fürchte dich nicht:
trau diesen uralten Lebensworten
die dir ein Engel auch heute
unerwartet zuspricht

Gott ereignet sich im Augenblick

Die Menschwerdung Gottes erzählt uns vom heruntergekommenen Gott. Gott lässt sich ein auf diese Welt, auf ihre Entwicklungskraft und auf ihre Begrenztheit. Gott wartet nicht die idealen Bedingungen ab, um seine Sympathie auszudrücken, sondern begibt sich an den Rand, um uns *seine* Mitte zu eröffnen. Diese Erkenntnis prägt meine Spiritualität. – Spirituelle Menschen sind für mich Frauen und Männer, die sich einlassen auf das wirkliche Leben: Menschen guten Willens, die nicht über den Dingen stehen, sondern sich verwurzeln, wachsen und reifen in dem, was das Leben ihnen entgegenbringt. Ich warte nicht ein Leben lang auf die große Erleuchtung, auf die idealen Möglichkeiten, um ich selbst zu werden, sondern traue der Kraft des Augenblicks, dem, was hier und jetzt ist, um mich zu entfalten und mitzugestalten an menschlicheren Strukturen, die auch das Eingebundensein in die Schöpfung einbeziehen.

Was sich in der Geburt Jesu verdichtet, möchte durch jeden Menschen verinnerlicht werden. Darum sprechen Mystikerinnen und Mystiker von der Geburt Gottes im eigenen Seelengrund, in meiner Biografie, meiner Geschichte, meinen Charakterzügen, meiner Sozialisation. – Das Geheimnis der Menschwerdung geschah nicht nur ein für alle Mal in Bethlehem, sondern ereignet sich im Augenblick. XII, 16f

Stille Nacht – Heilige Nacht

Stille Nacht
heilige Nacht –
achtsam warten
leer werden von Erwartungen
sich tief erfüllen lassen
vom verbindenden Lebensatem Gottes

Stille Nacht
heilige Nacht –
achtsam geschehen lassen
offen sein für das Entgegenkommen Gottes
im Dunkel meiner Zweifel
im aufmerksamen Mitfühlen mit allen Geschöpfen
im Staunen über den Sternenhimmel
im gastfreundlichen Teilen von Brot und Rosen

Stille Nacht
heilige Nacht –
einfach da sein
achtsam in Erwartung sein
damit alles sich ereignen kann
in der Menschwerdung Gottes heute

Einfach sein dürfen

Weihnachten feiern
innehalten
sein dürfen
sich lieben lassen

Weihnachten erahnen
hoffnungsvoll
Dunkles aushalten
sich verwandeln lassen

Weihnachten erneuern
Raum schaffen
aus der Kraft des Seins
sich engagieren

Weihnachten leben
im Heute
der Hoffnung
eine Chance geben

XII, 30

Auf die Welt kommen

Lass dich nicht leben.
Bleib ein Leben lang ein Original und nicht ein Kopie
der Ansprüche und Sachzwänge des Lebens.
Gönne dir regelmäßige Atempausen, in denen du erahnst,
dass du viel mehr bist als all deine Leistungen.

So ver-rückt kann Leben sein, dass du mitten im Berufsalltag,
in der Disco, im Sport, beim Essen, im Verweilen in der Natur,
in der Freundschaft, beim Musikhören erahnst,
dass dich in deiner Tiefe eine einmalige Würde bewohnt,
die du im Entfalten deiner Stärken und auch im Annehmen
deiner Zerbrechlichkeit spüren kannst.
Das hin und wieder tiefe Ein- und Ausatmen zeigt dir,
was wesentlich ist im Leben.

Schaffe dir einen gesunden Arbeitsrhythmus,
damit sich deine Talente entfalten und du
zu einer angenehmen Atmosphäre beitragen kannst.
Das regelmäßige Durchatmen lässt dich ab und zu
jene göttliche Stimme in dir erahnen, die dir zuspricht:
»Hab Vertrauen, auch mit dir komme ich auf die Welt.
Jeden Tag neu.«

Das göttliche Kind in dir

Begegne
dem göttlichen Kind in dir
jener Hoffnungskraft
die sich in dir entfaltet
im Staunen
über all deine Wachstumsprozesse
die seit deiner Geburt möglich geworden sind

Begegne
dem göttlichen Kind in dir
jener Vertrauenskraft
die in dir mehr Raum möchte
um den eigenen Schreien
und dem Schreien nach Sinn
auf dieser Welt
nicht auszuweichen

Begegne
dem göttlichen Kind in dir
jener Liebeskraft
die dich in Schwingung bringt
damit du auch spielerisch
an einer zärtlicheren Welt
mitgestalten kannst

XII, 26

Unterwegs in der Nacht

In vielen wächst die Sehnsucht, zu sich selbst zu kommen, still zu werden. Das Unterwegssein mit einer Fackel kann Kindern, Jugendlichen eine Hilfe sein, um die Leben spendende Kraft der Stille zu erfahren. Als Familie, als Arbeitsteam, als Gemeinde nachts unterwegs zu sein, mobilisiert das Vertrauen in die gegenseitige Stärkung.

Unterwegs in der Nacht
still werden
auch wenn es anfangs schwer fällt

Unterwegs in der Nacht
um ein Feuer versammelt
das jedes Gesicht erhellt

Unterwegs in der Nacht
Schritt für Schritt gehen
alleine und doch miteinander

Unterwegs in der Nacht
der Dunkelheit trauen
mit meinen dunklen Seiten sein dürfen

Unterwegs in der Nacht
einander zu spüren geben:
Ich bin auch da

XIV, 51

Die Weihnachtsgeschichte bleibt höchstaktuell

Wegen der Bedrohung durch Herodes, seines Machtwahns, müssen Maria und Joseph mit Jesus nach Ägypten flüchten (Matthäus 2,13–18). Diese Geschichte ist höchstaktuell.

Am 7. Januar 2003 zog eine Gemeinschaft von Kindern und Erwachsenen im Schweizer Bergkanton Uri ins Riedertal. Grund dieser Wallfahrt zu einer Kapelle war eine Abschiedsfeier mit einer Flüchtlingsfamilie, die ein paar Tage später das Land verlassen musste. Die Geschichte der Familie Alic ist eine besondere; sie begann 1992, als Seviba Alic mit ihren drei Kindern Leila, Ela und Edin über die Schweizer Grenze das Land betrat. Hals über Kopf hatte sie aus ihrer Heimat Bosnien fliehen müssen, ohne ihren Ehemann, der gewaltsam in die Armee eingezogen wurde, wie viele seiner Landsmänner ... Drei Jahre später kam dann auch ihr Ehemann in die Schweiz. Was Seviba Alic nie für möglich oder nur in stillen Träumen zu hoffen gewagt hatte, trat ein: Während der Belagerung von Srebrenica durch die serbische Armee desertierte Medo Alic ... Viele Sommer lang lebten sie dann hier, und die Kinder sprechen einen Schächentaler Urner Dialekt ... Nach einer langen, qualvollen Zeit des Wartens kam dann 1998 der Bescheid, dass die Familie die Schweiz wieder verlassen müsse. Trotz Rekursen von befreundeten Familien wurde an diesem Entscheid festgehalten.

So sitzen am 7. Januar Kinder und Erwachsene in der kleinen Kapelle. Mirjam Arnold und Maria Gisler hatten diese Feier vorbereitet. Sie wählten das Thema »Sternenhimmel« mit der Begründung, dass sich das Firmament um den ganzen Erdball dehnt. Wo immer wir auch stehen mögen, aufblickend zu den funkelnden Lichtern werden sie uns miteinander verbinden. Damit sich die Familie Alic an diesen Abend immer erinnern kann, hatte jeder der Anwesenden einen Stern gebastelt, die Mirjam Arnold auf ein großes blaues Tuch aufnähte. So war ein »Firmament« auf Stoff entstanden. – Ein eindrückliches Beispiel, wie Menschen ihre Sehnsucht miteinander weitertragen ...

Anerkennung aussprechen

Weihnachtlich leben bedeutet für mich auch, eine Anerkennungs- und Konfliktkultur zu fördern. Dies habe ich in der Lebensschule Jesu gelernt. Unermüdlich das göttliche Licht in jedem Menschen erkennen und in einer Partnerschaft, in der Familie, im Arbeitsteam aussprechen, was ich schätze an dieser und jener Person und auch einander mitteilen, womit ich mich schwer tue, mit welcher Seite dieses Menschen ich Mühe habe. Nicht ein fauler Frieden wird uns an Weihnachten verkündet, sondern echte Versöhnung, die immer mit wohlwollender Konfliktfähigkeit zu tun hat.

Am Ende des Jahres Rückblick halten und aussprechen, was gelungen ist in unserer Beziehung und was noch offen, schwierig, ungelöst bleibt. XIV, 114

Du bist gesegnet

Gesegnet sei dein ureigener Weg
der dich an deine Einmaligkeit erinnert
die aufgehoben ist
im Wunder von Schöpfung und Kosmos

Gesegnet seien unsere Schritte
die uns dank des Geheimnisses
der Menschwerdung Gottes
auf den Weg des Glücks führen

Gesegnet seien deine Beziehungen
die sich in diesem Jahr vertieft haben
in kreativer Lebensfreude
sowie im gemeinsamen Ringen

Gesegnet sei unser Übergang
in ein neues Jahr
verwurzelt im Vertrauen
in die heilende Nähe Gottes

Gesegnet sei dein Dasein
zwischen Erde und Himmel
in staunender Dankbarkeit
über die erhellten Lebensnächte

TEXTQUELLEN

Ein Drittel der Texte, die ich hier ausgewählt habe, stammt aus meinen Büchern, die im Verlag Herder, Freiburg i. Br., erschienen sind (in diesem Buch mit Quellenhinweisen versehen). Für die Taschenbuchausgabe wurde der Text »Vertrauen und Selbstzweifel« aus meinem 2012 im Verlag Herder erschienenen Adventskalender (»Jeder Mensch hat seinen Stern. Der spirituelle Adventskalender«) entnommen. Die anderen Texte sind eigens für dieses Buch geschrieben bzw. zuvor in Zeitschriften veröffentlicht worden: Texte aus der Zeitschrift »ferment«, in der ich Mitredakteur bin – siehe www.ferment.ch – und dem »Katholischen Sonntagsblatt« der deutschen Diözese Rottenburg-Stuttgart sowie dem »Anzeiger für die Seelsorge. Zeitschrift für Pastoral und Gemeindepraxis« (Verlag Herder).

Tagestexte, aus den folgenden Büchern des Verlages Herder entnommen, sind mit zwei Zahlen gekennzeichnet; die erste Zahl benennt eines der unten stehenden Bücher, die zweite die konkrete Seitenzahl der Erstausgaben:

I	50 Rituale für die Seele, 2011.
II	Atempausen für die Seele, 2013.
III	Auferstehen mitten im Tag. Österliche Meditationen, 2002.
IV	Du hast mir Raum geschaffen. Inspiriert von den Psalmen, 2003.
V	Ein Stück Himmel im Alltag. Sieben Schritte zu mehr Lebendigkeit, 2013.
VI	Engel des Trostes wünsche ich dir. Briefe an Trauernde, 2011 (vgl. auch das Geschenkheft: Die Kraft deiner Tränen. Ein Begleiter in Zeiten der Trauer, 2004).
VII	Lebe, was dich glücklich macht, 2004.
VIII	Lebe, was dir Kraft gibt, 2004.
IX	Lebe, was dir Freude schenkt, 2005.
X	Lebe, wovon du träumst, 2004.
XI	Meditationen zum Gelassenwerden, 2001, 5. Aufl. 2005.
XII	Unter dem Stern der Hoffnung. Meditationen in der Advents- und Weihnachtszeit, 2002.
XIII	Was meinem Leben Tiefe gibt, 2011.
XIV	Weihnachten – unserer Sehnsucht folgen, 2001, Neuausgabe 2014.
XV	Wurzeln des Lebens, 2003.
XVI	Zeit des Wachsens, Zeit des Reifens. Leben im Rhythmus der Jahreszeiten, 2007.

PIERRE STUTZ IM VERLAG HERDER

In der Weite des Himmels

Ein meditativer Gang durch die Bibel

Herder spektrum Taschenbuch 6290

208 Seiten, kartoniert • ISBN 978-3-451-06290-2

Auch als E-Book • ISBN 978-3-451-80127-3

Pierre Stutz hat ein besonderes Buch zur Bibel geschrieben: Aus jedem biblischen Buch meditiert er einen kurzen Abschnitt, sodass ein »meditativer Gang« durch die ganze Bibel entsteht. Der Schweizer Autor liest die Bibel als Lebenshilfe, deren wunderbare Geschichten und Worte Gott mitten in unseren menschlichen Situationen ins Spiel bringen. Pierre Stutz' Bibelmeditationen öffnen die Augen, damit der Blick frei wird: auf die Tiefe des Lebens, auf die Weite des Himmels.

Was meinem Leben Tiefe gibt

Schritte zum Dasein • Erweiterte Neuausgabe 2011

Herder spektrum Taschenbuch 6296

160 Seiten, kartoniert • ISBN 978-3-451-06296-4

Pierre Stutz zeigt Schritte zu einem bewussteren und versöhnten Leben: Staunen, Loslassen, Versöhnen und Dasein. Dieses Buch hat vielen Menschen geholfen, im Alltag die eigene Tiefendimension zu entdecken und die göttliche Spur im eigenen Leben wahrzunehmen. Die Neuausgabe des bewährten spirituellen Bandes ist jetzt um das vierte Kapitel »Dasein« erweitert und abgerundet.

Ein Stück Himmel im Alltag

Sieben Schritte zu mehr Lebendigkeit

Herder spektrum Taschenbuch 6586

160 Seiten, kartoniert • ISBN 978-3-451-06586-6

Lebendig ist, wer auf seine Seele achtet: Pierre Stutz zeigt konkrete spirituelle Übungen, um zur Quelle der eigenen Lebendigkeit zu finden – und so den Himmel in den Alltag zu holen. Ein Standardwerk zur Spiritualität.

Atempausen für die Seele
Herder spektrum Taschenbuch 6585
160 Seiten, kartoniert, mit Vignetten • ISBN 978-3-451-06585-9
Innehalten mitten in der Alltagshektik und die stärkende Kraft des Atmens erfahren: Ein- und Ausatmen, im Einklang mit dem eigenen Rhythmus leben und ein gesundes Zeitmaß finden. Impulse von Pierre Stutz, die der Seele neue Kraft schenken.

Sei gut mit deiner Seele
Herder spektrum Taschenbuch 7165
160 Seiten, kartoniert, mit Vignetten • ISBN 978-3-451-07165-2
Auch als E-Book • ISBN 978-3-451-33133-6
Sich selbst mit einem wohlwollenden Blick anschauen, gerade dann, wenn das Leben voller Fragen ist. Das einfühlsame Buch von Pierre Stutz: Meditationen, Rituale, Segenswünsche, auch wenn sich das Leben nicht ganz so freundlich zeigt.

50 Rituale für die Seele
Herausgegeben von Andreas Baumeister
150 Seiten, gebunden mit Schutzumschlag • ISBN 978-3-451-30401-9
Als Herder-Audio-Hörbuch: 50 Rituale für die Seele, Jewelbox
Gelesen von Rudolf Guckelsberger, Laufzeit ca. 123 Minuten • ISBN 978-3-451-31933-4
»50 Rituale für die Seele« ist der große Bestseller des spirituellen Autors Pierre Stutz. Der Erfolg des Buches antwortet auf ein tiefgehendes Bedürfnis unserer Zeit: den Alltag durch kleine Rituale so zu strukturieren, dass Gelassenheit möglich wird, die eigenen Ressourcen neu zugänglich werden, neue Lebendigkeit aufbricht. Die wertvollen Impulse erscheinen erstmals in einer hochwertigen, gebundenen Ausgabe.

Jeder Mensch hat seinen Stern
Der spirituelle Adventskalender
30 Seiten, Spiralbindung, durchgehend vierfarbig • ISBN 978-3-451-31057-7
Auf seine besondere sensible Weise führt Pierre Stutz durch die Zeit vor Weihnachten und erschließt die Sternstunden des Advent: »Sternstunden berühren uns zu einer tiefen Freude. Sternstunden bestärken uns, unsere Tränen fließen zu lassen. Sternstunden verwandeln uns zu Liebenden. «

Kleines Buch vom Kreis des Lebens

Herder spektrum Taschenbuch 7125

160 Seiten, kartoniert, mit Vignetten • ISBN 978-3-451-07125-6

Inneres Wachstum geschieht wie der Rhythmus der Jahreszeiten: Frühling, Sommer, Herbst und Winter sind Sinnbild geglückten Lebens. Pierre Stutz lädt dazu ein, die Kraft der Jahreszeiten in sich selbst zu entdecken. Überarbeitete Neuausgabe von »Zeit des Wachsens – Zeit des Reifens«.

Engel des Trostes wünsche ich dir

Briefe an Trauernde

112 Seiten, gebunden • ISBN 978-3-451-33248-7

Wenn ein vertrauter Mensch stirbt, wird alles anders. In die Erfahrung des Abschieds und Trauerns hinein hat Pierre Stutz dieses einfühlsame Buch geschrieben, ein wohltuender Begleiter und ein Hoffnungsbuch, das in schweren Zeiten ehrlichen Trost vermitteln kann. »Verstorbene gehören weiterhin zu unserem Kreis, geheimnisvoll nah leben sie in uns weiter als liebende Kraft.«

Das Pierre Stutz Lesebuch

Herausgegeben von Gabriele Hartlieb

Herder spektrum Taschenbuch 6516

208 Seiten, kartoniert • ISBN 978-3-451-06516-3

Im ganzen deutschen Sprachraum ist Pierre Stutz seit Jahrzehnten eine unverwechselbare Stimme für alle, die spirituell unterwegs sind, um auf die leise Stimme des Herzens zu hören. Er spricht und schreibt über Zärtlichkeit und Lebenskraft, Einsatz für eine gerechte Welt und Glück inmitten aller Unvollkommenheit. Sein Zugang zur Mystik berührt die Menschen heute. Ein Lesebuch, das zu den zentralen Texten und Themen von Pierre Stutz führt.

Unserer Sehnsucht folgen

Ein Begleiter für die weihnachtliche Zeit • Neuausgabe 2014

144 Seiten, gebunden • ISBN 978-3-451-32843-5

Weihnachten in seiner tieferen Bedeutung entdecken: Pierre Stutz begleitet uns in der weihnachtlichen Zeit und zeigt uns Mögichkeiten, anders zu feiern. Ein Buch voller frischer Gedanken, Meditationen, Ideen und Inspirtationen.

HERDER

WEITERE BÜCHER MIT PIERRE STUTZ IM VERLAG HERDER

Licht auf unserem Weg

Inspirierende Gedanken von Phil Bosmans, Anselm Grün, Andrea Schwarz, Christa Spilling-Nöker und Pierre Stutz

200 Seiten, gebunden mit Leseband • ISBN 978-3-451-33241-8

Das Lesebuch großer spiritueller Autoren. Anselm Grün und Andrea Schwarz, Phil Bosmans und Pierre Stutz erschließen auf je ihre besondere Art und Weise Quellen des Lichts und der Lebenskraft.

Ein Bibelwort für jeden Tag

Mit Impulsen von Anselm Grün, Margot Käßmann, Henri Nouwen, Andrea Schwarz, Pierre Stutz, Jörg Zink und vielen anderen

416 Seiten, Halbleinen mit Leseband • ISBN 978-3-451-32398-0

Für jeden Tag ein Bibelwort, mit einem kurzen Impuls von bekannten spirituellen Autorinnen und Autoren. Im Lauf des Jahres führt das Buch durch die ganze Bibel: Es enthält Worte aus jedem biblischen Buch und allen 150 Psalmen. Die Texte zeitgenössischer spiritueller Autorinnen und Autoren erschließen die biblische Botschaft für unsere Gegenwart.

Liebe – Momente für mich

Mit Texten von Anselm Grün, Christa Spilling-Nöker, Pierre Stutz und Phil Bosmans

64 Seiten, gebunden, mit zahlr. Fotografien von Hildegard Morian
ISBN 978-3-451-30482-8

Innehalten, sich zurücklehnen, tief durchatmen: Ab und zu braucht jeder diese Momente nur für sich. Mit einfühlsamen Texten und stimmungsvollen Natur- und Gartenbildern begleiten Anselm Grün, Phil Bosmans, Christa Spilling-Nöker und Pierre Stutz durch diese Atempausen und schenken inspirierende Momente voller Erfüllung und Glück.